Hans Scheuzger

Weil Gott spricht

SCM

Stiftung Christliche Medien

Bestell-Nr. 395.252
ISBN 978-3-86942-002-8

© Copyright der deutschen Ausgabe 2010 by Edition Schönbuch
SCM-Verlag GmbH & Co. KG · 71088 Holzgerlingen
Internet: www.edition-schoenbuch.de
E-Mail: info@edition-schoenbuch.de

Umschlaggestaltung: Jens Vogelsang, Aachen
Titelbild: shutterstock.com; imsi.de
Satz: typoscript GmbH, Kirchentellinsfurt
Druck und Bindung: CPI – Ebner & Spiegel, Ulm
Printed in Germany

Soweit nicht anders angegeben, sind die Bibelverse folgender Ausgabe entnommen:
Lutherbibel, revidierter Text 1984, durchgesehene Ausgabe in neuer Rechtschreibung, © 1999 Deutsche Bibelgesellschaft, Stuttgart.

Durch die Dienstleistung der Edition Schönbuch ist es Autoren und Institutionen möglich, das eigene Buch in Verlagsqualität zu veröffentlichen. Dadurch finden die unterschiedlichsten Buchprojekte ihre Umsetzung. Die im Buch getroffenen Aussagen müssen jedoch nicht immer mit den Leitlinien des Verlages übereinstimmen.

Inhalt

Vorwort

Im Laufe der Zeit habe ich mit verschiedenen Freunden über die vergangenen Erlebnisse unserer 16-jährigen Missionstätigkeit im Kongo und in Kenia gesprochen. Immer wieder wurde mir der Vorschlag gemacht, ich solle doch all die verschiedenen Erfahrungen aufschreiben. Lange habe ich darüber nachgedacht, bis ich zu dem Schluss kam, dass die Leser denken könnten, ich wolle mich rühmen – und das wollte ich auf keinen Fall. Darum hatte ich den Gedanken, ein Buch zu schreiben, aufgegeben.

Als der Herr Ende April 2008 plötzlich meine geliebte Frau zu sich holte, wurde ich wieder mit dem Gedanken konfrontiert, unsere bewegte Vergangenheit in einem Buch festzuhalten. Ich betete darüber und bat den Herrn, mir zu helfen, unser Zeugnis zu seiner Ehre aufzuschreiben. Er tat es, und so entstand das vorliegende Buch mit dem Titel *Weil Gott spricht*. Ich danke Gott für seine Hilfe beim Schreiben. Möge ER dadurch verherrlicht werden!

Ich möchte das Buch meinen lieben Kindern, Verena, Gisela, Mirjam und Daniel, widmen, zu denen ich ein inniges Verhältnis haben darf und die sich seit dem Heimgang meiner geliebten Frau liebevoll um mich kümmern.

Danken möchte ich den beiden Lektoren, Missionar Beat Kunz und meiner Schwägerin, Frau Dr. jur. Helene Schwartz, die viel Zeit beim Korrigieren verwendet haben. Doch vor allem danke ich meinem Vater im Himmel, der mich befähigt hat, einen Blick in die Vergangenheit zu werfen und in diesem Buch festzuhalten. Sein Name sei gelobt!

Hans Scheuzger

1. Herr, warum?

Es war der Anfang des Frühlings 2008, die ersten Blumen blühten in den Gärten und die Vögel zwitscherten von überall her, als wollten sie mich in meinem tiefen Schmerz trösten. Oft blieb ich auf dem Weg ins Krankenhaus stehen und sprach mit den Blumen und Vögeln, oder ich hielt inne, schaute zum Himmel empor und ließ ein Stoßgebet aufsteigen, und Gott, der durch seine wunderbare Schöpfung und seinen Geist zu mir redete, gab mir Mut und Kraft. Einmal begleitete mich meine älteste Tochter Vreni zur Mama ins Krankenhaus. Wir bestaunten die bunte Blumenanlage des Lindenhofspitals. Für ein paar Minuten setzten wir uns auf eine Bank und genossen die frische Luft, redeten miteinander oder saßen einfach nur da, in Gedanken versunken.

Vreni schreckte mich aus meinem Nachsinnen auf und rief: »Schau dort! Das Eichhörnchen, es hüpft von Ast zu Ast!« Erst konnte ich es nicht sehen, doch da sprang es wieder, und wir betrachteten es lange, bis es hinter den jungen Frühlingsblättern verschwand. Nun näherten wir uns dem Lindenhofspital, in dem ich jeden Tag ein und aus ging, Ärzte und Pflegefachfrauen kennenlernte und mit fast allen über meinen Glauben und die Hoffnung, die ich in Gott habe, sprach. Wir gingen zusammen durch den langen Krankenhausgang. Den Geruch von Medikamenten und die bedrückende Atmosphäre empfand ich als unangenehm und bedrückend. Nun stiegen wir hinauf in den zweiten Stock. Vor der geschlossenen Tür zur Intensivstation wuschen wir uns die Hände mit Desinfektionsmittel und läuteten die Klingel. Dann warteten wir, bis uns eine Pflegerin die Tür öffnete und wir zu Helga eintreten durften.

Seit bald drei Wochen saß ich jeden Tag in diesem Krankenhaus in Bern am Bett neben meiner geliebten Frau, mit der ich 51 Jahre lang als Missionar das Leben teilen durfte. Sie war schon zwei Wochen lang im Koma und wurde rund um die Uhr von lieben Pflegefachfrauen und Ärzten betreut. Vor lauter Schläuchen, Kissen und Kühltüchern konnte man sie kaum sehen. Ich wurde jeden Tag von meinen Kindern, Pastor Sokoll, dem Pastor unserer Gemeinde, und lieben Geschwistern begleitet. Ich durfte jederzeit kommen und gehen, und das Pflegepersonal war so nett zu mir, dass ich sie nur noch »Engel« nannte. Auch wenn ich nichts für meine Frau tun konnte, als ihr die Fußsohlen zu massieren, ihren großen Durst mit einem mit Tee getränkten Wattestäbchen zu lindern, die heißen Lippen zu befeuchten und ihre warme Hand zu halten, aus welcher mir »Kraft« geschenkt wurde und die mich froh machte. Das durfte ich all diese Wochen lang täglich tun. Ich hoffte und betete stundenlang zu Gott, er möge meine geliebte Frau wieder heilen. Ab und zu öffnete Helga die Augen und sah mich kurz an, doch sie konnte nicht sprechen, obschon sie es mit großer Anstrengung versuchte. Dann neigte ich mich zu ihr hinunter und flüsterte ihr ins Ohr: »Mein Schatz, ich bin bei dir, ich liebe dich, ich werde dich nicht allein lassen.«

Drei Wochen lang war ich täglich denselben Weg gegangen und hoffte, dass Helga wieder genesen würde, denn wir glaubten beide ganz fest an die Wundermacht Gottes. Wie oft hatten wir erleben dürfen, dass Gott groß, stark und mächtig ist. Auch in der Bibel lasen wir, welch große Dinge Gott getan hat. Nach diesen vielen Besuchen bei Helga kannte ich mich schon sehr gut im Krankenhaus aus. Einmal war ich sogar bis 22 Uhr dort, denn es fiel mir immer schwer, wieder nach Hause zu gehen, wo ich allein war. Diese Wochen im »dunklen Tal«, in denen ich glaubte, hoffte und bangte, gehörten zu den schwersten meines Lebens. Sehr viele Menschen begleiteten mich, liebten mich und halfen mir auf meinem schweren Gang, doch in meinem Herzen fühlte ich mich dennoch allein und verlassen.

Helga und ich hatten in unserem Leben viele Menschen im Krankenhaus und in Altersheimen besucht, sie getröstet, die Bibel gelesen und mit ihnen gebetet. Doch als ich am Bett mit Helga beten wollte, musste ich nach zwei Worten weinen und brachte kein Wort mehr über die Lippen. Es tat so weh, nicht mehr mit meiner geliebten Frau die Bibel lesen und beten zu können.

Ich organisierte jeden Tag liebe Glaubensgeschwister, die mich ins Krankenhaus begleiteten und die meiner Frau an meiner Stelle Gottes Wort lasen und beteten. Das Schlimmste waren für mich die langen Nächte zu Hause. Manchmal hatte ich schon nach Mitternacht schreckliche Träume. Einmal träumte ich, ich sei im beginnenden Frühling allein unterwegs. Ich war in Gedanken versunken, als mich Schritte hinter mir zurückblicken ließen. Da war ein schrecklich aussehender, schwarz gekleideter Mann, der mich angreifen wollte und sprach: »Gib mir die Perle!« Ich wusste nicht, was er meinte, ich hatte keine Perle, doch er ließ nicht nach, mich zu verfolgen. Schweißgebadet wälzte ich mich im Bett und hatte Angst vor dieser schrecklichen Gestalt, die mich nicht losließ. Endlich erwachte ich und war wie von Sinnen. Ich schrie in meinem Schlafzimmer: »Jesus, Jesus, Jesus!« Wie oft weiß ich nicht mehr, doch ich rief immer wieder: »Jesus ...!« Ich ging nervös in meiner Wohnung auf und ab – über eine Stunde lang – und flehte Gott um Hilfe und innere Erholung und Frieden an, so lange bis ich innerlich ruhig wurde. Ich war so froh über die Ruhe, die in mir einzog und dankte dem Herrn Jesus, denn er hatte sie mir geschenkt. Nach einer Weile erfüllte mich ein tiefer Friede. Ich legte mich wieder ins Bett, konnte jedoch keinen Schlaf mehr finden. Bis zum Sonnenaufgang betete ich immer wieder und freute mich, als die Sonne aufging und ein neuer Tag anbrach.

Jeden Morgen um 8 Uhr rief ich in der Intensivstation an und erkundigte mich, wie es Helga ging. Kurz danach machte ich mich mit meinem Pastor oder anderen Freunden, die mich begleiteten, auf, um Helga im Krankenhaus zu besuchen. Als mein Pastor und Freund mich an diesem Tag abholte, erzählte ich ihm, was ich geträumt hatte und wie furchtbar es gewesen war und sagte zu ihm: »Weißt du, Manfred, ich habe fast das Gefühl, dass der

Teufel mich kaputt machen will.« Dann beteten wir zusammen und fuhren anschließend zu Helga. Weil ich nicht mehr gut schlafen konnte, ging ich zu meinem Arzt, und er gab mir Schlafmittel, sodass ich wenigstens in der Nacht etwas Ruhe finden konnte.

Helga und ich hatten in den vielen Jahren einen sehr großen Freundeskreis aufgebaut. Ich hatte fast hundert E-Mail-Adressen in sieben Ländern der Welt gesammelt und nun schrieb ich unseren Freunden jeden Tag einen Tagebuchbericht über Helgas Zustand und freute mich, dass ich durch ihre E-Mails täglich ermutigende Antworten bekam und sie mir sagten: »Wir beten fest mit dir, Gott wird Helga heilen.« Ja, das glaubte ich felsenfest. Gott hat uns im Laufe der vielen Jahre im Kongo und in Kenia gewaltige Wunder erleben lassen. Wir erlebten, wie Kranke geheilt wurden und viele Menschen sich entschieden, ihr schlechtes Leben von Gott verändern zu lassen und ein neues Leben mit Jesus Christus zu beginnen, der am Kreuz von Golgatha für ihre Sünden gestorben ist. Wir haben einen großen, wunderbaren, mächtigen Gott, dem wir mit Leib und Seele unser Leben lang zu dienen bereit waren.

Eine Kongolesin, die im Lindenhofspital arbeitet, ging jeden Tag vor die Tür zur Intensivabteilung und betete für Helgas Genesung, sie war eine treue Christin. Als ich ihr zum ersten Mal »zufällig« im Spital begegnete, sprach ich sie in Swahili, der Sprache des Ostkongo, an. Wir umarmten uns, zwar hatte ich sie noch nie vorher gesehen, doch ich fühlte mich sofort innerlich mit ihr verbunden. Sie sagte zu mir: »Wenn du und Mama Scheuzger nicht in den Kongo gekommen wären, so wäre ich keine Christin und nicht hier.« Dies berührte mich tief im Herzen und ich dankte Gott für diese afrikanische Glaubensschwester. Ich weinte vor Freude, und wir trafen uns später noch einige Male.

Diese drei Wochen, die ich täglich am Bett meiner Frau verbrachte, waren sehr lang und doch viel zu kurz für mich. Doch Gott gab mir innere Kraft, obwohl ich in dieser Zeit sechs Kilogramm an Gewicht verlor. Es war für mich eine Zeit der Prüfung, des Bangens und Hoffens. Helga und ich freuten uns so sehr und glaubten, dass sie in ein paar Wochen wieder gehen können würde. Wir hatten große Pläne, wir wollten nach Wien und Salzburg fahren und unsere Familie und Freunde besuchen. Wir wollten miteinander reisen und das Alter genießen, denn wir hatten in unserem Leben viel gearbeitet und wenig Ferien machen können. Das alles wollten wir jetzt nachholen, und wir freuten uns sehr darauf.

Doch es kam anders. Eines Morgens, als meine zweitälteste Tochter Gisela und ich bei Helga waren, kam der Professor, der Helga in drei Wochen fünfmal operiert hatte, zu mir und sagte: »Die zweite Operation an der neuen Hüfte, für die Ihre Frau eigentlich ins Spital eintrat, will nicht heilen und ihren Bauch habe ich dreimal geöffnet und drei viertel ihres Darms entfernt, weil er abgestorben ist. Das ist die Folge der 16-jährigen täglichen, milden Chemo-Medizin gegen die Polyzythämie (Blutkrebs). Ihre Frau kann so nicht mehr weiterleben. Wir haben alles Menschenmögliche getan, es gibt keine Hoffnung mehr für sie.«

Die behandelnde Ärztin in der Intensivabteilung lud meine Tochter und mich zu einem ausführlichen Gespräch über die letzten drei Wochen der Pflege von Helga ein und versuchte, uns die nicht geahnten Umstände und Entwicklungen der Hüftoperation zu erklären. Wir konnten Fragen stellen, die sie uns beantwortete. Sie war sehr liebevoll und verstand unseren tiefen Schmerz und unsere Verzweiflung. Diese endgültige Tatsache, dass für Helga nur noch der Tod bevorstand, war für Gisela und mich wie ein Schlag ins Gesicht, eine niederdrückende Aussage. Helga wurde von den vielen Schläuchen befreit und von der Intensivstation ins Sterbezimmer verlegt. Dort besuchte ich sie noch jeden Tag, bis ihr Körper kalt wurde und der Herr sie zu sich heimholte.

»Wo bist du, Gott, der heilt und der Gebete erhört?«, kam es in meinem Herzen hoch. Hunderte von Christen haben täglich um Heilung für Helga gebetet. Ein Leben lang haben wir Gott unter schwierigsten Umständen gedient. Wir haben unsere Eltern,

Freunde und unsere Heimat verlassen, um Gott zu dienen. In unserem über 50-jährigen Dienst haben wir für viele Menschen um Heilung und Hilfe gebetet, und Gott hatte ihnen geholfen. Warum hilft Gott meiner geliebten Frau nicht, die so glaubensfroh und hingegeben war und immer nur an die anderen dachte und nie an sich selbst? »Gott im Himmel!«, schrie ich, »Hast du uns verlassen? Warum hilfst du anderen und uns nicht? Helga wollte doch wieder gehen können, damit sie anderen helfen kann. Wir wollten doch noch lange beisammen sein. Unsere Kinder und Mitmenschen brauchen uns doch noch.«

Warum hat Gott Helga verlassen und lässt mich im dunklen Tal stehen? Ist Gott denn wirklich ein Gott der Liebe, wie wir immer im Busch und Urwald den Kongolesen gepredigt haben? Ich konnte nur weinen und fühlte mich allein und verlassen, umgeben von lieben Freunden und meinen eigenen Kindern, die mich lieben.

In meinem Fragen und um eine Antwort von Gott ringend, musste ich an Hiob in der Bibel denken. Was hat dieser Gottesmann alles durchgemacht: Er verlor seinen Besitz, seine Kinder, er wurde selbst von Geschwüren geplagt und saß nur noch in der Asche, die ihm Erleichterung brachte. Dann kamen seine Freunde und versuchten ihn mit Beschuldigungen. Am Ende sagte seine eigene Frau zu ihm: »Sage deinem Gott ab und stirb!« Hiob antwortete und sprach: »Der Herr hat es gegeben, der Herr hat es genommen, der Name des Herrn sei gelobt!« (frei nach Hiob 1,21). Er war ein wahrhaftiger Gottesmann, der auch uns beiden ein großes Vorbild gewesen ist. Ein Mann, der echt mit Gott lebte. Auf der Todesanzeige von Helga stand das Wort dieses Glaubensmannes: »Ich weiß, dass mein Erlöser lebt!« (Hiob 19,25). Wir beide glaubten auch daran. Dieses Wort gab mir die Kraft, still zu werden und auf die innere Stimme Gottes zu hören. Es war, als würde Gott in diesem Augenblick mit mir reden und zu mir sagen: »Hans, Helga ist bei mir! Ich habe sie vom jahrelangen Leiden erlöst und zu mir gerufen. Nun darf sie schauen, was sie ein Leben lang geglaubt hat.

Sie war eine selbstlose, liebende Dienerin Gottes, Gattin, Mutter und Menschenfreundin. Sie war treu bis in den Tod. Sie hat ihren Erdenlauf vollendet. Dort gibt es kein Leid, keine Träne, keinen Schmerz mehr!«

Ich wurde still im Herzen und musste sagen: »Ja, Herr, Helga hat lange genug gelitten. Dass sie nun bei dir ist, freut mich, da geht es ihr besser als auf dieser Welt. Du wirst ihr mehr geben können, als ich in Schwachheit versucht habe, ihr zu geben. Herr, ich danke dir. Du hast unseren tiefsten Wunsch nach Heilung nicht erfüllt, weil du etwas viel Besseres für sie tun wolltest.« Gott hört alle unsere Gebete, doch er erfüllt sie von seiner ewigen Warte aus anders, besser als wir denken und vielleicht oft egoistisch beten ... »Ja, Herr, dein Wille geschehe, gib mir Trost in der Trauer und hilf mir, dir weiter zu dienen und meinen Lauf so treu zu beenden, wie meine geliebte Frau es getan hat!« Ich durfte erleben, wie Gott mir in seiner ewigen Liebe zeigte, dass er einen Plan für uns Menschen hat. Wir dürfen ihn um alles bitten, und wenn er will, kann er unser Gebet erhören. Wenn er einen anderen Plan hat, dann wird er ihn nach seinem Willen ausführen. Mir hat er Gnade gegeben, Ja zu sagen und ihm mit seiner Hilfe getrost auch ohne Helga weiter zu dienen. Er hat mir die Verheißung gegeben: »Ich will euch tragen bis ins Alter und bis ihr grau werdet« (frei nach Jesaja 46,4). Daran will ich glauben und meinem Gott vertrauen und ihm dienen, solange er es will.

2. Kinder- und Jugendzeit

In der Silvesternacht 1926, zehn Minuten vor Mitternacht, schrie ein Säugling im Schlafzimmer von Mutter Scheuzger zum ersten Mal. Marie Scheuzger gebar ihren Sohn zu Hause, er war das dritte Kind, das in die Familie ihres Ehemannes, Gottfried, geboren wurde. Otto war der Erstgeborene der Familie, dann kam Margrit und ein Jahr später, in dieser Silvesternacht, kam Hans zur Welt. Wohlbehütet wuchsen die drei Geschwister auf, und zehn Jahre später kam noch ein Nachzügler hinzu. Marie und Gottfried Scheuzger waren nicht vermögend, und so lernten die Kinder schon früh das einfache Leben kennen. Die Eltern waren Mitglieder in der freikirchlichen Gemeinde im Dorf, und so lernten ihre Kinder den lebendigen Gott zu Hause und in der Gemeinde kennen und lernten, ihm gehorsam zu sein.

Das idyllische kleine Dörfchen Staffelbach lag ca. 15 km südlich der Stadt Aarau. Es war damals noch ein kleiner Ort mit weniger als tausend Einwohnern, eingebettet in das Suhrental, welches sich von Aarau bis Luzern ausdehnte. Auf beiden Seiten des Tales erhoben sich Hügelzüge mit wunderschönen Wäldern. Die Gletscher der Innerschweiz waren in der Eiszeit bis an die Dorfgrenze gekommen. Als wir Kinder größer wurden, gingen wir an Sonntagen in die nahe gelegenen Sandsteinbrüche und suchten Haifischzähne, die noch gut erhalten waren. Aus den Sandsteingruben wurden während vieler Jahre kubikmetergroße Sandsteinblöcke abgebaut und in einer Werkstatt im Dorf zu Platten für Kachelöfen und Sitzbänke verarbeitet, die man im Winter in der Stube einheizen konnte.

Unser Vater war ein strenger Mann, doch hatte er ein warmes Herz. Er wollte Chrischona-Pastor werden, doch seinen Eltern fehlte das Geld zum Studium ihres Sohnes. So hatte er nie einen Beruf erlernen können. Dafür hatte er als Hobby einen Stall mit Schafen und später Ziegen. Das war sein Reich, bis er mit 90 Jahren in seinem eigenen Haus verbrannte und mit ihm seine Ziegen, Kaninchen und Hühner. Er hatte noch ein anderes Hobby, das er uns Kindern mit Begeisterung übermittelte: das Eisenbahnfahren. Staffelbach hatte keine Eisenbahnlinie, was wir sehr bedauerten, und so mussten wir immer, wenn wir Eisenbahn fahren wollten, mit dem Fahrrad nach Schöftland oder Sursee fahren. Manchmal durfte ich mit ihm auf seinem Fahrradgepäckträger mitfahren, wenn er eine Bahnfahrt machte. Meistens fuhren wir nach Sursee und von dort mit der Bahn nach Luzern an den Vierwaldstätter See und vergnügten uns am Wasser, der Kappelerbrücke oder in der Stadt. Am liebsten fuhr ich mit meinem Vater mit der Eisenbahn nach Wasen im Reusstal. Dort saßen wir und bestaunten die Eisenbahnzüge, die vorbeifuhren. Zuerst sah man sie unten aus dem Tunnel brausen, dann kamen sie hinauf zum Kirchlein von Wasen und später erschienen sie noch einmal weit über uns. Jedes Mal, wenn ich heute selber im Zug dort vorbeifahre, schaue ich zum Fenster hinaus und versuche das Kirchlein dreimal zu erblicken.

Meine Mutter war eine wunderbare Frau. Sie hatte einen starken Glauben an den Herrn Jesus und verstand es, uns ihren Glauben zu vermitteln. Ihre Gebete für uns Kinder bis spät in die Nacht hinein machten auf uns einen tiefen Eindruck und begleiteten uns später als Missionare – Otto nach Thailand, Margrit nach Sizilien und mich nach Afrika, in den Kongo und nach Kenia. Die Mutter war die Seele der Familie. Sie verstand es, uns Kindern schon früh »Ämtchen« zu geben. Zum Beispiel musste einer von uns Knaben jeden Mittag nach dem Essen das Geschirr abwaschen, ein zweiter das Geschirr abtrocknen und wegräumen, und ein dritter musste zuletzt, wenn die ersten schon spielen konnten, noch den Küchenboden wischen. Am Samstag war es meine Aufgabe, der ganzen Familie die Schuhe zu putzen und zu polieren, damit sie für den Kirchenbesuch am Sonntag glänzten. Ebenso musste einer von uns um das Haus herum und unseren Straßenteil vor dem Haus, von Nachbar zu Nachbar mit einem Reisbesen kehren, was nicht einfach war, weil der Hausplatz und die Naturstraße immer viel Staub aufwarfen.

Unser Haus stand in der Nähe von einem Hügel und auch der Wald war nicht weit weg. Mit den Eltern gingen wir fast jeden Sonntagnachmittag in den umliegenden Wäldern spazieren. So lernten wir die Natur kennen, jede Baumart konnte ich beim Namen nennen, die Blumen und Vögel, sogar die Wolken beeindruckten mich tief, ebenso die Waldesluft und der Wind, der in den Baumwipfeln seine leise Musik spielte. Vor allem durfte ich schon sehr früh erkennen, dass Gott, der das alles geschaffen hat, ein sehr großer Schöpfer ist. Jedes Jahr ging ich mit meiner Mutter im Wald Erdbeeren suchen. Auch Heidelbeeren brachten wir später mit nach Hause. An den Brombeerdornen blieben wir manchmal hängen, und die Himbeeren landeten oft im Mund. Im Herbst suchten wir Pilze, und im heißen Sommer sammelten wir auf den Feldern Ähren, nachdem die Bauern die Ernte eingebracht hatten. In den Schulferien ging ich fast immer zu einem Bauern in der Nachbarschaft und arbeitete zwei bis drei Wochen täglich auf dem Bauernhof. Schon am Morgen bevor ich mit der Arbeit begann, bekam ich ein gutes Frühstück. Auch das Mittagessen und alle anderen Mahlzeiten liebte ich und freute mich an der fröhlichen Tischgemeinschaft. Die Arbeit war für mich nicht immer leicht. Besonders an heißen Sommertagen hatte ich Mühe. Die Männer hatten am frühen Morgen mit ihren Sensen das Gras auf dem Feld gemäht. Nun mussten wir später mit Holzgabeln das Gras verstreuen. Nach einigen Stunden gingen wir wieder auf das Feld zurück und wendeten das getrocknete Gras. Später luden einige Männer das Heu auf den Wagen, und wir halfen beim Zusammenrechen des restlichen Heus. Nun fuhren wir den Wagen mit einem Pferdegespann in die Scheune. Manchmal erlaubte mir der Bauer, mit den Pferden und dem Wagen durchs Dorf zu fahren, dann war ich besonders stolz. Auch im Kuhstall gab es Dinge, die ich verrichten durfte, ansonsten fütterte ich auch noch die Schweine. Jeden Abend fuhr ich mit einem Fahrradanhänger in die Molkerei, wo die Milch gewogen und das Gewicht in einem Milchbüchlein notiert wurde. Im Herbst verbrachte ich die Ferien die meiste Zeit draußen auf der Weide und hütete die Kühe. Ich liebte das Arbeiten auf dem Bauernhof. Das waren meine schönsten Ferien.

Meine Kindheit war sehr schön. Als ich zwölf Jahre alt war, durfte ich mit meinen Eltern eine Woche lang jeden Abend zu evangelistischen Vorträgen in der Methodistenkirche gehen. Zu Weihnachten sprach der Evangelist über die Liebe Gottes, der seinen Sohn Jesus Christus vor vielen Jahren in Bethlehem geboren werden ließ. Dieser Sohn Gottes sei für unsere Übertretungen am Kreuz von Golgatha gestorben. Dass Gott uns so sehr liebt und unsere Schuld vergeben will, das hat mich sehr getroffen. Ich ging am Ende der Stunde vor allen Besuchern nach vorne und bat Gott öffentlich, mein Leben in Ordnung zu bringen und mich als Gotteskind anzunehmen. Ich war so glücklich und fühlte einen tiefen Frieden in mir. Als ich nach Hause ging, hätte ich am liebsten allen Leuten erzählt, was ich erlebt habe.

Das neue Leben mit Gott war nicht immer nur Sonnenschein. Wegen meines Glaubens verlor ich fast alle meine Freunde, denn ich konnte vieles nicht mehr verantworten, was sie taten. Ich entschied mich, in der Sonntagsschule mitzuhelfen. Sie war groß, ca. 130 Kinder kamen jeden Sonntag eine Stunde vor dem Gottesdienst. Sie hörten den biblischen Geschichten interessiert zu und sangen die schönen Kinderlieder aus voller Kehle. Nach der Sonntagsschulstunde begann in derselben Kirche der Gottesdienst, den ich mit meiner Familie anschließend besuchte. Diese zwei Stunden am Sonntagmorgen waren für mich nie eine lästige Pflicht. Es war selbstverständlich, dass man am Sonntagmorgen mit Christen Gemeinschaft hatte, und vor allem lernte man Gott immer besser kennen.

Immer mehr Kinder und Teenager lernte ich kennen und verstand mich sehr gut mit ihnen. Als ich 14 Jahre alt war, sah ich ein großes Bedürfnis der jungen Leute nach Gemeinschaft miteinander. Da gründete ich mit einigen Jungen vom Dorf die Knabenjungschar, und später kam noch die Gemeinde Bottenwil dazu. Jeden Sonntagnachmittag kamen wir zusammen. Eine biblische Andacht war der Anfang des Nachmittags. Wir lernten Namen diverser Bäume kennen, mit Stricken machten wir verschiedene Knoten. Eine Art Samariterschulung und Pflanzenkunde fehlte auch nicht. Mit Seilen bauten wir Brücken über Bäche oder lernten das Abseilen über den Sandsteinhöhlen im Wald. Die Nachmittage gingen viel zu schnell vorbei, und eine echte Gemeinschaft etablierte sich unter den bis zu dreißig Jungen. Ein Problem entstand, denn die Mädchen schauten uns oft zu und kamen zu mir und baten mich, auch mitmachen zu dürfen, was ich nicht wollte. So begann ich mit meiner Schwester und einigen älteren Mädchen noch eine Mädchenjungschar. An einem Sonntag durften die Knaben kommen und am nächsten die Mädchen. Eine Zeit lang halfen mir meine Schwester Margrit und andere Jugendliche. Fast jeden Abend der Woche, wenn ich zu Hause war, waren junge Menschen bei mir zu Besuch, und ich freute mich, ihnen Rat zu geben oder einfach Gemeinschaft mit ihnen zu haben.

Nach der Mittelschule hätte ich gerne einen Beruf erlernt, doch schon meinen zwei älteren Geschwistern war es nicht möglich gewesen, eine Lehre zu machen, denn die Eltern waren nicht reich. So entschloss ich mich, eine Stelle als Laufbursche anzunehmen und arbeitete zwei Jahre lang in einer Hemden- und Berufskleiderfabrik im Nachbardorf Schöftland. Vom Lohn musste ich einen Teil meinen Eltern abgeben, und den Rest legte ich zur Seite. Nach zwei Jahren hatte ich genügend Geld beisammen und durfte in Aarau bei Oehler & Co, Stahl und Gießwerke, eine vierjährige Lehre als Modellschreiner machen. Ich hatte sehr große Freude am Herstellen von Holzmodellen für die Gießerei. Einmal bekam ich die Pläne und arbeitete an einer großen Turbine mit 96 Schaufeln und zwei Metern Durchmesser. Beim Drechseln der aus Holzfragmenten zusammengeleimten, noch etwas unförmigen Holzkonstruktion an der großen Drehbank gab es einen fürchterlichen Knall – das zusammengeleimte Holz flog in Stücken durch die Luft. Gott sei Dank wurde ich nicht stark verletzt. Jedoch schnitt ich mir einmal beim Holzfräsen ein Stück meines Daumens weg. Das Herstellen von vielen großen und kleinen Maschinenmodellen erfüllte meinen Alltag ganz. Sogar in der Nacht, wenn ich nicht schlafen konnte, überdachte ich die Maschinenpläne und überlegte, wie das Modell millimetergenau hergestellt werden könnte. Auch musste der Metallschwund beim Abkühlen des Abgusses berücksichtigt werden. Ich freute mich sehr, einmal als berufstätiger Mann eine gute Existenz aufbauen zu können.

Als mein Bruder Otto als Missionar der China-Inland-Mission ausreiste, begleitete ich ihn bis Basel. Als ich wieder im Eisenbahnzug heimfuhr, dachte ich bei mir selbst: *Wie töricht kann ein Mensch sein, der das schöne Schweizerland verlässt, seine Eltern und Freunde, und in ein Land ausreist, wo Armut herrscht. Dort muss er eine schwierige fremde Sprache lernen. Es gibt Gefahren und Krankheiten. Dazu kommt noch die Tatsache, dass mein Bruder als Missionar in einer Glaubensmission nicht einmal seinen Lohn ›gesichert‹ hat.* Meine Schwester Margrit war auch in der Ausbildung als Kindermissionarin und ging später nach Süditalien. *Nein, ich würde das meinen Eltern nie antun und sie auch noch verlassen. Zudem habe ich einen schönen Beruf erlernt und tolle Zukunftspläne geschmiedet. Wie kann man auch nur so töricht sein und Missionar werden?*, dachte ich.

3. Gott ruft

Der 9. September 1949 war ein schöner Septembertag. Ich hatte meine erste Stelle in einer Modellschreinerei. Es war schön, nun endlich Geld verdienen zu können. Zwar arbeitete ich erst drei Monate dort, aber ich war erfüllt mit Freude und Dankbarkeit. Pläne für die Zukunft hatte ich gemacht, und erreichen würde ich sie bestimmt. Ich hatte einen guten Freund, meinen Onkel Otto, zu dem ich oft am Abend ging. Fotografieren war sein Hobby, und seine Filme entwickelte er selbst in einem kleinen Dunkelraum. Ich schaute gerne zu, wenn er die Filme in zwei verschiedene Entwicklungswässerchen eintauchte und das fotografierte Motiv langsam sichtbar wurde. Mein Onkel wohnte ganz in der Nähe und hatte sechs Kinder. Der älteste Sohn war neun Jahre jünger als ich, und die Kinder gingen zu mir in die Sonntagsschule. Die älteren Cousins kamen manchmal zu mir, und ich spielte mit ihnen.

An diesem schönen Septemberabend war ich bis spät in der Nacht bei meinem Onkel. Wir kamen sehr gut miteinander aus und er hatte immer Zeit für mich. Mit ihm konnte ich diskutieren, und er verstand auch meine Fragen und Probleme. Er spielte Klarinette und war ein guter Sänger. Ich kaufte ebenfalls ein solches Instrument und an gewissen Abenden übte ich mit ihm.

An diesem 9. September kam ich um 23 Uhr nach Hause. Meine Eltern waren schon im Bett und ich versuchte, still in mein Schlafzimmer zu gehen, damit niemand wegen mir aufwachte. In meinem Zimmer las ich wie jeden Abend in der Bibel. Ich kam zum 6. Kapitel des Propheten Jesaja. Anders als sonst berührte mich der Text ganz tief und persönlich. Gott hatte dem Propheten die Not des Volkes Israel gezeigt, und da war es, als würde Gott diese Worte in Vers 8 ganz persönlich zu mir sagen: »Und ich hörte die Stimme des Herrn, dass er sprach: ›Wen soll ich senden? Wer will unser Bote sein?‹« Ich war verwirrt und wusste zuerst nicht, was ich denken sollte. Ich argumentierte eine Stunde lang mit Gott und wollte ihm beweisen, dass ich nicht gut reden könne und viel zu schüchtern sei. Zudem wollte ich gar nicht Missionar werden wie meine beiden älteren Geschwister. Ich hatte doch Pläne und wollte ein angenehmes Leben führen. »Gott, du kannst doch nicht verlangen, dass ich meine Eltern und Freunde, die Heimat, die Kinder in der Sonntagsschule und die neu gegründeten Jungscharen auch noch verlasse und als Missionar auf ein Missionsfeld gehe.« Es war eine schreckliche Mitternachtsstunde, als ich mit Gott rang und einfach nicht verstehen und akzeptieren konnte, dass Gott mich in seinen Dienst rufen wollte. Mein Bruder war nach China gegangen und wegen der politischen Situation im Land in Gefahr geraten. Seine Verlobte, die auch eine Missionsschule absolvierte, folgte ihm später und wurde in China in einer anderen Stadt festgehalten. Sie konnten sich lange nur Briefe schreiben, aber nicht sehen. Ein solches Leben wäre ich nicht willig zu leben gewesen, dazu war ich noch zu jung. Ich stellte mir das Leben eines Missionars ganz anders vor. Ich sprach zu Gott: »Dazu bin ich nicht bereit!« Die späte Stunde in der Gegenwart Gottes kam mir unendlich lang vor, doch irgendwie schien Gott mich nicht loszulassen und ich konnte keine Ruhe finden. Es war schon Mitternacht, als die göttliche Stimme in mir so mächtig warb, dass ich keine Ausrede mehr hatte, und am Ende sprach ich zögernd: »Herr, wenn es nicht anders geht und du mich so gebrauchen willst, wie ich bin, dann will ich deinem klaren Ruf Folge leisten. Hier bin ich, sende mich, wohin du willst!« Müde sank ich daraufhin ins Bett, doch ich konnte lange nicht einschlafen. Zu aufgewühlt war ich und dennoch innerlich im Frieden.

Die nächsten Tage waren nicht einfach. Ich überlegte, wie ich meinen Eltern mein Erlebnis erklären könnte. Ich dachte an die großen Konsequenzen für mein Leben. Auf die Pläne verzichten und neue beginnen, meinen geliebten Beruf aufgeben und eine missionarische Ausbildung beginnen. Für mich war klar, dass ich versuchen sollte, einen Platz im Missionsseminar zu bekommen.

Da meine beiden Geschwister im Missionsseminar Beatenberg ausgebildet wurden, lag es nahe, auch dorthin zu gehen, doch hatte ich noch nicht viel Geld beisammen und wusste nicht, ob man mich überhaupt aufnehmen würde. Ich betete viel zu Gott, denn er hatte mich ja gerufen und musste nun auch für mich sorgen.

Es dauerte nicht lange, da hörte ich, dass die Gründerin und Leiterin des Missionsseminars Beatenberg in der Nähe einen Vortrag hielt. Ich wollte dorthin gehen. Vielleicht würde sich eine Möglichkeit bieten, mit Frau Dr. Wasserzug zu sprechen. Nach dem Vortrag bei der Verabschiedung schaute sie mich an und fragte mich: »Bist du nicht der Bruder von Otto und Margrit?« Ich war erstaunt, dass sie mich erkannte, und sie sprach ganz entschieden zu mir: »Komm zu uns auf den Berg, Gott will dich gebrauchen!« Ich wollte mich mit der Ausrede entschuldigen, dass ich erst aus der Lehre käme und die Schule nicht bezahlen könne, worauf sie antwortete: »Dafür werden wir schon sorgen, du kannst gleich mitkommen.« Das war nicht so schnell möglich, zuerst musste ich meine Arbeitsstelle kündigen und mich auf meinen neuen Lebensweg einstellen. Gott hatte alles vorbereitet und ich durfte mich seiner Führung anvertrauen.

4. Jahre der Vorbereitung

Schon im Frühjahr des folgenden Jahres war ich nicht mehr Modellschreiner, sondern Student im Missionsseminar Beatenberg bei Interlaken. Es war eine gewaltige Umstellung für mich, doch ich war bereit, alles Neue auf mich zu nehmen. Das erste Semester war sehr anspruchsvoll, denn ich hatte ja vorher als Handwerker gearbeitet, und jetzt musste ich nur Theorie büffeln. Nach jedem Semester gingen die Studenten für drei Monate in ein Praktikum in eine Kirchengemeinde, in eine Jugend- oder Missionsarbeit oder zu praktischen Einsätzen in der Schweiz oder im Ausland. Das erste Praktikum verbrachte ich auf dem Beatenberg, denn ich durfte dort in der kleinen Schreinerei ein Modell der Stiftshütte erstellen, deren Original Mose im Auftrag Gottes gebaut hatte. Ich studierte in den Mosesbüchern und erstellte einen Plan des Modells. Was mich beim Lesen der Bibel beeindruckte, war die Tatsache, dass in den Mosebüchern jedes Maß dieses Heiligtums, welches Mose im Auftrag Gottes baute, und jedes Material und die Farben der Gegenstände so genau beschrieben waren, dass ich bald mit Begeisterung die Stiftshütte des Alten Testaments im verkleinerten Maßstab bauen konnte.

Auf einem Grundriss von 140 auf 80 cm begann ich, all die Gegenstände, Tücher, Felle und Materialien zusammenzutragen und dann zurechtzusägen, zu schleifen, zu modellieren, zu färben usw. Da ich später während der Studienzeit oft nur wenig Zeit fand, daran zu arbeiten, dauerte die Herstellung des Modells zwei Jahre.

Beatenberg ist ein lang gezogenes Bergdorf auf ca. 1 000 Meter über dem Meer. Bei schönem Wetter sieht man in der Ferne die drei mächtigen Berge Eiger, Mönch und Jungfrau. Unten im Tal liegt die bekannte Stadt Interlaken. Sie liegt zwischen dem Thunersee und dem Brienzersee. In der Stadt wohnen viele Einheimische und Touristen aus allerlei Ländern.

Manchmal durfte ich am Sonntag mit Studienkollegen des Seminars in die umliegenden Dörfer von Beatenberg gehen und Kinderstunden halten. Wir versammelten die Kinder unter einem Baum oder mitten auf dem Dorfplatz. Dann lehrten wir sie Lieder und Bibelverse und erzählten ihnen eine biblische Geschichte. Es war eine Freude zu sehen, mit welcher Begeisterung die Kinder, und manchmal auch Erwachsene, mitmachten und uns baten, bald wieder zu kommen. Die Zeit verging nur allzu schnell und ich durfte mein zweites Praktikum beginnen. Diesmal fuhr ich zusammen mit einem Freund nach Marseille in Südfrankreich. Ich erinnere mich noch, wie Charles am Weihnachtsabend nach Mitternacht zu mir sagte: »Komm Hans, wir gehen auf die Canbière!«, die Hauptstraße der Stadt. Als wir durch diese große Allee schlenderten, begegneten wir am Straßenrand betrunkenen Menschen. Sie taten uns leid, wir weckten sie auf und brachten sie auf die Polizeiwache oder wir versuchten, sie in ihre Schlupflöcher unter Treppenaufgängen und verwahrlosten Häusern zu bringen. Wir lernten dort die Not und Armut der Gegend kennen und versuchten den Ärmsten zu helfen, was aber nur wie ein Tropfen Wasser auf dem heißen Stein erschien. Manchmal besuchten wir im Fremdenlegionärsspital der Stadt verwundete Soldaten und versuchten, mit ihnen zu sprechen und zu beten. So erfuhren wir viele Nöte dieser Menschen, die zum Teil schwer verwundet waren. Jede Woche organisierten mein Freund Charles und ich Kinderstunden im Araber-Viertel der Altstadt, was nicht ungefährlich war. Ein Ort, den wir oft besuchten, war der alte Hafen von Marseille und die Kathedrale Notre-Dame auf dem Hügel nebenan. Uns freute das rege Treiben der Fischer, welche ihre Fische und Meeresfrüchte feilboten, die sie in der Nacht erbeutet hatten. Uns war unklar, wie man mit so alten Booten überhaupt aufs Meer hinausfahren konnte. Wir lernten viele Eigenheiten dieser südfranzösischen Stadt kennen und gingen nach drei Monaten schweren Herzens wieder zurück in die Schweiz.

Es war etwas Neues, sich auf das Studium zu konzentrieren und den Stoff zu verarbeiten. Nun hatte ich wieder Gelegenheit, in der Freizeit an der Stiftshütte zu arbeiten. Ich musste Vorhänge nähen. Vorne beim Eingang färbte ich den Vorhang des Hütteneinganges himmelblau, das bedeutet: Jesus, der Sohn Gottes, kam vom Himmel herab. Dann folgte purpurrot, was darauf hinweist, dass er Gottes Sohn, Königssohn ist. Blutrot erinnert daran, dass er am Kreuz starb und sein Blut für die Sünden der Menschen gab. Und zuletzt die Farbe Weiß, die laut Bibel dafür steht, dass das Blut Jesu uns von unseren Sünden reinwaschen kann.

Inzwischen war der Frühling angebrochen und der Schnee war auch auf dem Berg geschmolzen. Ich hatte schon als Kind große Freude, wenn ich erleben konnte, wie die ersten Blümchen ihre Sprossen der Sonne zuwandten und später die Bäume zarte Blätter bekamen. Die Frühlingssonne und die frische Frühlingsbrise, die einem um den Kopf wehte, erlebte ich nach den kalten, nebligen Wintermonaten auch dieses Mal als äußerst angenehm. Wie dankbar war ich für die Wärme dieser Jahreszeit.

Mein drittes Praktikum war kein Einfaches. Ich durfte mit einem deutschen Freund, Wilfried, nach Norddeutschland gehen. Von der Schule wurden uns Adressen in Hamburg gegeben. Wir erhielten eine einfache Fahrkarte mit der Bahn, und jeder bekam fünf Franken Taschengeld. Damit mussten wir drei Monate auskommen. »Gott wird für euch sorgen!«, sagte man uns, und wir fuhren mit unseren Koffern über Frankfurt am Main nach Hamburg. Die Fahrt dorthin dauerte viele Stunden. Wir waren sehr erstaunt, die Hansestadt total ausgebombt anzutreffen. Wir sahen ein ehemaliges Hochhaus, das nur noch eine Ruine war. Man sagte uns, dass immer noch 15 000 Leute darunter begraben seien. Die Not in dieser ruinierten Stadt war groß. Die Menschen lebten in Holzbaracken, welche die Stadtbehörden herstellen ließen. Täglich besuchten wir Menschen in ihren ärmlichen kleinen Reihen-Holzhütten. Nach dem Krieg waren die Leute verzagt und hoffnungslos. Manchmal sagte mein Freund Wilfried zu mir: »Hier ist ein Lokal. Da fragen wir um Erlaubnis, den Saal benützen zu dürfen. Ich gehe auf die Straße, sammle Kinder und bringe sie zu dir. Und du singst mit ihnen und erzählst ihnen eine biblische Geschichte.« So verbrachten wir die Wochen und besuchten viele schöne Plätze in der großen Stadt im Norden. Wir hatten immer liebe Menschen, bei denen wir wohnen und essen konnten. Und nach drei Monaten kehrten wir reich an Erlebnissen wieder in die Schweiz zurück. Die fünf Franken im Sack hatten wir nicht mehr, doch die Erfahrung der drei vergangenen Monate waren mehr wert als alles Geld, denn wir erlebten Gottes Fürsorge und Hilfe und erfuhren seinen Segen.

Wie schnell die Studienjahre vergingen, empfand ich erst dann, als mir klar wurde, dass meine Missionarsausbildung langsam zu Ende ging. Das vierte und letzte Praktikum wurde vorbereitet. Diesmal durfte ich nach Wien gehen. Ich wurde von der Methodistenkirche im fünften Stadtbezirk eingeladen, Gemeinde- und Jugendarbeit zu tun. Ich freute mich auf diese Zeit. Wie würde die Gemeinde aussehen, fragte ich mich. Das Lied »An der schönen blauen Donau« kannte ich schon. Doch die Wiener Sprache, dachte ich, wird nicht einfach zu verstehen sein. Viele Fragen stiegen in mir auf und ich musste warten, bis ich dort war, um Antworten darauf zu bekommen.

Diesmal fuhr ich ohne Freund in die Großstadt Wien. Ich war sehr interessiert an der Gegend und schaute fasziniert aus dem Fenster des fahrenden Zuges. Wie schön waren die Seen und Berge, an denen ich bis zur Landesgrenze vorbeifuhr. Damals war die Grenzkontrolle noch sehr streng, und der Zug machte deswegen einen langen Halt. Nach fast einer halben Stunde fuhren wir weiter – Richtung Arlberg, Innsbruck, Salzburg, Linz. Ich war begeistert von der schönen Landschaft Österreichs. Nach St. Pölten, eine Stunde vor Wien, blieb der Zug mitten auf der Strecke stehen. Bewaffnete russische Soldaten kamen herein und kontrollierten jeden Bahnreisenden genau. Wir waren in der russisch besetzten Zone. Mir war nicht ganz wohl bei der Sache, denn die Soldaten mit ihren Pelzmützen und Gewehren machten keinen freundlichen Eindruck auf mich. Nach fast einer Stunde Aufenthalt fuhr der Zug weiter, und wir kamen in die Musikstadt Wien an der Donau. Ich wohnte bei der Pastorenfamilie der Methodistenkirche im achten Bezirk, in der Trautsongasse 8. Das Pastorenehepaar Mayr nahm mich freundlich auf und ich empfing dort viel Liebe und Verständnis. Jeden Sonntagmorgen predigte Pastor Mayr in der Kirche, und am Abend um 17 Uhr durfte ich dort den Abendgottesdienst halten. Ich machte viele Hausbesuche. Manchmal fuhr ich über eine Stunde mit der Straßenbahn, um zu den Leuten zu kommen, die ein Gespräch wünschten. Ich lernte die Großstadt kennen, die schönen bunten Parkanlagen, die Statuen, die vielen Museen, den Dom und das Schloss Schönbrunn.

Die Wiener sind ein Volk für sich, mit einem Dialekt, den nicht jeder Fremde versteht. Die Gemeindebesucher waren freundlich zu mir. Ich wurde oft von verschiedenen Familien zum Essen eingeladen. Bei einer Familie, der Mann war aus der heutigen Slowakei und die Frau Wienerin, war ich oft zu Gast. Sie hatten vier Kinder, die mich »Onkel Hans« nannten, und ich hatte schnell guten Kontakt zu ihnen. Ich liebte die Wiener Schnitzel und Frankfurterli, welche Frau Schwartz gut braten konnte. Es war eine liebe Familie, in der ich mich wohlfühlte. Ich ging sehr gerne dorthin, denn besonders Vater Schwartz war ein gottesfürchtiger Mann und ein großer Beter, mit dem ich enge Freundschaft hatte. Er stand täglich früh auf, um in seiner Kammer die Bibel zu lesen und zu beten, bevor er frühstückte und als Handelsvertreter an die Arbeit ging.

Eine meiner wöchentlichen Aufgaben war es, die Sonntagsschullehrer auf die Sonntagsschulstunde vorzubereiten. Ich war erstaunt, als ich die älteste Tochter der Familie Schwartz in der Vorbereitungsstunde vor mir sah. Sie war zwar erst 16 Jahre alt, aber durch die Kriegsnöte gereift, und sie wollte dem Herrn Jesus dienen. Sie war in der Ausbildung zur kaufmännischen Fachfrau. Weil sie noch jung war, dachte ich mir nichts dabei und bildete sie mit allen anderen Lehrern aus. Ich war doch schon 26 Jahre alt und sie nannte mich Onkel Hans. Wir verstanden uns gut, doch von der Schule in Beatenberg aus war es streng verboten, irgendeine Beziehung mit einem Mädchen zu beginnen, sonst drohte damals die sofortige Schulentlassung. Das konnte ich mir nicht leisten, denn das Studium wollte ich unbedingt beenden.

Die Musikstadt Wien mit den vielen alten Bauten, Gärten und Menschen begeisterte mich. Ich war viel an der Donau und schaute den vorbeifahrenden Schiffen zu. Der Prater mit dem Riesenrad und den vielen Attraktionen lockte mich oft an. Ein Erlebnis war es, vom Kahlenberg aus über die Weite der Stadt und das Häusermeer zu blicken. Ich konnte in diesen drei Monaten nicht alle Schlösser, Burgen und Sehenswürdigkeiten der Stadt und Umgebung besuchen, denn ich war nicht Tourist, sondern Praktikant.

Nach dieser lehrreichen, nicht allzu einfachen Praktikumszeit kehrte ich wieder mit vielen neuen Erfahrungen ins Missionsseminar nach Beatenberg zurück und versuchte, die schöne Zeit in Wien zu verarbeiten und weiterzustudieren. Ich war dankbar, dass Gott mir die Gelegenheit gegeben hatte, ein für mich neues Arbeitsfeld kennenzulernen und zu erleben, wie Gott Weisheit und Gnade zu diesem Dienst schenkte.

5. Drei Jahre Wartezeit und Weiterbildung

Meine missionarische Ausbildung war abgeschlossen. Ich fragte schon lange, wohin mich Gott senden wolle. Während der Studienzeit kamen Missionare der Afrika-Inland-Mission (AIM) nach Beatenberg und erzählten uns von ihrer Tätigkeit im Belgischen Kongo. Ein älterer Herr Kline von der AIM sprach von seiner Arbeit im Nordkongo, im Ituri-Bezirk, am Fuße des Berges Ruwenzori. Er arbeitete dort mit der Afrika-Inland-Mission, die in verschiedenen ostafrikanischen Ländern mit über fünfhundert Missionaren tätig war. Er sprach von der großen Not im Kongo und betonte ein besonderes Bedürfnis: die Schularbeit. Er appellierte an die Studenten, Gott zu fragen, ob nicht jemand unter ihnen bereit wäre, ihn dort abzulösen, weil er in den Heimaturlaub ging. Ich saß da wie gebannt, und auf einmal zuckte es wie ein Blitz in meinem Herzen. Seine Worte trafen mich im Innersten. Ich spürte, dass Gott mich meinte. Ich sprach nach dem Vortrag mit ihm, und er erklärte mir, wie diese Schularbeit aufgebaut war und was meine Aufgabe sein würde. Er freute sich sehr, dass Gott sein Gebet erhört und mich durch seine Worte gerufen hatte. Innerlich froh ging ich an diesem Abend in mein Zimmer zurück und im Gebet wurde mir klar, dass ich für diesen Dienst im Kongo berufen war. Es war für mich eine Genugtuung, dass ich nun einen Blick in die Zukunft vor mir hatte. Ich fing an, mich intensiv mit diesem großen Land auf dem Äquator Afrikas zu beschäftigen. Ich gab dem Missionar meine Adresse, und nach einer Zeit der Stille vor Gott bewarb ich mich bei der Afrika-Inland-Missions-Zentrale für europäische Missionare in London.

Am liebsten wäre ich sofort in den Kongo geflogen, doch zuerst musste ich Gott im Gebet um seinen Willen und seine Führung bitten. Nachdem ich mich bei der Missions-Zentrale in London beworben hatte, verlangte diese, dorthin zu kommen und mich persönlich vorzustellen. So einfach war das allerdings nicht. Als ich alle Vorbereitungen getroffen hatte, machte ich mich auf und fragte mich, was der Vorstand wohl fragen und entscheiden würde. Nach einem langen Gespräch wurde ich als Kandidat angenommen. Eine Bedingung war, dass ich ein Jahr zum Lernen der Sprache nach England komme. Ich bekam eine Adresse, wo ich vorerst leben konnte: in einem Ferienzentrum in Hildenborough-Hall in Südengland. Dort arbeitete ich in der großen Parkanlage. Ich lernte Rasenmähen, Heckenschneiden, Blumenbeete jäten... Für diese Arbeit konnte ich dort leben und mit den Gästen sprechen. Nebenbei gab mir jemand Englischstunden. Bei Glaubenskonferenzen im Zentrum durfte ich an den Vorlesungen teilnehmen und lernte viele Teilnehmer kennen.

Eines Tages kam ein Besucher aus London. Er war ein Vorstandsmitglied der AIM. Wir sprachen lange miteinander. Er war sehr freundlich und fragte mich, ob ich nicht nach London kommen möchte, er würde mir eine Sprachschule empfehlen und die Kosten übernehmen. Ich war überrascht und hocherfreut und nahm das Angebot gerne an. Das war für mich ein großes Erlebnis und ich dankte Gott, denn ich wusste, er hatte diesen Mann gesandt und ihn mit mir in Kontakt gebracht, damit ich die englische Sprache richtig lernen konnte. Ich zog nach London und wurde Student an der *London School of English* am bekannten Oxford Circus, einem großen Kreisverkehr. Ich logierte im *House of Rest*, einem Gästehaus für Missionare. Für meinen Unterhalt arbeitete ich in der Küche mit. Am Sonntag besuchte ich die Kirche Westminster Abbey. Dort lernte ich mit der Zeit einige Besucher persönlich kennen, die mich manchmal zum Tee einluden und mir die Großstadt zeigten.

Einmal war ich im Winter in der Stadt unterwegs, da war der Nebel so stark, dass ich nichts mehr sehen konnte. Ich blieb einfach stehen, bis ein Polizist vorbeikam und mich zur U-Bahn-Station führte. Allein hätte ich den Weg zurück zu meinem Quartier nicht gefunden. Ich erlebte London mit seinen vielen Gesichtern und war dankbar, als ich nach einem Jahr den Sprachkurs mit Erfolg abschließen konnte.

Bevor ich in die Schweiz zurückkehrte, traf ich mich mit dem Vorstand der Mission. Doch im Gespräch mit den Herren erlebte ich eine Enttäuschung. Das Komitee erklärte mir, dass im Kongo Französisch gesprochen werde und man nur mit einem Französisch-Diplom dort arbeiten könne. Was nun? Ich sammelte Schulinformationsmaterial und erfuhr, dass es in Paris eine Sprachschule gab, die *Alliance Française*. Doch wo sollte ich wohnen, denn ich hatte ja keine Ersparnisse? Gott zeigte mir eine Möglichkeit: Durch Vermittlung eines Freundes bekam ich die Adresse der Bibelschule in Nogent-sur-Marne in einem Außenbezirk von Paris. Ich durfte dort gratis wohnen und ein Jahr lang jeden Tag im Stadtteil »Cité« zur Schule gehen. Die Schule war groß, die meisten der Studierenden waren Ausländer wie ich. Ich war dankbar für diese Möglichkeit und bemühte mich sehr, die Sprache gut zu lernen, was viel Zeit beanspruchte. Zwischendurch besichtigte ich die Stadt des Lichtes. Mich begeisterten die vielen Menschen in der Stadt und ich ging manchmal, wenn ich Zeit hatte, zum Ausgang der Metrostation und verteilte biblische Traktate an die herausströmenden Menschen. Oder ich schlenderte die Seine entlang und schaute den Malern zu, die ihre Kunstgegenstände verkauften. Beim Eiffelturm war ich oft, doch ich war nie auf dem Turm und konnte die Stadt von oben betrachten, denn das Geld fehlte mir, das war schade. Dafür war ich auf der *Basilisque*, von welcher aus man Paris ebenfalls überblicken konnte. Die *Concorde*, das Museum *Louvre*, die *Notre-Dame*-Kathedrale, den Triumphbogen und vieles mehr besuchte ich, bevor ich endlich die Sprachschule mit Erfolg beenden und wieder nach England gehen konnte.

Das AIM-Komitee in London war noch nicht zufrieden mit mir. Die Mission arbeitete nach dem Glaubensprinzip. Das heißt, jeder Missionar, den sie aussenden, muss seine persönlichen Beter und Geber selbst suchen. Wenn dieser Grundsatz erfüllt ist, darf er auf das Missionsfeld gehen. Ich sammelte Adressen von Gemeinden in der Schweiz. Ich reiste zu vielen Kirchen, und es dauerte noch einmal ein Jahr, bis ich die vielen Beter und Geber gefunden hatte, die mich unterstützen wollten. Ich besuchte viele Kirchen, Jugendgruppen und private Kreise in Österreich, Deutschland, der Schweiz und im Elsass, von denen ich die Adressen hatte. Viele Pfarrämter, die ich anschrieb, waren nicht an der Mission interessiert. Doch andere Gemeinden hießen mich willkommen und ich ging fast ein ganzes Jahr zu Kirchen, Jugendgruppen und privaten Kreisen, um ihnen einen Vortrag zu halten. Es war ein langes Jahr, bis ich genügend Unterstützung beisammenhatte. Erst dann sah die Mission meine Voraussetzungen erfüllt. Ich hatte genügend Geld von Freunden, die versprachen, für meinen Unterhalt in Afrika und die ganze Ausrüstung für die Arbeit in den Buschschulen zu sorgen. Die drei langen Jahre der Wartezeit waren vorbei, und die Missionsräte gaben mir endlich die Ausreiseerlaubnis. Nun schließlich durfte ich mit den praktischen Vorbereitungen für die große Reise in den Kongo beginnen.

6. Die Verlobung

Endlich war es soweit, dass ich hätte ausreisen können. Meine Abmachung mit der Mission war, dass ich vier Jahre nach Afrika gehen würde und dann in einen Urlaub zurückkäme. Ich war dazu bereit, doch es fehlte mir noch etwas Wichtiges. Ich hatte den Herrn schon lange gebeten, mir ein Mädchen zu zeigen, das ich lieben und heiraten konnte. Ich brauchte eine Frau, mit der zusammen ich als Missionar dem Herrn dienen konnte. Nun war ich soweit, ich durfte ausreisen, aber ich hatte noch nicht einmal eine Verlobte. Auf einmal begann ich ernsthaft darüber nachzudenken und Gott zu bitten, er möge mir eine Frau zeigen, mit der ich mich vor meiner Ausreise verloben und langfristig aufs Missionsfeld gehen konnte. In meinen Gedanken hatte ich immer wieder an die Tochter von Familie Schwartz in Wien denken müssen, doch es waren nun schon mehr als zwei Jahre vergangen, seitdem ich dort im Praktikum gewesen war. Schreiben durfte ich der Tochter nicht, solange ich in der Ausbildung war. Was sollte ich tun? Inzwischen war sie ja 18 Jahre alt, aber vielleicht war sie schon mit einem anderen Mann in Kontakt oder gar verlobt, ich wusste es nicht. Von Zeit zu Zeit hatte ich ihr Missionsinformationsmaterial zukommen lassen, und vor Kurzem sandte ich ihr sogar einen Geburtstagsgruß, doch erhielt nie eine Antwort, was mich unsicher stimmte. Warum antwortete sie nie auf meine Post? Wir hatten uns doch immer gut verstanden. Sie war eine ernste Christin und würde eine gute Missionarin werden. Ich konnte ihr Verhalten nicht verstehen. Vielleicht war sie enttäuscht, dass ich mich in Schweigen hüllte, oder besser: verhüllen musste. Dennoch hätte sie mir doch wenigstens ein Lebenszeichen geben können. Doch ich hörte gar nichts von ihr.

Während ich diesbezüglich betete, war mir innerlich klar geworden, dass ich es mit Gottes Hilfe wagen sollte, hinzufahren und persönlich mit ihr zu reden. Lange zögerte ich, doch schließlich entschied ich mich zu gehen. Es war die letzte Gelegenheit, um nach Wien zu fahren, denn ich plante, bald nach Afrika auszureisen. Sofort wurde ein Brief an die Pastorenfrau gesandt, bei der ich damals während meines Praktikums in Wien gewohnt hatte. Ich erzählte ihr von meinem Vorhaben, nach Wien zu kommen und fragte sie, ob ich für eine Woche bei ihr wohnen dürfe. Sie lud mich ein und ich fuhr erwartungsvoll und betend zu Frau Mayr, die ja wusste, was meine Absicht war. Auf der langen Bahnfahrt hatte ich viel Zeit, über alles nachzudenken. Ich merkte, dass ich tief im Herzen in die Tochter Schwartz verliebt war. Der Zug fuhr schnell durch die schöne Bergwelt und die vielen Dörfer. Ich erinnerte mich noch an so vieles, das ich vor zwei Jahren auf der ersten Fahrt gesehen und erlebt hatte. Inzwischen waren auch die russischen Truppen aus Wien abgezogen, was die Reise etwas angenehmer machte. Der Zug raste durch die Landschaft, doch für mich fuhr er viel zu langsam. Ich versuchte mir vorzustellen, wie schön es wäre, wenn Gott alles so vorbereitet hätte, dass ich als Verlobter wieder in die Schweiz zurückkehren könnte.

Endlich war es soweit: Der Zug hielt im Westbahnhof Wien. Alles kam mir so bekannt vor, obschon Jahre seit meinem Praktikum vergangen waren. Mit der roten Straßenbahn fuhr ich die Mariahilfer Straße entlang bis zur Ringstraße, und von dort trug ich meinen Koffer zum Haus der Pastorenfamilie. Herzlich wurde ich empfangen und ich merkte bald, dass die Frau sich freute, dass ich gekommen war. Wir sprachen lange miteinander und sie erzählte mir, sie habe Frau Schwartz wissen lassen, dass Herr Scheuzger zu Besuch komme. Dabei habe sie bemerkt, dass die Frau etwas aufgeregt war. Ich war doch immer so freundlich bei Familie Schwartz eingeladen worden, warum freute sie sich jetzt nicht auf meinen Besuch? Ich konnte mir nicht vorstellen warum. Bald wurde es Abend, und ich ging müde ins Bett, doch schlafen konnte ich wenig. In Gedanken war ich an dem Ort, den ich am nächsten Tag aufsuchen wollte.

Die Pastorenfrau hatte mich per Telefon in der Kettenbrücken-gasse 7 angemeldet, denn dort wohnte die Tochter, in die ich verliebt war. Als ich mich am nächsten Morgen auf den Weg dorthin machte, war ich nicht wenig nervös, doch ich freute mich auf den Besuch.

Familie Schwartz wohnte ganz in der Nähe des Wiener Naschmarktes. Dieser Markt war in der ganzen Stadt bekannt, denn dorthin kamen täglich die Fleisch- und Gemüsehändler aus der Provinz und auch aus Ungarn, um ihre Waren zu verkaufen. Jeder Händler versuchte, so laut er konnte, den Besuchern seine Esswaren als die besten anzubieten. Der Markt zog sich etwa zwei Kilometer zwischen zwei stark befahrenen Straßen entlang. Einfach war es nicht, auf dem Naschmarkt einzukaufen, denn es waren immer sehr viele Leute da.

Mich interessierten der Markt und die vielen Menschen nicht, denn ich war aus einem anderen Grund hergekommen. Das Haus, in dem Familie Schwartz wohnte, war alt. Ich stieg eine Art Wendeltreppe hinauf in den ersten Stock, um an der Wohnungstür zu läuten. Meine Nervosität stieg und ich war gespannt, wie die Familie und besonders die Tochter reagieren würden. Mein Herz bebte wie das eines nervösen Kindes, und ich machte mir Gedanken, wie alles gehen würde. Da stand ich nun vor der Wohnung und zögerte lange, ob ich wirklich klingeln sollte. Doch war ich diesen langen Weg aus der Schweiz hergekommen, und nun galt es, allen Mut zusammenzunehmen und die Glocke zu betätigen. Die hohe Wohnungstür wurde aufgetan und vor mir standen: der Vater, die Mutter, die älteste Tochter Helga und noch drei jüngere Geschwister. Wir begrüßten uns freundlich, anfangs zwar etwas befangen, aber bald waren wir in ein Gespräch verwickelt, das zuerst nur von den Erlebnissen der vergangenen Jahre handelte. Wir tranken kalten Pfefferminztee und aßen Wiener Gebäck. Erst am Abend, als die kleineren Geschwister im Bett waren, durfte ich mit den Eltern ins Wohnzimmer gehen. Ich wollte das Ehepaar um die Hand ihrer Tochter bitten. Helga musste draußen bleiben und warten, das war zu jener Zeit so Tradition.

Das Zimmer war sehr hoch und geräumig, wie die alten Wiener Wohnungen damals waren. Ein großer Leuchter mit einem Dutzend Glühbirnen erhellte den Raum. Für mich als Schweizer war die Höhe des Raumes von fast vier Metern ungewohnt. Der Parkettboden war aus Eichenholz und kunstvoll gemustert und mir fiel der große alte Kachelofen in der Ecke des Raumes auf. Bilder aus alten, kaiserlichen Zeiten hingen an den Wänden. Viele schöne Grünpflanzen schmückten das Zimmer, und wenn man sich auf die wuchtigen Sessel setzte, konnte man bequem ruhen. Das alles interessierte mich an diesem Abend wenig. Mein Inneres verlangte zu sehr, mein Anliegen bekannt zu geben, eine entscheidende Frage zu stellen und Klarheit zu gewinnen. Ich dachte nur an das eine: was wohl die Antwort der Eltern sein würde. Schnell kamen wir ins Gespräch. Ich versuchte, meinen Herzenswunsch so klar wie möglich zu formulieren. Die Eltern hörten gespannt zu. Am Ende meiner Frage kam die Mutter zu Wort und erklärte mir, dass sie nicht im Traum daran denken würde, ihre Tochter in die Mission gehen zu lassen. Sie hatte meine Informationsbriefe für ihre Tochter erhalten, auch den Geburtstagsbrief von mir, doch sie hatte alle Post von mir beschlagnahmt und versteckt. Als ich dann Frau Pastor schrieb, dass ich zurückkomme, da händigte sie ihrer Tochter schnell alle Briefe aus. Helga war sehr enttäuscht, dass die Mutter so etwas getan hatte, und das vorherige gute Vertrauensverhältnis der Tochter zur Mutter zerbrach. Die Mutter hatte versucht, ihre Älteste mit dem Sohn einer befreundeten Familie zu verkuppeln, doch Helga willigte nicht ein. Sie sagte: »Ich habe nur einen jungen Mann, den ich liebe, auch wenn ich schon jahrelang nichts mehr von ihm gehört habe. Ich bin bereit, so lange auf ihn zu warten, bis er wiederkommt. Denn im Herzen bin ich überzeugt, dass er der Mann ist, den Gott für mich bestimmt hat. Er wird sicher wiederkommen.« Die Mutter hatte sichtlich Mühe und wusste nicht, was sie sagen sollte, als ich an diesem Abend mit ihr redete. Sie hatte viele Argumente, warum sie mir ihre Tochter nicht anvertrauen wollte. Der Hauptgrund war, dass sie ihre Tochter nicht hergeben wollte und schon gar nicht so weit weg in die Mission nach Afrika. Der Vater wäre schon einverstanden gewesen, seine Tochter mit mir ziehen zu lassen, doch die Tränen seiner Gattin machten ihm Sorge. Unser Gespräch dauerte sehr lange. Ich glaubte schon, dass mein Besuch umsonst gewesen sei. So versuchte ich noch eine andere Möglichkeit, um doch noch ans Ziel zu gelangen. Ich machte den Vorschlag, mich mit Helga zu verloben und dann allein nach Afrika auszureisen. Helga könnte in dieser Zeit eine Bibelschule besuchen und in vier Jahren käme ich zurück, um sie zu heiraten. Für mich war das ein Opfer, das ich bereit war zu bringen, weil ich Helga liebte, die eine so wertvolle Frau war. Die Mutter hörte aufmerksam zu, und ihr Mann sagte: »Lydia, das ist doch ein guter Vorschlag. Den können wir mit gutem Herzen bejahen.«

Es war schon fast Mitternacht, als wir uns einigten und die Tochter endlich ins Wohnzimmer hineinkommen durfte und erfuhr, was wir in diesen langen Nachtstunden über ihr Leben und ihre Zukunft beschlossen hatten. Doch die letzte Entscheidung lag nun bei ihr. War sie bereit dazu? Helga wurde gefragt, ob sie damit einverstanden wäre. Mein Herz klopfte, was würde sie wohl antworten? Sie hätte ja auch Nein sagen können. Sie zögerte nicht lange, blickte mich liebevoll an und antwortete: »Ja!« und war glücklich. Wir umarmten uns und waren erfüllt von Dankbarkeit und Freude. Gott hatte meine vielen Gebete erhört. Ich dankte ihm dafür. Mir wurde klar, dass Gott einen Plan mit uns hatte. Er führte uns nach Jahren und vielen Schwierigkeiten endlich zueinander. Wir beide wussten, dass Gott uns so klar für seinen Dienst berufen hatte. Ihm wollten wir gemeinsam dienen. Am Sonntag durfte ich in der Kirche die Predigt halten und am Nachmittag feierten wir im Familienkreis unsere Verlobung.

7. Die erste Ausreise in den Belgisch-Kongo

Wie glücklich und dankbar war ich, als ich wieder in der Schweiz war und wusste: »Endlich hatte ich meine Verlobte gefunden, die ich lieben durfte.« Zwar würden wir uns vier Jahre lang nicht sehen können, doch ich nahm diese Prüfung auf mich und nahm mir vor, Helga regelmäßig Briefe zu schreiben. Auf diesem Weg konnten wir uns ja auch besser kennenlernen.

Viel Arbeit wartete in den folgenden Wochen auf mich. Ich hatte eine Liste mit den wichtigsten Einkäufen, die noch zu erledigen waren. Vier Jahre lang in der Nähe des Äquators zu leben verlangte viele Dinge, die ich nicht vergessen durfte, denn im Busch Afrikas konnte ich nicht viel kaufen. Ich beschaffte mir eine gute Matratze, denn man hatte mir gesagt, dass es wichtig sei, auf gute Qualität zu achten, damit man angenehm liegen könne. Auch Essgeschirr benötigte ich, sowie Kleidung für die Tropen und vieles mehr. Die Durchreisevisa für Kenia und Uganda bekam ich im Konsulat von Großbritannien. Das Arbeitsvisum für den Kongo war nicht einfach zu erhalten, und ich brauchte viel Zeit und Geduld, bis ich die Bewilligung mit einem offiziellen, gut sichtbaren Stempel und der Unterschrift im Schweizer Pass eingetragen bekam. Beim Reiseunternehmen Kuoni bestellte ich einen Schiffsplatz von Genua durch den Suezkanal nach Mombasa in Kenia, und auch das Reisegepäck, in Kisten verpackt, konnte ich zum Verschiffen zu Kuoni nach Zürich bringen.

Der Abschied von meinen Freunden, der Gemeinde und meiner Familie war schwer. Meine Mutter umarmte mich innig, und wir weinten beide einige Minuten, denn der Abschied von ihr war sehr hart. Ich würde lange fort sein. Auch mein Vater war traurig, als ich ihm den Abschiedskuss gab. Ich wusste ja nicht, ob wir uns wiedersehen würden. Dieser Abschied von meinem Dorf, den schönen Wäldern, in denen ich viel Zeit meiner Kindheit verbracht hatte und die ich liebte, bedrückte mich. Die Schweiz, meine Heimat, war mir wertvoll. Von ihr wegzugehen war sehr hart. Jetzt musste ich sie verlassen, um einen Tag später in Genua anzukommen.

Als ich am Bahnhof aus dem Zug stieg, traf ich eine Frau mit zwei Kindern, die ebenfalls nach Afrika reiste. Zu meinem Erstaunen kamen sie aus Aarau, wo ich vier Jahre lang meine Lehre gemacht hatte. Eine große Gebetserhörung hatte ich in Genua: Da ich nicht all mein Gepäck tragen konnte, gab ich in Zürich einige Gepäckstücke als Passagiergut auf. Man sagte mir, sie würden mit demselben Zug mitkommen. In Chiasso, an der Schweizer Grenze, sah ich, dass meine Gepäckstücke ausgeladen wurden. Ich reklamierte und nur durch die Güte des Oberzöllners wurden sie doch mitgenommen. Als ich in Genua meine Gepäckstücke abholen wollte, erfuhr ich mit Schrecken, sie würden erst in zwei Tagen hier ankommen, da sie in Mailand ausgeladen worden waren. Ich war schockiert, denn ich hatte nur die warmen Wintersachen bei mir und es war hier viel wärmer als in der Schweiz. Schnell kaufte ich in einem Geschäft Seife, Rasierzeug und das Nötigste, um mich wenigstens waschen zu können. Ich stieg aufs Schiff und überlegte in der Kabine, wie ich ohne meine Gepäckstücke die lange Schifffahrt nach Afrika überstehen könnte. Wie kompliziert war schon der Beginn dieser Fahrt! Zwar würden meine Sachen später mit einem anderen Schiff nachgeschickt werden, doch was sollte ich im heißen Kenia anziehen? Und wie lange würde ich in Mombasa darauf warten müssen? Die Abfahrtszeit rückte rasch heran. Noch immer betete ich im Stillen: »Herr, du kennst meine heikle Lage, du kannst in dieser letzten Stunde noch ein Wunder tun, auch wenn ich nicht weiß wie.« Diese Frage beschäftigte mich so sehr, dass ich alles andere um mich herum nicht wahrnahm. Die Zeit verging und immer noch hoffte ich auf ein Wunder. Plötzlich hörte ich auf dem Gang meinen Namen rufen, und als ich hinschaute, erkannte ich in den Händen eines Mannes meine Gepäckstücke. Sie waren eben mit einem Expresszug aus Mailand angekommen.

Eine halbe Stunde später wäre das Schiff schon weg gewesen, und ich konnte mir nicht vorstellen, welche Probleme in Mombasa auf mich gewartet hätten, und wie lange ich dort hätte warten müssen. Zudem hatte ich ja einen Reiseplan, den ich einhalten musste. Wie war doch mein Gott so groß und tat das Wunder in letzter Minute, dachte ich, und dankte ihm im Stillen.

Daraufhin ging ich das große Schiff von innen erkunden. Der Speisesaal kam mir riesengroß vor. Tatsächlich waren um die 1000 Passagiere an Bord, da war ein großer Saal nötig. Luxusleuchter hingen an der Decke, bunt gedeckte Tische mit bequemen Stühlen waren schön angeordnet. Auch die Leute waren gut angezogen und schienen das Leben zu genießen. Außer der Frau aus Aarau kannte ich niemanden auf dem Riesenschiff, doch auch sie sah ich nicht oft. Nun kam das Signal zur Ausfahrt. Ich war etwas wehmütig, denn jetzt verließen wir Europa und steuerten auf Afrika zu. Ich ging in meine Viererkabine und auch meine Zimmerkollegen waren gekommen. Ich war etwas überrascht, als ich die schwarz gekleideten Männer sah: Es waren drei katholische Priester. Wir begrüßten einander und stellten uns vor. Ich dachte bei mir selber: »Diese drei Priester und ich, wie wird das wohl gehen?« Ich hatte vorher die untere Liege mit meinen Sachen belegt und die drei Kabinenbegleiter wählten die anderen. Die Kabine war eng und wir mussten gut achtgeben, dass wir aneinander vorbeikamen, doch das spielte sich schon ein. Noch am selben Abend saß ich mit einem der Priester zusammen in der Kabine und führte ein langes Gespräch mit ihm. Er kam aus Holland. Obwohl er nicht zu gut Deutsch sprach, verstanden wir uns prima, und ich war sehr froh, dass wir beide in derselben Kabine sein konnten. Der Herr schenkte mir eine gute Gemeinschaft mit allen drei Geistlichen, und wir hatten feine Gespräche während der langen Schifffahrt.

Anfangs war die Fahrt auf dem weiten Meer interessant, doch mit der Zeit kam sie mir eintönig vor. Am schönsten fand ich den Blick über das offene Meer und den Sonnenuntergang, der sich im

Wasser spiegelte. Auch sprangen manchmal große Fische aus dem Wasser und von Zeit zu Zeit passierten wir andere Schiffe, welche in die Gegenrichtung fuhren.

Mit der Zeit empfand ich das Schaukeln des Schiffes nicht mehr als unangenehm, und auch das gute Essen wurde zur Gewohnheit. Immer wieder musste ich an meine Verlobte denken und stellte mir vor, wie schön und anders diese Reise gewesen wäre, wenn sie bei mir hätte sein können. Wenn wir miteinander hätten reden und planen können. Diese Schifffahrt wäre ganz anders gewesen... Mir wurde so richtig bewusst, wie lange vier Jahre sein würden und wie schwierig es damals war, wenn man einen Brief im Busch Afrikas schrieb, wie lange es dauern konnte, bis er in Europa ankam. Ich hörte von einem Missionar, dass seine Briefe oft monatelang unterwegs waren. Dies und andere Dinge beschäftigten mich auf hoher See und ich musste immer wieder Gott bitten, mich ruhig und stark in ihm zu machen.

Eine Woche dauerte die Fahrt bis Port Said in Ägypten. Lange saß ich mit Passagieren auf dem Deck des Schiffes, bis das Zeichen zum Weiterfahren ertönte. Menschen rannten hin und her. Die einen verabschiedeten sich von ihren Lieben, andere weinten. Viele standen unten und warteten, bis das Schiff ausgelaufen war. Die Leute da unten kamen mir so klein vor, denn das Schiff war sehr hoch. Zuerst musste der Riese gewendet werden, bevor er sich fortbewegen konnte. Es dauerte eine halbe Stunde, bis wir wieder in Fahrt waren. Als ich so dasaß, wurde ich auf einmal traurig in meinem Innern. Mit meinen Gedanken war ich in Wien bei Helga, ich konnte sie einfach nicht vergessen und hatte Heimweh nach ihr. Erst eine Woche war ich unterwegs und ich fragte mich: »Wie werde ich vier Jahre ohne Helga aushalten?«

Nun fuhren wir weiter im berühmten Suezkanal. Er war schmal, doch schnurgerade, und das Schiff musste langsam fahren. So hatte ich Gelegenheit, vom Deck aus die schönen Palmen und die Wüste zu bewundern. Wir fuhren an Zelten am Ufer vorbei, in denen Ägypter lebten und arbeiteten. Doch hier war es heiß und am liebsten verweilte ich im Innern des Riesen. Dann machte ich mich auf und schaute mich ein wenig um. Nun wusste ich, wo der Esssaal und der Aufenthaltsraum waren. Auch das Deck mit dem Swimmingpool betrachtete ich und setzte mich ein wenig nieder und schaute ins weite Meer hinaus. Die Fahrt durch den Kanal dauerte viele Stunden, bis wir endlich im Hafen von Mogadischu in Somalia anlegten. Der Aufenthalt dort dauerte nicht lange und schon fuhren wir weiter im Indischen Ozean. Diese Gegend war sehr heiß und am liebsten weilte ich im klimatisierten Aufenthaltsraum. Ich war dankbar, dass ich Französisch und Englisch sprechen konnte, denn die meisten Reisenden sprachen eine dieser beiden Sprachen, und hier und da unterhielt ich mich mit verschiedenen Passagieren. Es war auch interessant, am Schwimmbad den badenden Kindern zuzuschauen, die sich im Wasser vergnügten. So vergingen die Tage und nach zwei Wochen legten wir im Hafen von Mombasa in Kenia an.

Der Hafen war sehr groß. Viele Schiffe aus entfernten Ländern entluden ihre Waren, andere bereiteten sich auf die Weiterreise vor. Da wurden mit hohen Kränen die Kisten und Koffer aus dem Schiffsrumpf gehoben und auf Wagen geladen, welche die Gepäckstücke zum kenianischen Zoll und nachher zur Bahn transportierten. Mir fiel auf, dass das Leben in Afrika viel langsamer und lauter als zu Hause war. Die Menschen konnte ich nicht verstehen, denn sie redeten Swahili. Dies war die Handelssprache in den ostafrikanischen Ländern, sogar im Osten des Kongos sprach man sie.

Das Klima am Meer war feucht und heiß. Ich musste mich richtig umstellen und daran gewöhnen. Aus diesem Grund fühlte ich mich schlapp und hatte Heimweh, besonders nach meiner Verlobten, die ich immer mehr liebte und vermisste. Die Warteschlange am Zoll war lang und die Abfertigung ging nur schleppend voran. Es kam mir vor, als würde diesen Zollbeamten die Zeit nichts bedeuten. Zu diesem Warten kam noch der Durst, der mich quälte. Wie dankbar war ich, als ich durch die Kontrolle war und endlich etwas zu trinken kaufen konnte. Trotzdem hatte ich genug Zeit, um auf den Bahnhof zu gehen und mich im Zug für die lange Fahrt einzurichten.

Mit einem afrikanischen Zug fuhr ich die weite Strecke nach Nairobi. Die Zugfahrt war langsam und holprig. Nairobi liegt 1 660 m höher als der Hafen am Meer. Dies merkte man, weil der Zug stetig aufwärtsfuhr. Wir begegneten beim Fahren in der Buschgegend vielen wilden Tieren. Hier und da sah ich Dörfer mit runden, grasbedeckten Hütten. Kenianer saßen rund um ein Feuer und aßen ihre gebratenen Maiskolben oder unterhielten sich. Der Zug fuhr die ganze Nacht hindurch und hielt von Zeit zu Zeit an. Schlafen konnte ich nicht, denn die Menschen redeten die ganze Zeit miteinander. Als es Morgen wurde, schaute ich zum Fenster hinaus und erblickte in der Ferne den Kilimandscharo, den höchsten Berg Afrikas. Wie durch ein Wunder war er wolkenfrei, und ich konnte die Schneedecke auf seiner Spitze sehen. Dieser Berg ist nur selten sichtbar, meistens ist er wolkenbedeckt. Alle Passagiere schauten neugierig aus den Fenstern und wollten diesen Riesen sehen und fotografieren. Die Fahrt vom Meer bis zur Hauptstadt dauerte gut zehn Stunden.

Es war fast Mittag, als ich müde und wie gerädert in Nairobi ankam. Wie dankbar war ich, als mich dort ein Kenianer mit einem emporgehobenen Schild mit meinem Namen empfing. Es war ein Angestellter des Missionsgästehauses Mayfield der Afrika-Inland-Mission (AIM). Er begrüßte mich freundlich und brachte mich mit einem Auto ins Gästehaus. In diesem Haus wohnte ich eine Woche lang und ruhte mich von der langen Reise aus.

Nairobi ist eine große Stadt. Jeden Tag ging ich auf Entdeckungstour, denn ich wollte sie kennenlernen. Mir fiel auf, dass es große Kaufhäuser gab, die nur für »Weiße« bestimmt waren. Die Kenianer hatten in den Außenquartieren ihre Einkaufsmöglichkeiten. Große, moderne Quartiere, sogar mit Hochhäusern und schönen Villen, sah ich in der Innenstadt. Die Randquartiere waren ärmlich und zum Teil sogar wie Slums. Ich freute mich, wenn ich mit Menschen Englisch reden konnte. Es gab viele Kenianer, die auch Englisch sprachen, das erleichterte den Stadtbummel. Im Gästehaus gingen viele Missionare aus den verschiedenen ostafrikanischen Ländern ein und aus. Ich unterhielt mich mit ihnen, und so entstanden meine ersten Kontakte mit Menschen in Afrika. Dabei erfuhr ich viel über das Leben und die Arbeit der Afrika-Inland-Mission. Unter den Gästen lernte ich auch einen Engländer kennen.

Bischof Morris war gerade aus England gekommen und wohnte auch im Gästehaus Mayfield. Er wollte zu einer Konferenz der AIM im Kongo reisen. Wir unterhielten uns oft, und eines Abends fragte er mich, was meine Pläne seien. Ich berichtete ihm, dass ich auf dem Weg in den Kongo sei, um dort als neuer Missionar zu arbeiten. Owen Brand, ein Missionar der AIM im Kongo, hatte mich eingeladen, für drei Monate bei seiner Familie zu wohnen, um Swahili zu lernen. Er lebte in Bogoro, in der Nähe von Bunia, der Distrikt-Hauptstadt in der Provinz Ituri. Er schrieb mir, dass ich nach Rethy kommen solle, denn von dort aus würde er zur AIM-Konferenz fahren. Wir stellten fest, dass wir beide zu demselben Ort hin unterwegs waren. Der ältere Herr (Bischof Morris) sagte zu mir: »Wollen Sie mit mir mitfahren, ich habe ein Auto und genügend Platz und würde mich freuen, wenn Sie mitfahren würden!« Welch freudige Überraschung! Das war Gottes Plan, den ich mit großer Freude und Dankbarkeit annahm. Ich musste also die lange Reise von 2000 km von Kenia über Uganda in den Kongo nicht allein antreten, sondern durfte mit einem Engländer reisen, der früher auch in der Mission gearbeitet hatte und sich in Ostafrika gut auskannte. Ich wäre gerne noch länger in Nairobi geblieben, denn es gab so Vieles, was für mich so neu und anders war als das Leben in der Schweiz.

Bald nach diesem Gespräch mit Bischof Morris packten wir das Auto mit unserem Gepäck, und die Fahrt ging los. Wir fuhren nicht direkt zur Konferenz in den Kongo, denn Bischof Morris wollte für die Fahrt vier Tage einräumen; er war ja doch nicht mehr der Jüngste. Von Nairobi fuhren wir nach Kijabe. Diese Missionsstation liegt auf etwa 1 500 m Höhe. Es war eine sehr große Station mit Klinik, Druckerei, Kirche und der Schule, in welcher die Kinder der Missionare von der Grundschule bis zum Gymnasialabschluss alles studieren konnten. Dort gab es auch ein Internat für Missionarskinder aus Kenia, Uganda, Tansania und dem Kongo. Über dreihundert Kinder, die von Hauseltern betreut wurden, wohnten in verschiedenen Gebäuden. Ich war erstaunt, dass es hier so kalt war, fast wie im Spätherbst in der Schweiz. Weil ich nur leichte Kleidung bei mir hatte, fror ich ein wenig und war dankbar für das offene Feuer, das im Haus Wärme spendete, in welchem ich übernachten konnte.

Von der Missionsstation auf diesem Berg hatte ich eine fantastische Aussicht über das weite, hügelige Land. Dahinter dehnte sich eine große Ebene aus. Man sagte mir, dass dort viele wilde Tiere lebten, unter anderem Löwen, Elefanten, Gazellen, Zebras und Giraffen. Ich genoss diesen Blick und ahnte dabei nicht, dass auch meine Tochter Vreneli viele Jahre später dort zur Schule gehen würde.

Am nächsten Morgen fuhren wir weiter. Die Naturstraßen waren holprig und staubig. Die Erde war rötlich, und wenn es regnete, waren sie glitschig, fast wie im Winter die vereisten Straßen in der Schweiz. Wenn man endlich am Ziel ankam, war man von Kopf bis Fuß rötlich vom Staub und musste schnell baden und die Haare waschen. Wir fuhren durch Dörfer, in denen die Kenianer arbeiteten und uns meistens freundlich zuwinkten. Oder die Straße führte uns durch Urwälder und Steppen, fast immer geradeaus. Manchmal überquerte eine Affenfamilie die Straße. Einmal war es ein Leopard, den wir fast überfuhren. Die Fahrt war mühsam, aber romantisch. In Timberua führte die Straße über einen Pass auf fast 2 000 m. Bischof Morris erzählte mir, dass es hier oben manchmal hagle und die Menschen die Hagelkörner sammelten, um damit Eiscreme herzustellen. Am Straßenrand stand ein großes Schild mit der Aufschrift: »Sie überqueren jetzt den Äquator«. Mir fiel auf, dass auf dieser Höhe der Motor des Autos weniger Kraft hatte als in tieferen Lagen.

Der Bischof war ein gesprächiger Mann, er erzählte mir viel von seinen langjährigen Erfahrungen als Pioniermissionar in Afrika. Auch ich erzählte ihm einiges aus meiner Vergangenheit, und so erreichten wir gegen Abend ein einheimisches Hotel, das einsam in der Gegend stand. Gäste hatte es nicht viel und die Essenszeit war schon vorüber, doch der Wirt machte uns noch ein gutes Abendessen, denn wir waren hungrig von der langen Fahrt. Wie wohltuend war es, ein Bad zu nehmen und sich hinzulegen, auch wenn das Bett hart war und knirschte. Bald schliefen wir beide ein und erholten uns für den nächsten Tag.

Am Morgen standen wir auf, als es noch dunkel war. Bischof Morris wusste, dass man in Afrika stets früh aufstehen muss, wenn man reisen will, denn die Temperaturen sind dann angenehmer. Zur Mittagszeit ist es unter der heißen Sonne unangenehm und beschwerlich.

Kenia lag hinter uns, und wir durchquerten Uganda. Dort war die Gegend nicht so hoch gelegen, deshalb war es heiß und im Auto lief uns der Schweiß vom Kopf herunter. In der Gegend, wo der Nil vom Viktoriasee Richtung Ägypten fließt, war die Gegend grün und fruchtbar. Wir sahen viele Elefanten an den Büschen fressen. Herr Morris sagte, hier habe man 5 000 Elefanten töten müssen, weil die Herden zu groß gewesen waren. Sie waren eine Plage für die Menschen und die Landschaft. Zwar sah ich weit und breit weder Häuser noch Menschen und verstand nicht recht, warum man das tun musste. Doch es gab noch sehr viele Dickhäuter. In der Ferne erblickte ich unzählige schwarze Punkte. Dies waren alles Elefanten, die dort mit ihren langen Rüsseln die Blätter von den Buschbäumen fraßen. Später passierten wir eine Gegend, da waren die Dickhäuter so nahe an der Straße, dass wir anhalten mussten, weil es zu gefährlich gewesen wäre weiterzufahren.

Von der Ferne erblickte ich einen Fluss, es war der Nil, den wir überqueren mussten. Der Nil floss aus dem Viktoriasee und war hier in Uganda schon sehr breit und wasserreich. Da keine Brücke über diesen Riesenfluss führte, mussten wir warten, bis eine große Fähre von der gegenüberliegenden Seite angefahren kam. Sie war beladen mit Autos, Waren und vielen Schwarzen, die herüberkamen. Da in Afrika alles »pole pole« (d.h. langsam) vor sich geht, brauchten wir fast eine Stunde, bis wir auf der anderen Seite wieder von der Fähre an Land gehen und weiterfahren konnten. Von dort stieg die Straße stetig an. Die Landschaft war abwechslungsreicher. Da gab es große Baumwollpflanzen, mit tennisballgroßen weißen Wattekugeln, welche von den Arbeitern gepflückt wurden. Später wurden diese kleinen »Bälle« zu Baumwollgarn und daraufhin zu Stoff verarbeitet. Süßkartoffeln und Maniok wurden auf den Feldern angebaut. Die Afrikaner liebten ihr Maniokbrot. Es gab auch Maisfelder, denn auch Körner und Maisbrei essen Afrikaner viel.

Gegen Abend sahen wir in der Ferne Häuser, das war der Distrikt-Ort Arua. Hier war auch eine Missionsstation nahe der kongolesischen Grenze. Da blieben wir über Nacht, um am nächsten Morgen in das Land meiner Berufung zu gehen. Am Zoll von Uganda hatten wir keine Probleme, doch einen Kilometer weiter an der kongolesischen Grenze mussten wir lange warten, bis sich die Zöllner Zeit nahmen, um uns zu kontrollieren und die Bewilligung zu geben, die Grenze zu passieren. Ich merkte zum ersten Mal, wie korrupt die Zöllner an den Grenzen waren. Wenn Passanten ihnen eine Kiste Bier gaben, wurden sie sehr schnell abgefertigt. Andernfalls mussten sie manchmal stundenlang warten, bis sie weiterfahren konnten. Das war zusätzlich sehr mühsam, weil es dort weit und breit keine Möglichkeit gab, etwas zu kaufen; zudem war es im Westnil-Distrikt sehr heiß. Ich dachte darüber nach, wie schnell man in der Schweiz über die Landesgrenze hinweg fahren kann, und wenn man ein paar Minuten warten muss, ist man schon ungehalten.

Unser Ziel war die Missionsstation Rethy im damaligen belgischen Kongo auf etwa 2 000 m Höhe. Wir mussten noch drei Stunden bis dorthin fahren. Die löchrige Naturstraße stieg langsam an, sodass wir nur mit 10 bis 30 km/h fahren konnten. Das war das durchschnittliche Tempo mit einem Auto. In dieser hügeligen Gegend gab es viele große Dörfer. Kinder spielten auf der Straße, Frauen bereiteten das Essen in einer großen irdenen Schale zu. Diese ruhte auf drei Steinen. Darunter brannte ein Feuer. Mädchen rührten mit einer Holzkelle den Brei. Die Männer saßen vor den Hütten und rauchten ihre Pfeife oder tranken Reisbier. Bäume spendeten an vielen Stellen entlang der Straße Schatten. Diese Bäume waren früher unter Aufsicht der belgischen Kolonialherren mit den Einheimischen angepflanzt worden und dienten auch zum Bau der unzähligen Grashütten. Langsam und müde näherten wir uns unserem Ziel.

Viele Missionare waren schon am Konferenzort angekommen und begrüßten den Bischof freundlich. Ich, der Neuling, stellte mich selbst vor, und bald begegnete ich der Familie Brand, die mich erwartete, um mich später nach Bogoro mitzunehmen. Es waren nette Leute und ich war froh, dass sie mich so freundlich in ihrer Mitte aufnahmen.

Die Station auf dem Berg war nicht ganz so groß wie die in Kenia. Es gab eine Schule für Missionarskinder und eine Krankenstation für die Region. In einer Druckerei wurde Literatur hergestellt, welche in einem Bücherladen angeboten wurde. Vor dem Abendessen für die zweihundert Anwesenden geleitete mich ein Kongolese zu einem aus Bambus angefertigten Gebilde. Dieser Waschraum unter freiem Himmel war ca. eineinhalb Quadratmeter groß. Mein Begleiter zeigte mir am Boden eine Schüssel mit warmem Wasser und Seife. Ich wusste nicht, ob ich darin die Hände waschen sollte oder die Füße. Ich fragte ihn und er antwortete: »Das ist dein Bad nach der langen Reise, um den roten Staub abzuwaschen.« In der Schweiz wäre das gerade genug Wasser zum Händewaschen gewesen. Doch hier war das die erfrischende Dusche. *Besser als nichts*, dachte ich, und ging ans Werk. Ich war in Afrika, meiner neuen Heimat, und musste mich an so viel Neues gewöhnen. Das war oft hart. Die Menschen, ihre Sprache, die Sitten und Gebräuche, alles war neu für mich.

Die Konferenz mit vielen Vorträgen und Seminaren dauerte eine Woche lang. Ich lernte viele Missionare kennen, und es entstanden Freundschaften, die in einem so großen Land wichtig sind. Nach diesen segensreichen Tagen verabschiedete ich mich von meinem Fahrgast. Er kehrte nach England zurück, während ich von Familie Brand mitgenommen wurde. Brands hatten zwei Kinder: Dick war siebenjährig und Joni fünf. Ich verstand mich gut mit den beiden, denn sie waren Amerikaner und Englisch konnte ich ja gut. Fünf Stunden auf schlechten Straßen dauerte die Fahrt. In Rethy war es aufgrund der Höhenlage kalt gewesen, doch jetzt ging es nach Bunia auf ca. 1 000 m hinunter. Die Straße führte stetig bergab, an gewissen Stellen sogar in Serpentinen. Immer heißer wurde es im Auto. Die Hitze plagte mich und der Durst war unangenehm, denn ich hatte mich noch nicht an das Klima in Afrika gewöhnt. Der Osten des Kongo ist sehr hügelig, doch das Land schien fruchtbar zu sein. Hier weideten Kühe, Ziegen und Hühner. Es gab Gemüsefelder, Kartoffelgärten und Maisfelder. Bevor wir nach Bunia kamen, mussten wir vor einem Schlagbaum anhalten. Es war der Kontrollposten zum Eingang der Goldmine. Doch wir hatten kein Problem beim Passieren, denn Owen Brand war den Wächtern bekannt. Viele Häuser kamen in Sicht. Ich wusste, dass wir bald in der Stadt sein würden. Bunia war eine kleine, aber wichtige Stadt im Ituri-Distrikt. Sie hatte sogar einen Flughafen, Hotels und viele kleine Boutiquen. Das Krankenhaus war mittelgroß, einige Banken und Autowerkstätten waren dort zu finden. Frau Brand kaufte noch einige Esswaren in einem Geschäft, und dann ging die Fahrt noch eine Stunde weiter: Hügel hinauf und wieder hinunter. Endlich kamen wir in Bogoro an!

Auf der Missionsstation in Bogoro wohnten fünf Missionare in drei ziemlich weitverstreuten Häusern. Von der Station auf 1500 m Höhe sah ich über den Albertsee, der die Grenze zwischen Kongo und Uganda bildete, bis weit hinein nach Uganda. Zu dem 500 m über dem Meeresspiegel liegenden See führte eine Straße mit vielen Kurven erst hinunter, und dann durch eine Ebene von 15 km. In dieser Ebene lebten sehr viele wilde Tiere, sogar Löwen, Büffel, Elefanten, auch große und kleine Schlangen und viele andere mehr.

Wie dankbar war ich, endlich trinken zu können. Als ich mich erfrischt und etwas gegessen hatte, zeigte mir Herr Brand meine Schlafstätte. Sie war nicht weit von Brands Haus entfernt. Unten war die Autogarage. Eine wackelige Holztreppe führte hinauf in sein Büro. Dort war ein Bett aufgestellt, ein Tisch und ein Stuhl: Das war mein neues Zuhause. Als wir uns dem Gebäude näherten, sah ich etwas Aufregendes: Eine Schlange kletterte die Steinwand hinauf und schlich auf den Dachboden über meiner Zimmerdecke. Ich wusste nicht, dass Schlangen klettern können. Trotzdem wäre mir eine Katze über meinem Kopf lieber gewesen als eine 40 cm lange Schlange. Und wer wusste, ob nicht noch mehr solcher Reptilien dort hausten?

8. Beginn der Arbeit

Drei Monate war ich schon bei Brands. Jeden Tag hatte ich Sprachunterricht bei Frau Brand und lernte tüchtig Swahili. Wenn ich Zeit hatte, ging ich ins Dorf und versuchte, mich mit den Kongolesen zu verständigen. Besonders die kongolesischen Kinder waren immer bereit, dem »weißen Mann« sprachlich zu helfen. Sie sagten mir ein Wort vor und ich wiederholte es. Nach einigen Wochen fuhr ich jeweils am Sonntag mit meinem alten Kastenwagen in die Dörfer und predigte in den Dorfkirchen den versammelten Christen das Evangelium. Wenn es keine Kirche gab, bat ich den Häuptling um Bewilligung, den Leuten auf dem Dorfplatz die frohe Botschaft des Evangeliums zu predigen. Ob sie alle mein Swahili wirklich verstanden, wusste ich nicht, doch die Besucher lobten mich für meine sprachlichen Fortschritte, was mir Freude und Mut beim Erlernen der Sprache gab.

Einmal besuchte ich ein Dorf in der Nähe der Station. Sarah, eine alte Frau, war gerade dabei, einen Tonkrug herzustellen. Ich schaute ihr zu und fragte sie: »Würden Sie mir zeigen, wie man einen Krug herstellt?« »Gerne«, sagte sie. »Kommen Sie morgen früh zu mir!« Am nächsten Morgen ging ich früh zu der Frau. Wir mussten drei Stunden zu Fuß gehen, bis wir im Tal zu einer Stelle kamen, wo wir in einem Loch Tonerde ausgruben. Die Frau füllte eine große geflochtene Tasche und hob sie auf ihren Kopf. Mir gab sie ein wenig Erde zum Tragen. Wir schritten mit der Last wieder zum Dorf zurück. Es war schon Mittag, als wir dort ankamen und ich war müde vom Tragen. Sarah knetete die Tonerde und befeuchtete sie mit Wasser. Jetzt rollte sie ein Stück Ton zu einer »Schlange« und begann, sie zu einem Kreis zurechtzulegen. Wieder legte sie eine Tonschlange darauf und dann noch viele mehr. Alle zehn Zentimeter strich sie die Lagen innen und außen mit ihren Fingern flach. Sarah arbeitete so schnell und dennoch vorsichtig, dass mir klar wurde, dass sie in ihrem langen Leben schon viele Krüge und

Töpfe hergestellt hatte. Sie arbeitete weiter an dem Krug, Lage um Lage fügte sie aufeinander, bis er etwa 45 cm hoch war und eine schöne Form hatte. Nun stellte sie den Krug in den Schatten, damit er einige Tage trocknen konnte. Später schaute ich ihr wieder zu, wie sie den getrockneten Krug mit Reisig füllte und rund herum Holz aufschichtete. Sie wusste, wie viel Holz nötig war, damit das Feuer lange genug brannte, um dem Krug durch das Brennen die nötige Härte zu geben.

Mehr und mehr gewöhnte ich mich an das afrikanische Leben und lernte, die Sprache zu gebrauchen. Ich hatte viel um Gottes Weisheit und Gnade gebetet und erlebte immer wieder seine Hilfe. Mit der Zeit lernte ich auch kongolesische Christen kennen, die mich begleiteten, wenn ich in die Dörfer hinausfuhr. Eines Tages fragte Herr Brand, ob ich zu einer Frauenkonferenz mitkommen möchte. Seine Frau und Joan, die Tochter, kämen auch mit. Natürlich freute ich mich, mit ihnen in den Busch fahren zu dürfen. Als der Tag kam, beluden wir seinen großen Kastenwagen mit Proviant, Zelten und was wir sonst noch brauchten, um eine Woche lang im Busch zu leben. Ich war erstaunt, als ich ein Dutzend Kongolesinnen kommen sah. Ihre Köfferchen trugen sie auf den Köpfen. Sie alle durften hinten im Wagen auf dem Boden sitzen und mitfahren. *So viele Menschen wie Sardinen verpackt in einem Kastenwagen, der hinten keine Fenster hat!*, dachte ich bei mir selbst, das würden nicht alle Frauen tun. Die Fahrt in der brennenden Sonne dauerte fast drei Stunden. Owen, so hieß Herr Brand, gab sich Mühe, beim Fahren nicht in die vielen Löcher der Straße zu plumpsen, denn die Naturstraße war sehr schlecht gepflegt. Nach zwei Stunden Fahrt wurde mir immer schlechter. Die Hitze im unbelüfteten Wagen und die Ausdünstung der Frauen waren so unangenehm, dass ich es fast nicht aushalten konnte. Schwarze haben einen ganz anderen Schweißgeruch als wir Europäer. Mir wurde so übel, dass ich am liebsten davongerannt wäre, nach Hause in die Schweiz, denn ich dachte: *Nie werde ich mich an die Schwarzen gewöhnen!* Ich danke Gott, dass er mir auch da half und ich mich mit der Zeit an all das gewöhnen konnte.

Die Frauen kamen von den zum Teil weit entfernten Dörfern, doch sie waren fröhlich, denn sie hörten gerne Gottes Wort und freuten sich, mit den vielen anderen Frauen Gemeinschaft zu haben. Die Konferenz verlief gut und der Herr schenkte reichen Segen. Owen und einige Männer bauten während der Konferenz ein afrikanisches Haus, das später als Schulraum und Kirche genutzt wurde.

Als mein Sprachstudium zu Ende war, entschied der Missionsrat, dass ich nach Blukwa umsiedeln müsse. Blukwa ist drei Autostunden von Bogoro entfernt in Richtung Rethy, wo die Konferenz stattfand, als ich zum ersten Mal in den Kongo kam. Der Abschied von Brands und den kongolesischen Freunden war nicht leicht für mich. Ich bedankte mich bei meinen Gastgebern, denn wir hatten uns sehr gut verstanden und besonders Frau Brand hatte alles getan, um mir den Aufenthalt angenehm zu machen. Meine Habseligkeiten waren schnell gepackt und schon fuhr ich mit meinem Auto los, meinem neuen Wohnort entgegen.

Wenn man in Afrika unterwegs ist, kommen immer Leute, die mitfahren möchten, und so war es auch jetzt. Mein Wagen war gut besetzt mit Passagieren. Ich war froh, dass ich nicht alleine fahren musste. Den Weg wusste ich, aber wenn unterwegs irgendein Problem entstanden oder eine Panne passiert wäre, hätte ich jemanden dabei gehabt, der mir Hilfe leisten konnte. Da die Straße an vielen Stellen ziemlich steil aufwärts ging und viele Kurven hatte, war ich dankbar, dass es nicht regnete, sonst wäre ich stecken geblieben oder im Straßengraben gelandet. Die Naturstraßen waren bei Regen so glatt, dass man nicht mehr fahren konnte. Die Landschaft, durch die ich fuhr, war sehr schön. Meistens dehnten sich grüne Weiden neben mir aus. Abgemagerte Kühe grasten. Kongolesen arbeiteten in ihren Gärten entlang der Straße. Wir fuhren durch viele Dörfer. Es gab Hütten, die rund gebaut waren, weil Nichtchristen glaubten, dass die bösen Geister in den Ecken leben. Christen glaubten an Gott und ihre Hütten waren viereckig. Sie fürchteten sich nicht mehr vor den bösen Mächten, denn sie wussten, dass Christus mit seiner Macht stärker war als die Geister. Er beschützte sie.

Im Allgemeinen waren die Dorfbewohner, denen ich begegnete, freundlich. Wenn die Kinder mich kommen sahen, rannten sie zum Straßenrand und winkten mir lange zu, denn nur selten fuhr ein Auto dort vorbei. Die Sonne schien heiß und der Himmel war blau. Hier bei dem Äquator regnete es nicht oft, manchmal musste man ein halbes Jahr warten, bis wieder Regen kam. Wenn dann endlich ein Platzregen vom Himmel fiel, dann dauerte er lange und man versuchte, so viel Wasser wie möglich zu sammeln. In einigen Dörfern waren nahe der Straße Tische aufgestellt, die mit Früchten und Gemüse zum Kauf einluden. In größeren Dörfern gab es kleine Läden, wo man Esswaren kaufen konnte. An Holzgestellen hingen bunte Stoffe für die Frauen, die sie als Umhänge trugen, sogenannte Kikwembes. Ich schaute flüchtig hin und fuhr dann weiter, denn ich brauchte nichts davon. Plötzlich musste ich anhalten, denn ein Bauer trieb eine Kuhherde auf der Straße voran. Er konnte mich nicht vorbei lassen, sonst wären die Tiere davongerannt. Es dauerte lange, bis er eine Möglichkeit hatte, die große Herde auf eine Nebenstraße zu lenken. Nun konnte ich wieder Gas geben und weiterfahren.

Gegen Mittag erreichte ich die AIM-Station Blukwa. Ich sah die Gebäude schon von Weitem, denn sie waren auf einem Hügel erbaut worden. Die ersten Gebäude aus Backstein gehörten zur Grundschule. Auf der anderen Straßenseite befanden sich die Realschulgebäude. Nun folgten sechs Häuser, in denen Missionare lebten. Sie kamen aus den USA, aus England und Deutschland. Ich durfte mich im Gästehaus am Ende der Station niederlassen. Das war nun mein Heim. Es war nicht groß, aber ich brauchte ja nicht viel Wohnraum. Das Haus auf der anderen Straßenseite war ein

Mädchen- und Waisenhaus mit 300 Bewohnern. Die Waisenkinder waren 1- bis 16-jährig und wurden von den älteren Mädchen betreut. Miss Love war die Leiterin. Sie war eine ältere Frau und war tatsächlich die Liebe in Person. Ich durfte oft bei ihr essen, und sie half mir, wann immer ich Hilfe brauchte.

Meine Arbeit war sehr umfangreich. Als Schulinspektor war ich für 200 Buschschulen verantwortlich. Diese Schulen waren in teils unwegsamem Gelände weit zerstreut. Ich musste also hinausfahren und manchmal einen Monat lang im Busch leben, um sie zu besuchen. Die meisten Schulen waren sehr primitiv eingerichtet, und es fehlte überall an Schulmaterial. Ich kaufte das Material von meinem eigenen Geld und verteilte es unter den Lehrern. Da die meisten Lehrer überhaupt keine Ausbildung hatten, konnte ich schulisch nicht viel von ihnen erwarten. Ich versuchte, ihnen Mut zu machen und zu helfen, so gut ich konnte. Da die Lehrer keinen Lohn bekamen, weil sie keine formelle Ausbildung hatten, waren sie auch arm. Die Arbeit taten sie, weil sie Christen waren. Sie arbeiteten eigentlich nur aus Liebe zu Gott. Jeder Lehrer hatte einen Garten, in dem er Gemüse, Mais oder Maniok anbaute, damit er leben konnte. Manchmal erhielten sie etwas Geld von der Kirche, zu der sie gehörten, doch auch diese Buschgemeinden hatten fast keine Einnahmen. Wenn ich eine Dorfschule besuchte, ging ich nachher zum Häuptling, redete mit ihm und bat ihn, die Dorfbewohner zu versammeln. Bald ertönte die Trommel und die Leute kamen auf dem Dorfplatz zusammen. Dann durfte ich mich vorstellen und ihnen eine Predigt halten. Ich wunderte mich jedes Mal, dass der Häuptling bereit war, die Leute mitten am Tag von der Arbeit wegzurufen, damit sie eine Botschaft von Gott hören konnten. Meistens wurde ich nachher vom Häuptling zu einer Tasse Tee eingeladen. So begann ich, die Menschen im weiten Umfeld kennenzulernen.

Die Landschaft im Blukwa-Bezirk, wo ich arbeitete, war hügelig. Nicht viel Land war bebaut. Es gab viele Sträucher mit Dornen oder giftigen Blättern, bei deren Berührung die Haut wie bei der Berührung von Brennnesseln brannte. Das wilde Gras wuchs bis zu einem Meter hoch. Trotzdem fuhr ich manchmal mit dem Auto einfach durch das hohe Gras, weil es keine Straßen zu den Dörfern gab. Ich war erstaunt, dass in diesem Gras bunte Blumen wuchsen und wunderschöne Schmetterlinge von einer Blüte zur anderen flatterten. Wer hatte diese Blumen, die bunten Schmetterlinge und Vögel dorthin gebracht? Es muss der lebendige Gott gewesen sein; er ist ja der Schöpfer und Erhalter der Natur und des ganzen Universums und natürlich auch des Menschen.

Einmal lebte ich wieder für längere Zeit im Busch und besuchte die Schulen. An einem Nachmittag hatte ich die Idee, auf die Jagd zu gehen. Ich hatte von einem Missionar ein älteres Gewehr bekommen und damit wollte ich jagen gehen. Ich nahm das Gewehr und fuhr mit dem Auto einem Weg entlang, ohne zu wissen, wohin er führte. Immer mehr kam ich in eine wilde, mit Büschen und hohem Gras bewachsene Gegend. Ich war noch nie auf der Jagd gewesen und hatte wenig Ahnung davon. Mein größter Fehler war, dass ich keinen Kongolesen mitgenommen hatte. Nach langer Fahrt ließ ich das Auto am Straßenrand stehen und ging zu Fuß durch das Gras und die Sträucher in den Busch hinein. Die Spannung war groß und es trieb mich immer weiter auf der Suche nach einem Tier, auf das ich schießen könnte. So irrte ich immer weiter allein in diesem großen Niemandsland umher. Ich war zu naiv, um viel dabei zu denken. Die Zeit schritt voran, und immer noch suchte ich nach einem Wild. Was ich nicht bemerkte, war die Dämmerung, die langsam hereinbrach. Es wurde dunkel und nur noch der Mond und die Sterne am Himmel waren zu sehen. Ich wusste nicht mehr, wo ich war, ich hatte mich in der Einsamkeit verirrt. Die Geräusche der Tiere um mich und in der Ferne weckten eine unheimliche Angst in meinem Innern, sonst war nichts zu hören in der Dunkelheit. Ich fragte mich: »Wo bin ich überhaupt, und wie komme ich wieder zu meinem Auto und dem Dorf zurück?«

Ich wusste nicht mehr, wie ich aus diesem Dschungel herausfinden sollte. Im Dunkel der angebrochenen Nacht kämpfte ich mich vorwärts. Ich hatte keine Ahnung, in welche Richtung ich gehen sollte. Manchmal kratzte ich mich an einem Dornbusch. Dann wieder stolperte ich über einen Ast oder einen Stein. Wie sollte ich wieder hier herausfinden? Es war schon spät und immer noch versuchte ich, den Weg zum Auto zu finden. Vielleicht ging ich in die falsche Richtung oder im Kreis herum – ich wusste es nicht. Auch der Mond oder die Sterne gaben mir keinen Hinweis. Zu meiner Verzweiflung kam noch etwas ganz Schreckliches hinzu: Bevor ich mich versah, fiel ich in ein drei Meter tiefes Loch. Es hatte etwa zwei Meter Durchmesser. Hier war es noch dunkler als oben. Ich sah nicht, was hier unten alles herumkroch. *Wenn nur keine Schlangen hier sind oder sonst welche Tiere!*, dachte ich. Der Boden war feucht und schlüpfrig. Ich versuchte hochzuklettern, doch die lehmigen Wände waren so schlüpfrig, dass ich immer wieder nach unten rutschte. *Was soll ich tun?*, fragte ich mich. In meiner großen Angst und Verzweiflung betete ich zu Gott: »Herr, hilf mir, hier wieder herauszukommen!« Niemand wusste, wo ich war. Niemand hätte mich in diesem Loch finden können. Ich dachte an Helga in der Bibelschule Beatenberg in der Schweiz. Was würde sie denken, wenn ich hier sterben und wir uns nie wiedersehen würden? Unglaublich dieser Gedanke, dass ich als Missionar auf der Jagd sterben würde. *Nie mehr werde ich ohne Begleitung fortgehen!*, dachte ich und versuchte mit meinen Fingern, Löcher in die glatte Wand zu graben. Es war eine mühsame Arbeit, hier in der Dunkelheit, Löcher in die feucht-schlüpfrige Wand zu graben, um hinaufklettern zu können. Und wenn es mir nicht gelang, mich aus diesem engen, tiefen Loch zu befreien, würde ich da bleiben und verhungern müssen? Diese Vorstellung war grausam. Nach vielen vergeblichen Versuchen gelang es mir endlich, in die Freiheit zu klettern. Ich war schmutzig, müde und verzagt, es war schon fast Morgen, doch vorerst war ich gerettet.

Nun galt es zu überlegen, was der nächste Schritt war. Damit ich später das Loch wiederfinden konnte, nahm ich mein Taschentuch und band es wie eine Fahne an einem Ast fest. Ich hatte nämlich beim Sturz mein Gewehr verloren, und das wollte ich später mit den Kongolesen zusammen suchen gehen. Viele Gedanken kreisten in meinem Kopf und ich dachte, wenn ich je mein Auto wiederfinden würde und zu meiner Hütte zurückkäme, wollte ich mit den Kongolesen hierher zurückkommen und ihnen zeigen, wo ich diese Nacht verzweifelt verbracht hatte. Nun war ich wieder bereit weiterzugehen, doch in welche Richtung wusste ich nicht. Wieder betete ich zum Vater im Himmel. Nur er konnte mich heimführen. Es fing schon an zu dämmern. Ich schleppte mich mühsam weiter. Manchmal musste ich einen Umweg machen, weil das Gestrüpp zu dicht war. Die Vögel begannen zu pfeifen und die unheimlichen Laute der Nachttiere verstummten. Dann sah ich plötzlich eine Straße vor mir! Ich folgte ihr, und plötzlich stand ich vor meinem Auto. Wie glücklich war ich und dankte Gott, dass er mich dahin geleitet hatte. Ich fuhr langsam, denn ich wusste nicht, ob mich diese Richtung zurückführen würde. Tatsächlich war ich auf dem richtigen Weg! Dankbar und froh erreichte ich endlich das Dorf und sah die Dorfbewohner, die aufgeregt beisammenstanden. Sie waren besorgt, weil ich am Abend nicht zurückgekehrt war. Alle wollten wissen, wo ich gewesen und was mit mir geschehen war. Als ich ihnen mein Erlebnis erzählt hatte, wunderten sie sich, dass ich alleine auf die Jagd gegangen war, denn es hätte ja alles tragisch enden können. Sie waren froh, dass ich den Weg zurückgefunden hatte. Sie betonten: »Wenn dir Gott nicht geholfen hätte, so wärst du jetzt nicht wieder hier!« Wir standen noch lange beisammen und redeten miteinander. Die Leute dankten Gott für meine Rettung. Ich ging in meine Hütte, stärkte mich mit einem Frühstück und ruhte mich von meiner gefährlichen Jagd aus.

Am späten Nachmittag kamen ein paar Frauen ganz aufgeregt zu mir. Sie berichteten mir, dass sie vom Morgen bis jetzt versucht hatten, eine Frau zu entbinden, doch der Säugling wolle einfach nicht kommen. Nun baten sie mich, ihnen zu helfen. Die Afrikaner dachten, dass ein Missionar alles kann. Oft kamen sie so mit defekten Uhren, Radios und vielem anderen mehr zu mir und baten mich, die Dinge wieder in Gang zu bringen. Da ich keine Hebamme war, wollte ich bei der Entbindung der Frau gar nicht erst einen Versuch wagen. Einen Augenblick überlegte ich, was zu tun wäre. Ich fand eine Lösung und sagte zu ihnen: »Macht die Frau bereit, wir fahren mit ihr ins Krankenhaus.« Es war schon dunkel und das Krankenhaus etwa drei Stunden entfernt, doch es gab keine andere Lösung. Die Frau war schnell bereit und wurde hinten im Auto hingelegt. Ihr Mann und eine Hebamme durften auch einsteigen und los ging die Fahrt. Da die Straße sehr schlecht war, hoffte ich, das Kind würde vielleicht unterwegs durch das Holpern des Autos geboren. Doch nichts geschah.

Eine Stunde nach der anderen verging. Hier und da begegneten wir Nachttieren. Besonders den Ameisenbären fürchtete ich, denn er grub tiefe Löcher in die Straße, und wenn man sie nicht rechtzeitig sah, plumpste man hinein. Das war nicht angenehm, denn es war nicht leicht, wieder aus dem Loch herauszukommen. Langsam näherten wir uns dem Krankenhaus von Rethy. Als wir dort ankamen, war zum Glück Viola, eine kanadische Hebamme, auf der Station. Obwohl es Nacht war, suchten wir sie in ihrem Haus auf. Ich kannte sie schon, da wir eine Zeit lang auf der gleichen Station gearbeitet hatten. Ich war dankbar, dass sie nicht schimpfte, weil ich sie aufwecken musste.

Viola war schnell auf den Beinen und ich folgte ihr in den primitiven Kreissaal. Die Frau wurde auf einen Tisch gelegt, und Viola versuchte sie bei dem Geburtsvorgang zu unterstützen. Es sah nicht gut aus für die Frau. Ihr Ausgang war zu klein, sodass das Kind nicht herauskommen konnte. Viola sagte zu mir, dass sie der Frau das Schambein durchsägen müsse und nahm ein Stück von einem Sägeblatt, das aussah wie das Blatt einer Metallsäge. Ohne

Narkose fing sie an, von Hand den Knochen zu durchtrennen. Zwei Helferinnen drückten die Beine der Frau auseinander – und plumps – erschien das Kind aus der Scheide der Frau. Während der ganzen Zeit hörte ich keinen Laut von der Frau. Sie war tapfer und unterdrückte die Schmerzen. Nun war das Kind geboren, es begann zu schreien und wurde gewaschen und in Tücher gewickelt. An der Stirn hatte das Neugeborene eine tiefe Einbuchtung, denn es war am Schambeinknochen der Frau zurückgehalten worden. Wir alle freuten uns sehr, denn das Kind war gesund, und die Frau hatte die Tortur überstanden. Der Vater, ein Offizier der kongolesischen Armee, dankte mir fest und sagte: »Dies ist dein Kind, du hast es gerettet, es soll ›Neema‹ heißen. Das bedeutet auf Swahili ›Gnade‹.«

Ich blieb bis zum Morgen in Rethy und erholte mich von der Nacht. Ich fragte mich, was ich als Missionar noch alles können sollte. Eines wusste ich sicher, dass Gott mich gerufen und hierher gesandt hatte, auch wenn das Leben oft sehr hart war. Er würde mich gebrauchen und nicht verlassen. Als Diener Gottes musste ich auch bereit sein, zu gehorchen und Opfer zu bringen. Als ich am nächsten Tag wieder in das Dorf zurückkam, wollten alle wissen, wie es mit der Geburt gegangen war. Auch die Dorfbewohner freuten sich und lobten Gott für seine Hilfe.

Einige Zeit später, es war ein schöner Tag, war ich wieder einmal unterwegs in den umliegenden Buschdörfern. Gegen Abend hörte ich eigenartige weinerliche Laute. Trommeln wurden halblaut geschlagen und ich fragte mich, ob wohl irgendwo ein Tanzfest abgehalten wurde. Weil ich wissen wollte, was los war, machte ich mich auf und ging dorthin. Als ich näher zum Dorf kam, erkannte ich Menschen in Trauergewändern und mit Erde verschmierten Gesichtern. Männer und Frauen tanzten vor einer runden Hütte und jaulten so etwas wie ein Lied vor sich hin. Ich erkundigte mich, was das bedeuten soll, denn ich hatte noch nie so etwas erlebt. Ich erfuhr, dass der Häuptling des Dorfes gestorben war und die Heiden hier den Totentanz tanzten. Da ich zu naiv war, entschloss ich mich, dem Toten in der Hütte einen letzten Besuch abzustatten und bahnte mir einen Weg zum Eingang, denn überall saßen Afrikaner dicht nebeneinander und trauerten um ihren Führer. Als ich in die Hütte eintrat, sah ich im Halbdunkel so viele Menschen am Boden sitzen, dass ich mich fragte, ob ich überhaupt bis in die Mitte zum aufgebahrten Toten hinkommen könnte. Als die Leute mich erkannten, machten sie mir Platz, und vorsichtig bewegte ich mich durch die schreienden Menschen. Die Luft in der Hütte war furchtbar, die Atmosphäre erdrückend. Lauter dunkle Gesichter starrten mich im Dunkeln an, und ich fühlte mich sehr unwohl und unsicher. Ich war doch gekommen, um dem Toten Ehre zu erweisen, um den Menschen zu bekunden, dass ich ihnen mein Beileid bezeugen wollte. Die Menschen starrten mich mit dunklen Gesichtern an. Auf einmal wurde ich mit Angst erfüllt. Nun war ich beim Leichnam und betrachtete ihn. Er war eingehüllt in ein Leopardenfell und viele Utensilien lagen neben ihm. Was sollte ich nun sagen oder tun? Für einen Toten beten hatte keinen Sinn, doch ich betete für die Hinterbliebenen und die Dorfgemeinde. Ich schaute nochmals in der dunklen Hütte umher und suchte den Weg, ohne über die Trauernden zu stolpern, wieder hinaus. In diesem Augenblick überfielen mich eine schreckliche Angst und ein beklemmendes Gefühl. Ich sah um mich, und überall schwebten dunkle, schreckliche Gestalten in der Luft. So schnell ich konnte, kehrte ich in mein Quartier zurück. Die Gestalten verfolgten mich auch dorthin. Als ich das Petroleumlicht anzündete, waren die Dämonen noch immer da. Meine Angst wurde immer größer. Mir kam das Wort in den Sinn: »Wir haben nicht mit Fleisch und Blut zu kämpfen, sondern mit Fürsten und Gewalten, nämlich mit den Fürsten der Welt, die in der Finsternis herrschen. Mit bösen Geistern unter dem Himmel« (frei nach Epheser 6,12). Angstgeplagt und verzweifelt ging ich in der Hütte auf und ab. Was sollte ich tun? Ich war ganz allein und konnte in dieser Mitternachtsstunde niemanden um Rat und Hilfe bitten. Wäre ich doch nicht hingegangen, dann wäre ich jetzt nicht dämonisch belastet! Wenn mich nur diese tyrannisierenden Dämonen verlassen würden, was würde ich dafür geben! Doch sie taten es nicht. Ich war doch ein Christ – warum, warum hatte mich Gott nicht vor diesen grauenhaften Wesen beschützt? War Gott wirklich für meinen Zustand verantwortlich? Hatte ich ihn denn gefragt, ob ich den Toten besuchen sollte? Nein, ich hatte es getan, ohne Gott zu fragen. Nach langem Ringen und Suchen nach Hilfe erinnerte mich eine innere Stimme daran, dass ich Gott um Verzeihung bitten müsse, und das tat ich aus demütigem Herzen. Laut schrie ich: »Jesus! Jesus! Jesus, reinige mich, befreie mich, und bedecke mich mit deinem Blut!« Wie die Furcht und die Gestalten mich überfielen, so verschwanden sie in diesem Augenblick, und ich durfte die Macht Gottes und seine Vergebung und Befreiung erleben. Ich dankte Gott mit aufrichtigem Herzen und versprach ihm, nie mehr ohne seinen Willen und die Deckung des Blutes Jesu in Satans Reich einzudringen. Nach dieser schrecklichen Erfahrung im Busch entschloss ich mich, wieder zur Missionsstation Blukwa zurückzukehren.

9. Der Aufenthalt auf der Station

Nun war ich wieder ›zu Hause‹ in Blukwa. Meine Haushaltshilfe Pilipili, das bedeutet ›Pfeffer‹, war noch jung, doch er war treu und konnte ein wenig kochen, die Wohnung sauber halten und waschen. Wir verstanden uns gut, und er half mir auch, meine Sprachkenntnisse zu verfeinern.

In den Häusern über der Straße wohnte Miss Love, die Leiterin des Mädchenheims und der Waisenkinder. Sie war schon betagt und kam aus den USA. Wenn ich auf der Station war, durfte ich oft bei ihr essen. Sie verstand sich als eine Art Mutter von mir und das genoss ich. Miss Love war viel mit ihrem Chevrolet unterwegs. Oft brachte sie ein Kind ins Spital, oder sie musste in die Stadt zum Einkaufen und die Post abholen. Wenn mich die Waisenkinder vor dem Haus sahen, kamen sie zu mir und wollten mit mir spielen oder mit meinem Auto wegfahren. Mit den Kindern konnte ich viel reden, und das half mir beim weiteren Erlernen der Sprache. Ich hatte immer eine besondere Liebe für Kinder und freute mich, wenn sie mich besuchten. Da ich keine eigenen Möbel hatte, beschloss ich, mir zwei »Sessel« herzustellen. Ich besorgte mir Mahagoniholz und begann, es zurechtzusägen, zu hobeln und die Sessel herzustellen. Ein halbes Dutzend Kinder kamen schnell und wollten mir dabei helfen. Mit einer Handsäge sägte ich das Holz zurecht und leimte es zusammen. Die Kinder hätten gerne mit der Handsäge gearbeitet oder Holz zusammengeleimt, doch dazu waren sie noch viel zu klein. Sie durften mir zuschauen und kleine Handreichungen tun. Sie waren anständig, und ich liebte sie. Als der erste Sessel fertig war, durften die Kinder beim Schleifen des Holzes mithelfen und waren glücklich, denn sie hatten noch nie so etwas tun können. Da ich keine Politur hatte, fragte ich meinen Boy, ob er Bienenwaben für mich auftreiben könne. Ich wusste, dass dies eine Alternative zu gekauften Produkten war. Ein Kongolese suchte im Busch in einem Loch im Baum einen

Bienenschwarm. Ohne zu zögern, griff er mit seiner Hand in das Loch, obwohl es voller Bienen war. Er wurde von den Bienen gestochen, doch das schien ihn nicht zu kümmern. Er konnte eine Wabe herausziehen, die noch voller Bienen war und sie mir bringen. Wir reinigten sie von den Bienen und konnten sie gut gebrauchen. Ich erhitzte eine Büchse Leinöl und gab die gereinigte Wabe hinein. Schon konnte ich das Holz der Sessel damit bestreichen. Als das Öl eingetrocknet war, polierte ich die fertigen Sessel – und wie die schön glänzten! Jetzt brauchte ich nur noch Kissen zu nähen. Stoff war leicht aufzutreiben. So nähte ich für jeden Sessel zwei Kissen, füllte sie mit einer Art Watte, die als Samen eines Baumes herunterfiel und sich als Füllmaterial gut eignete. Noch oft kamen die Kinder zu mir, um mir zu helfen. Dafür durften sie hin und wieder hinten auf der Ladefläche meines Wagens sitzen und ein kleines Stück mitfahren. Dann sangen sie und hatten großen Spaß.

Von Zeit zu Zeit hatte ich auch Besuch auf der Station. Ich konnte den Besuchern nicht viel bieten, denn ich war weder ein guter Koch noch Gastgeber, doch versuchte ich mein Bestes. Wir waren in Blukwa acht Missionare und trafen uns oft zu gemeinsamen Mahlzeiten und täglichen Gebetsstunden. So sahen wir uns fast jeden Tag. An gewissen Wochenenden kamen wir bei einem Ehepaar zusammen und spielten Gesellschaftsspiele miteinander. Das diente zur Förderung der Gemeinschaft. Besonders froh waren die ledigen Missionare, die am Abend fast immer allein in ihren Häusern waren. Auch gab es eine große Kirche. Jeden Sonntag kamen fast tausend Gläubige aus der Umgebung zum Gottesdienst, der bis zu drei Stunden dauerte. Die Gläubigen waren fröhliche, begeisterte Christen. Eine besondere Freude war es, die Gemeinde singen zu hören. Wir hatten keine Orgel zum Begleiten des Gesanges. Ein Team von Schwarzen spielte mit der Trompete und ich mit meiner Klarinette. Wir hatten auch Männerchöre, und Frauen sangen im Gottesdienst. Manchmal übte ein Lehrer mit seiner Schulklasse ein Lied ein, und dann durften sie am Sonntag in der

Kirche singen. Im Gottesdienst ging es oft laut zu, denn die Mütter brachten ihre Kinder auf dem Rücken mit sich und während der Gottesdienstzeit nahmen sie die Kinder an die Brust und säugten sie. Sogar die Großmütter nahmen Kinder auf ihren Schoß, und wenn ein Kind unruhig wurde, nahmen sie es an die Brust und das Kind beruhigte sich. Diese Menschen waren so viel natürlicher als wir in der Schweiz, und das unkomplizierte Leben war in allen Lebensbereichen zu spüren.

Im Busch bauten die Leute ihre Hütten selbst. Man brauchte Baumstämme von ca. zehn Zentimetern Durchmesser. Die Baumrinde wurde abgezogen und diente als Schnur zum Zusammenschnüren der Bäume und des Grases auf dem Dach. Zuerst wurden die Pfähle in 40 cm Abstand voneinander in den Boden gerammt. Danach befestigte man eine Art dünne Bambusstäbe horizontal innerhalb und außerhalb der Pfähle. Die Bambusstäbe band man mit Baumrinde an den Pfählen fest. Immer eine Handbreit darüber wurde eine neue Reihe festgebunden, bis das ganze Haus wie ein Geflecht von Stäben aussah. Dann kam das Dach mit Baumstämmen, und auch oben wurde dasselbe Bambusgeflecht hergestellt. Die Frauen holten im Busch langes Gras, welches auf dem Dach mit Baumrinde kunstgerecht am Geflecht festgebunden wurde.

Danach holten die Frauen im Tal Wasser, das sie in Tontöpfen auf ihrem Kopf trugen. Die Männer hatten in der Zwischenzeit mit Hacken ein Loch in die Erde gegraben. Nun gossen die Frauen das Wasser auf die gelockerte rote Erde und stampften mit den Füßen die Erde, bis sie breiartig war. Diesen Brei, den sie *Poto poto* nannten, gossen und stopften die Männer zwischen das Bambusgeflecht. Nach zwei bis drei Tagen war der Brei getrocknet und eine harte zehn Zentimeter dicke Wand umgab das neue Haus. Ein solches Haus kostete die Menschen nur Schweiß und war in wenigen Tagen fertig, weil meist das halbe Dorf beim Bauen mithalf.

Robustere und größere Häuser, wie die Schulhäuser, die Kirche und die Missionarshäuser auf der Missionsstation, waren aus selbst gebrannten Backsteinen gebaut. Zement hatte man nicht, darum war der Mörtel zum Bauen auch aus der breiartigen Erde, welche die Frauen mit den Füßen stampften. Meistens halfen mehrere Frauen bei der Herstellung dieses Mörtels. Während sie stundenlang mit ihren Füßen stampften, sangen sie laut Lieder und es ging sehr lustig zu. Männer, die das Bauen gelernt hatten, schichteten die Backsteine aufeinander, während Helfer ihnen das Material brachten. Die Station war auf einem länglichen Hügel gebaut. Eine Straße verlief mitten zwischen den Häusern und auf beiden Straßenseiten waren Bäume gepflanzt, sodass eine schattige Allee den Ort schmückte.

Mein Haus war ein Gästehaus, von dem man meine privaten Räume abgetrennt hatte. Auf der Seite der Behausung stand ein großer alter Eukalyptusbaum. Eines Tages hatten wir ein Gewitter mit Platzregen und starkem Wind. Die Menschen in dieser Gegend fürchteten die starken Gewitter zu Recht, denn sie waren sehr heftig und sogar gefährlich. Man sah die Blitze von den Wolken ausgehen, und der Strahl erhellte das Dunkel schlagartig. Meistens schlugen die Blitze in Bäume oder Häuser ein. Sehr oft wurden auch Menschen getroffen und starben, denn man hatte keine Blitzableiter und war der Willkür der Naturgewalten ausgesetzt. In dieser Nacht war mein Haus das Ziel eines Blitzes. Es gab einen fürchterlichen Knall und schon war alles vorbei. Ich ging in den Gästehaus-Trakt meines Hauses und war schockiert: Der Blitz hatte in den alten Eukalyptusbaum eingeschlagen, der nahe am Haus stand. Etwa einen Meter über der Erde war er quer abgeschwenkt und hatte die Hauswand durchbohrt. Dabei riss er ein kopfgroßes Loch in die Hauswand. Dann war er im Inneren des Zimmers über das Eisengestell der Fußseite des Bettes geglitten und hatte die zweite Wand durchschlagen. Schließlich hatte er ein Loch in den Fußboden gebohrt und war in der Erde verschwunden. Mir war klar: Wäre ich zu dieser Zeit in dem Zimmer gewesen, so würde ich nicht mehr leben. Wie wunderbar hat Gott mich in dieser Nacht bewahrt, ich dankte ihm dafür. Ja, Gott tat dieses Wunder. Am Morgen sah der Ort ganz verwüstet aus. Der Wind hatte die Bäume zerzaust, Blätter und Gegenstände lagen überall herum. Wie gut tat die Sonne, die trocknete und wärmte, sodass man wieder aufräumen konnte.

Mein Koch versuchte sein Bestes, doch das Essen war eintönig, und weil ich selbst nicht kochen konnte, war es mir nicht möglich, ihm viel beizubringen. Umso mehr freute ich mich immer, wenn Miss Love mich und manchmal sogar alle Missionare zu einem Abendessen einlud. Da gab es immer sehr reichhaltige Kost, und ich konnte mich mit den anderen austauschen. Manchmal machten wir anschließend noch Gesellschaftsspiele. Da wurde immer viel gelacht und man vernahm, was die Kollegen so taten.

Eines Tages arbeitete ich vor dem Haus, als ein Bote aufgeregt zu mir kam. »Was ist los?«, fragte ich ihn. »Bwana (das heißt: Herr) Lazaro, der Lehrer von Dungu, liegt im Sterben, er wurde von seinen Feinden verzaubert. Sein Bauch ist sehr groß und er hat schreckliche Schmerzen!« Ich machte mich bereit, nahm den schwarzen Krankenpfleger der Station mit, und schon fuhren wir auf schlechten Straßen eineinhalb Stunden durch die Hügellandschaft zum Dorf des Lehrers.

Einmal mehr war ich froh, dass es nicht regnete, denn sonst hätte ich nicht fahren können. Bei Regen sind die Straßen zu glitschig. Im Dorf waren viele Leute versammelt. Sie diskutierten laut und aufgeregt miteinander über den Zustand des »Verzauberten«. Man behauptete, der Lehrer wäre von einem bösen Nachbarn vergiftet und verzaubert worden. In Afrika ist die Zauberei sehr verbreitet. Die Zauberer haben einen großen Einfluss auf die Menschen und sind sehr gefürchtet. Nur die Christen stehen nicht mehr unter ihrem Einfluss. Dennoch hat die Zauberei manchmal noch eine Macht über sie, wie scheinbar bei diesem Lehrer. Der Mann lag im Haus in einer dunklen Ecke auf einer Grasmatte am Boden. Er hatte starke Schmerzen und stöhnte. Außerdem hörte man schon das Weinen und Klagen der Leute – wie ein Totengeschrei für den Lehrer. Der Krankenpfleger, den ich mitgebracht hatte, redete mit dem Mann, doch er antwortete nicht, seine Schmerzen waren zu groß. Vorsichtig trugen wir den Kranken zum Auto und legten ihn hinten auf die Ladefläche des Wagens, um ihn auf die Station mitzunehmen. Mehrere Schwarze wollten auch mitfahren. Sie wären sogar aufs Dach des Autos geklettert, wenn ich sie nicht energisch davon abgehalten hätte. Nur die Frau des Lehrers durfte mitfahren. Schnell fuhren wir wieder los in Richtung Station.

Bevor es dunkel wurde, kamen wir müde in Blukwa an. Der Krankenpfleger untersuchte den Lehrer. Der Bauch war wie versteinert und aufgeblasen. Nach einigen Fragen an die Frau des Lehrers, die wir mitgenommen hatten, erfuhren wir, dass der Mann schon tagelang keinen Stuhlgang mehr hatte. Daraufhin machte ihm der Krankenpfleger einen Einlauf. Was würde nun passieren? Nach einer Weile nahm die Sache ihren natürlichen Lauf. Sein Stuhlgang begann und füllte einen großen Kübel. Nach einer Weile entspannte er sich und sah erleichtert aus. Er konnte etwas essen und schlafen. Schon am nächsten Tag konnte er ins Dorf zurückkehren. Er war nicht »verhext«, sondern lediglich vollkommen verstopft gewesen.

So oft, wenn ein Mensch schwer krank war, glaubten die Leute, ein böser Nachbar habe ihn verhext oder vergiftet. Wie dankbar waren wir, dass Gott diesen treuen Lehrer vor dem Tod bewahrt hatte. Eine Woche später erschien er wieder bei mir mit einem Hahn in der Hand und sagte: »Das ist dein Geschenk, weil du mir das Leben gerettet hast!« Eigentlich gehörte dieser Hahn nicht mir, sondern dem lieben Gott.

Weiterhin besuchte ich Buschschulen und konnte den Verantwortlichen mit Rat und Tat beistehen. Diese Schulen gehörten den Kirchen, doch die hatten nicht viel Geld übrig, um die Lehrer zu bezahlen oder Schulmaterial zu kaufen. Die Regierung unterstützte sie auch nicht. Nur wenn der Inspektor der Schulen die Kolonialschule in Brüssel absolviert hatte, erhielt er selber einen Lohn von den Behörden und Geld für das Lehrmaterial der Schüler. Dieses Studium in Belgien dauerte ein Jahr mit einem Abschluss nach zwölf Examen. Ich hatte dieses Studium nicht gemacht, und somit wurden meine vielen Buschschulen nicht unterstützt.

Bei meinen Aufenthalten im Busch hatte ich viele Dörfer besucht und lernte auch die Dorfältesten und Häuptlinge kennen. Oft gaben sie mir ein Huhn oder luden mich zum Essen ein. Ich liebte ihre Speisen, Maniok mit Sombe (spinatähnliche Soße aus Maniokblättern) in Palmfett gekocht. Es gab auch Reis mit Hühnerfleisch oder gedörrte Bohnen und Süßkartoffeln. Was mir nicht gefiel, war die Tatsache, dass die Frauen ihre Schüsseln mit dem Essen unbedeckt auf den Fußboden ihrer Hütten stellten – besonders weil dieser aus Erde und mit Kuhmist bestrichen war. Wenn nun jemand in der Hütte umherging, dann wirbelte er Staub hoch, der sich auf dem Essen niederlegte. Aus diesem Grund litten die meisten Einheimischen und auch ich, an Würmern, was unangenehm war. Doch wenn ich dem Herrn dienen wollte, musste ich bereit sein, dies in Kauf zu nehmen und Gott vertrauen, dass ich nicht krank würde.

Ich lebte gerne im Busch mit den Einheimischen. Am Abend, wenn es dunkel wurde, saß ich mit ihnen um ein Feuer vor ihren Hütten und da gab es so manch gutes Gespräch. Einmal besuchte ich am Abend alte Männer, die am Feuer Maiskolben rösteten. Ich setzte mich zu ihnen auf den Fußboden und versuchte mit ihnen über Gott zu reden. Da sagte ein alter Mann: »Wir haben auch einen Gott, den wir anbeten.« Er ging in seine Hütte und kam mit einer 40 cm großen Puppe wieder zu uns. Sie war aus Baumrinde zusammengebastelt, mit Blättern ausgestopft und hatte einen Schwanz. Diese streckte er mir hin. Das war sein Gott. Ich hatte große Mühe, den Männern zu erklären, dass Gott im Himmel nicht mit Händen gemacht ist, sondern dass er lebendig ist, groß und heilig wie Feuer. Er hat alle Dinge geschaffen, auch uns Menschen.

Er gibt den Regen und den Sonnenschein. Er hat den Mond und die Sterne geschaffen. »Dieser große Gott hat euch geschaffen und er liebt euch alle sehr und er will, dass auch ihr ihn liebt und ihm vertraut. Gott möchte, dass ihr ihn anbetet und ihn ehrt und nicht Götzen anbetet, die mit Händen gemacht sind. Die sind tot und können euch nicht helfen. Gott lebt im Himmel und er will euer Vater sein, der für euch sorgt.« Die Männer waren ganz still und hörten mir zu, und im Stillen betete ich, dass sie diese frohe Botschaft verstehen und sich für den Sohn Gottes, Jesus, entscheiden würden, der am Kreuz starb, damit sie Vergebung ihrer Schuld empfangen und gerettet werden konnten. Das Holz im Feuer knisterte, und ein kühler Wind wehte um unsere Köpfe. Die Sterne am Himmel funkelten und schienen so nahe zu sein. Es war so ruhig, denn auch das Feuer erlosch langsam. Es war Zeit, zur Ruhe zu gehen. Immer wieder musste ich lästige Moskitos vom Kopf wegjagen, denn diese Mücken verursachten Malaria, eine Krankheit, die sehr gefährlich sein kann. Die Männer waren still geworden und ich wusste nicht, was meine Worte in ihren Herzen ausgelöst hatten. Es war spät, als ich zu meiner Hütte zurückkehrte. Ich dachte über den Abend nach. *Wie traurig müssen diese Menschen sein, die eine Puppe aus dürren Blättern anbeten!* Bevor ich mich auf die Pritsche legte, betete ich zum lebendigen Gott im Himmel, er möge die Herzen dieser alten Männer für die Wahrheit öffnen.

10. Kleine, gefährliche Mücken

Wieder kehrte ich auf die Missionsstation Blukwa zurück, denn das Leben und Arbeiten im Busch war nicht einfach, und ich brauchte von Zeit zu Zeit etwas Erholung. Auf der Heimfahrt machte ich auf einer Anhöhe halt und schaute in die Ferne. Überall breiteten sich Dörfer auf Höhen aus, während die tieferen Regionen mit Büschen und Wiesen bewachsen waren. Es war wieder einmal ein Tag, an dem man sehr weit blicken konnte. In den Gärten neben den Dörfern stieg Rauch zum Himmel empor – von den vielen Feuern, auf denen die Menschen Gartenabfälle verbrannten. Kühe weideten und arbeitende Menschen trugen Lasten auf ihren Köpfen, die sie auf dem Markt verkaufen oder umtauschen wollten. Am Himmel schwebten weiße Wolken vorüber, eigentlich hätte das Land schon lange Regen gebraucht. Hier auf dieser Höhe war alles friedlich. Meine Gedanken beschäftigten sich mit der Tatsache, dass in dieser Weite vor mir noch so viele Menschen waren, die Gott nicht kannten und sich vor bösen Geistern fürchteten. Sie glaubten, dass in den Blättern der vielen Bäume Geister leben. Auch gab es Frauen, welche die bösen Mächte besänftigen wollten, indem sie ihre kleinen Kinder in Flüsse warfen. Doch Frieden fanden sie nicht. Die Angst dieser Menschen war auf ihre dunklen Gesichter geschrieben, und ich dachte: *Wenn sie nur an Gott glauben würden, der sie von der Angst befreien könnte und sie im Herzen froh würden.* Ja, ich kannte diesen Gott. Ich hatte den Frieden, liebte diese Menschen und wollte mich bemühen, ihnen mit der Hilfe Gottes die frohe Botschaft der Erlösung und Befreiung ihrer Herzen zu verkündigen. Es gab schon vereinzelt christliche Gemeinden, die auch ihr Möglichstes taten, den Heiden das Evangelium zu predigen, doch gab es viele Dörfer und Menschenherzen, die noch unerreicht waren. In der Bibel steht das Wort, das Jesus, der Sohn Gottes, sprach: »Ich bin gekommen, um zu suchen und zu retten, was verloren ist« (frei nach Lukas 19,10). Ja, Gott will, dass allen

Menschen geholfen werde. Den Kongolesen diese frohe Botschaft zu sagen, das war der tiefste Wunsch meines Herzens.

Langsam senkte sich die Sonne dem Horizont zu und bald wurde es Nacht. In dieser Gegend beim Äquator geht die Sonne um 6 Uhr morgens auf und abends um 18 Uhr wieder unter. Es gibt auch keine eigentlichen Regenzeiten. Wenn es regnet, dann wie aus Kübeln, doch dann kann auch sechs Monate kein Regen fallen. Die Dunkelheit hatte schon begonnen, als ich mit dem Auto vor meiner Wohnung anhielt. Pilipili half mir, meine Sachen auszuladen, und ich freute mich, wieder eine Zeit lang angenehmer leben zu können. Ein paar Missionare kamen, um mich zu begrüßen, und wir tauschten Erlebnisse der vergangenen Wochen aus. Ich freute mich, dass ich auf meinem Tisch Briefe vorfand – von meinen Eltern, Freunden und vor allem von meiner Helga, die auf der Bibelschule in der Schweiz so manches erlebt hatte. Wie gerne hätte ich mit ihr persönlich gesprochen und hätte ihr auch viel zu sagen gehabt. Wie schön wäre es gewesen, sie wieder einmal zu sehen, sie zu lieben und ihre Wärme zu spüren, doch ich musste mich mit einem Brief zufriedengeben, das war hart. Ich war froh, dass ich zu Gott um Kraft und Hilfe beten durfte. In seinem Wort fand ich Trost. Auf diese Weise sprach Gott zu mir und ermutigte mich.

In unserer Gegend bekamen wir nur selten Post zugestellt. Meistens erhielten wir sie, wenn jemand in die Stadt Bunia ging, oder wenn Missionare aus Bunia bei uns vorbeikamen und sie mitbrachten. Manchmal musste ich einige Monate auf Post von zu Hause warten. Es kam auch vor, dass sie schneller ankam, aber ein Brief war einmal sogar ein ganzes Jahr unterwegs. Ich versuchte, jede Woche einen Brief nach Hause zu schicken, doch zuerst musste er auf die Post gebracht werden, und das konnte lange dauern.

Ich freute mich, wieder an einem Tisch zu sitzen und in einem weichen Bett zu schlafen. Am Abend hatten wir auf der Station dank eines kleinen Generators drei Stunden lang elektrisches Licht. Welch ein Unterschied zur Petroleumlaterne im Busch! Das Wasser mussten wir zwar mit einer Pumpe von einer Quelle im Tal auf den Hügel pumpen und abkochen, doch es war bedeutend besser als das Wasser aus einem Bach im Tal, das die Kongolesen holen mussten. Die Schwarzen hatten viele Krankheiten, weil sie dieses Wasser tranken. Denn in diesem Bach hatten schon andere flussaufwärts ihre Sachen und sich selber gewaschen. Das gleiche Wasser wurde auch ohne es abzukochen getrunken. Leider war die Schöpfmenge der Pumpe zu klein, als dass wir das Wasser unter den vielen Leuten hätten verteilen können.

Nicht lange war ich zurück in meiner Wohnung, als ich mich nicht wohlfühlte. Ich war müde und schlapp. Das Essen schmeckte nicht mehr, und schließlich bekam ich Fieber und mir wurde schlecht. Ich legte mich ins Bett und dachte, ich werde schon wieder gesund. Die Tage vergingen und das Fieber stieg und stieg. Da lag ich einige Tage und es trat keine Besserung ein. Mein Zustand war so schlimm, dass mein Haushaltsgehilfe Angst bekam und mich verließ. Mein Urin wurde schwarz, doch ich konnte niemanden um Rat oder Hilfe bitten. Da lag ich mit sehr hohem Fieber ganz allein und wusste nicht, wie das enden würde. Tage vergingen, bis die Missionare auf der Station merkten, dass ich schon lange nicht mehr zum Beten erschienen war. Endlich hörte ich Schritte, und ein älterer Weißer kam in mein Haus und trat zu mir ans Bett. Er erkundigte sich nach meinem Befinden. Als ich ihm leise sagte, dass es mir schon lange nicht gut gehe und mein Urin schwarz sei, erkannte er, dass ich sehr krank war. Er meinte, dass ich schnell Hilfe bräuchte. Per Radiofunk sprach er mit dem Arzt im Spital in Rethy und sagte ihm, dass ich schon einige Tage mit hohem Fieber im Bett läge. Der Arzt teilte ihm mit, dass man mich nicht per Auto ins Spital bringen dürfe, vielmehr würde er sofort selbst kommen. Es dauerte zweieinhalb Stunden, bis der Arzt, seine Frau und eine Krankenschwester bei mir waren. Er untersuchte mich und diagnostizierte meine Krankheit als »Schwarzwasserfieber«. Das ist das letzte Stadium der Malariakrankheit, welche durch die Malaria-Stechmücke verursacht wird. Die meisten Missionare starben an dieser Krankheit, wenn man sie zu spät erkannte. Die Parasiten hatten meine Nieren angegriffen, und das Blut floss mit dem Urin weg. Nun begann eine dreitägige Rosskur. Ich musste jede halbe Stunde eine Flasche voll Salzwasser trinken. Der Arzt blieb diese drei Tage bei mir und wachte über meinem Befinden. Oft dachte ich, ich könnte kein Wasser mehr herunterkriegen, weil das Salzwasser scheußlich schmeckte und ich schon so voll davon war. Doch bei ihm gab es kein Pardon, denn nur so konnte man meine Nieren retten. Ich wunderte mich, dass der Arzt und die anderen Frauen das Spital so lange verließen, um an meiner Seite zu wachen. Die Missionare auf der Station waren auch sehr besorgt um mich und beteten viel für meine Genesung. Auch ihnen war bewusst, dass letzten Endes nur Gott mich heilen konnte. Es gab Momente, da wäre ich lieber gestorben, als dieses Wasser herunterzuwürgen. Normales Wasser wäre noch eher trinkbar gewesen, doch musste ich bei jedem Schluck beinahe erbrechen. Dennoch musste ich widerwillig gehorchen.

Nach drei Tagen sagte der Arzt, ich sei nun soweit, dass er mich im Auto ins Spital mitnehmen könne. Die Frauen betteten mich im Auto auf den Hintersitz und los ging die zweistündige, holprige Fahrt nach Rethy. Dort angekommen, fühlte ich mich noch nicht gut, doch ich war über den Berg. Zwei Wochen blieb ich bei der Arztfamilie und erholte mich. Wie dankbar war ich meinem Gott, dass er mich wieder gesund gemacht hatte, denn es hätte auch anders gehen können. Gott wollte mich noch gebrauchen, das erkannte ich und freute mich, ihm weiterhin dienen zu dürfen.

Welche Gefahr können so kleine Moskitos bringen! Am Abend und in der Nacht kann man sie nicht sehen. Manchmal hört man ihr Surren, und bevor man es bemerkt, haben sie schon zugestochen. Nicht alle Moskitos sind infiziert, doch sehr viele Kongolesen werden gestochen, weil sie keine Moskitonetze haben und nicht geschützt sind. Auch sollte man möglichst nicht mehr aus dem Haus gehen, wenn es dunkel wird, da die Moskitos vor allem in der späten Dämmerung aktiv sind. Das ist aber für Kongolesen unmöglich, da der Abend die Zeit des gegenseitigen Besuchens ist. Besonders die Kinder leiden an Malaria. Obwohl wir Weiße vorsorglich Tabletten nahmen, wurden viele wegen dieser Mücken krank und manche starben sogar. Damals gab es noch nicht viele Malariatabletten, weder zur Prävention noch zur Behandlung. Außerdem waren sie teuer. So nahm man pures Chinin, was sehr bitter ist. Man musste es regelmäßig nehmen und dazu noch unter dem Moskitonetz schlafen.

Schon zwei Jahre waren vergangen, seitdem ich in Afrika lebte. Ich beherrschte die Sprache und hatte alle Schulen und Dorfgemeinden schon mindestens einmal besucht. Nach Abmachung mit der Missionsleitung musste ich noch zwei weitere Jahre in Afrika bleiben.

Es war schön, eine Verlobte in der Schweiz zu haben. Nach wie vor versuchte ich, ihr jede Woche einen Brief zu schreiben. Dennoch war es nicht einfach, so weit von ihr zu leben, sie nie zu sehen und mit ihr reden zu können. Wir konnten uns nur brieflich unterhalten und einander so besser kennenlernen. Doch mit der Zeit litten wir beide unter dieser Trennung. Und dennoch wuchs meine Liebe zu ihr und das Verlangen, sie nicht nur auf dem Foto zu sehen, sondern bei ihr zu sein. Besonders die Nachtstunden waren hart, wenn ich nicht schlafen konnte und in Gedanken bei ihr war.

Eines Tages kam unerwartet der Feldleiter aus der Stadt Bunia zu mir zu Besuch. Ich freute mich, denn er war ein lieber Bruder, ein Amerikaner, der schon viele Jahre im Kongo gearbeitet hatte. Es war wohltuend, einmal mit jemandem über die Arbeit zu reden, die ich in den Dörfern auf über 1 500 m Höhe tat. Er interessierte sich sehr, was ich erlebte und wie es mir ging. Er hatte eine liebe

Frau und einen adoptierten Sohn. Nach einem längeren, unterhaltsamen Gespräch kam er zur Hauptsache seines Besuches: »Hans«, sagte er, »wir haben im Missionsfeldrat die Frage diskutiert, ob du willig wärst, im Herbst nach Europa zurückzukehren, um in Brüssel den Kolonialkurs für Pädagogik zu besuchen.« Das war allerdings sehr überraschend und traf mich wie ein Blitz aus heiterem Himmel. »Was heißt das?«, fragte ich ihn. Er erklärte mir, dass ich ein Jahr studieren müsste. Wenn ich am Ende alle zwölf Examen bestehen würde, dann könnte ich im Kongo als offizieller Schulinspektor eingesetzt werden. Die Schulen unter meiner Aufsicht würden von der Regierung anerkannt werden und der Staat würde die Lehrerlöhne und das Schulmaterial bezahlen. Es schien verlockend, aber ich hatte ja erst Halbzeit in meinen vier Jahren hier. Jetzt hatte ich mich eingelebt, zudem verspürte ich keinen Wunsch, das Land schon wieder zu verlassen. In mir stiegen viele Fragen auf, die anfingen, in mir zu rumoren. Ich konnte dem Leiter keine Antwort geben. Ich brauchte Zeit zum Überdenken und Beten. Natürlich verstand er das. Wir beteten noch zusammen, und dann verließ er mich wieder.

Dieses Gespräch beschäftigte mich einige Tage. Ich hatte niemanden, mit dem ich darüber reden konnte. Helga war weit weg. Es gab kein Telefon, womit ich mit ihr hätte reden können. Natürlich gab es auch noch kein E-Mail. Es gab nur das Reden mit Gott. Viel Zeit verbrachte ich folglich im Gebet. Ich wollte nicht selber entscheiden, denn ich war ja von Gott gerufen und an den Platz gesandt, an dem ich nun arbeitete. Ich stand im Dienste des Höchsten und wollte nur seinen Willen tun.

Draußen schien die Tropensonne. Die Bäume vor dem Haus hatten große rote Blüten. Die bunten Vögel zwitscherten oder flogen vergnügt durch die Luft. Sie hatten keine Probleme und Fragen wie ich. Fast beneidete ich sie. Hin und wieder ging eine kongolesische Frau mit einem Kind an meinem Haus vorbei. Auf dem Kopf balancierte sie ein Bündel Brennholz oder einen Eimer voll Wasser. Die Frauen trugen meistens ihre bunten Kikwembes, das sind große bunte Stoffe, mit denen sie sich einhüllten. Auf der anderen Straßenseite spielten die Waisenkinder. Heute mochte ich sie nicht bei mir haben, denn ich brauchte Stille, um eine göttliche Antwort auf meine brennende Frage zu erhalten. Wie gerne hätte ich die Situation mit Helga besprochen – wie ich sie vermisste! Was sollte ich nur tun, denn ich hatte den Wunsch, Gottes Willen zu erfahren. Ich brauchte einige Tage, um darüber nachzudenken und immer mehr glaubte ich, eine Antwort in meinem Herzen zu spüren. Eine Überlegung drehte sich auch in mir: *Wenn du heim-gehst, wirst du viel lernen müssen, doch du kannst Helga wieder-sehen. Wie schön wäre das. Auch wenn wir nicht gleich heiraten könnten, wäre ich ihr dann viel näher, als hier bei dem Äquator.* Ich glaubte, die richtige Antwort von Gott erhalten zu haben, und sprach auch mit den Missionaren der Station über meine Entschei-dung, nach Europa zurückzugehen. Sie freuten sich, denn für die Mission und die Arbeit war das Studium und der spätere Einsatz im Kongo eine Bereicherung.

11. Zurück nach Belgien

Meine Entscheidung, nach Belgien zu gehen, teilte ich dem Leiter mit, der sich sichtlich darüber freute. Nie hätte ich gedacht, dass ich nach fast drei Jahren schon wieder in die Heimat zurückkehren würde. Ich teilte auch den kongolesischen Pfarrern mit, dass ich beabsichtigte nach Belgien zu gehen, denn dieses Studium war auch für sie ein Gewinn. Sie freuten sich auch, obschon sie wussten, dass sie dann niemanden mehr hatten, der die vielen Buschschulen inspizieren würde. Doch sie wussten, dass ich nachher wieder zurückkommen würde und sogar mit meiner Frau. Ich brauchte viel Zeit, um die Reise vorzubereiten und meine Arbeit zum Abschluss zu bringen. Unterdessen freute ich mich, bald wieder in Europa zu sein; aber ganz besonders dachte ich an Helga, die ich sehen durfte.

Der Tag kam, an dem ich meine wenigen Sachen packte und sie in einem kleinen Raum auf der Station deponierte. Meine Wohnung wurde wieder zum Gästehaus umfunktioniert, damit es für die durchreisenden Missionare bereit war. Bei der Ausreise nach Afrika war ich mit dem Schiff gereist. Dieses Mal organisierte mir die Mission ein Flugticket für die Heimfahrt, und nach ein paar Tagen der Vorbereitung war ich auf dem Heimflug. Ich flog mit einem Großraumflugzeug der belgischen Fluggesellschaft Sobelair nach Rom, dann mit der Swissair nach Zürich.

Mein Bruder Erich holte mich am Flughafen in Kloten ab, und ich konnte einige Tage bei meinen Eltern bleiben. Von Entebbe in Uganda hatte ich zwei große Ananasse mitgebracht. Damals war diese Frucht in der Schweiz noch nicht bekannt und meine Eltern freuten sich darüber. Am meisten freute ich mich, dass Helga auch zu meinen Eltern kommen konnte, und so sahen wir uns nach zweieinhalb langen Jahren endlich wieder. Wir hatten einige Tage Zeit und erzählten einander all die Dinge, die wir in der Zwischenzeit erlebt hatten. Helga war ja in der Schweiz auf der Bibelschule gewesen und hatte ihr letztes Praktikum in Wien gemacht. Nun war sie fast am Ende ihres Studiums. Wir sprachen viel über unsere gemeinsame Zukunft, denn bald könnte unser Wunsch nach einem gemeinsamen Leben Wirklichkeit werden. Jetzt sahen wir in der Entscheidung des Missionsrates eine Führung Gottes und dankten ihm.

Für mich war die Umstellung von Afrika, wo es am Tag sehr heiß war, zum Schweizer Klima groß. Hier hatte ich mit der Kälte Mühe, doch langsam gewöhnte ich mich wieder daran. Ich konnte noch einige meiner Freunde und Verwandte in der Schweiz besuchen, bevor ich meinen Koffer wieder packen musste, um mit der Bahn nach Brüssel zu fahren. Ich wohnte dort bei einer russischen Frau, welche eine kleine Pension betrieb – mitten in der Stadt an der Rue du Châtelain. Frau Kleber war eine nette, hilfsbereite Gastgeberin. In ihrem Haus wohnten noch andere Missionare aus den USA, die alle auch an der »École Coloniale« studierten. Ich wurde freundlich von ihnen aufgenommen. Langsam lernten wir uns kennen und halfen einander, wenn jemand Hilfe brauchte. Ungewohnt für mich war das hastige Treiben der Leute, der Lärm, die vielen Menschen und der Verkehr in dieser Stadt – welch ein Gegensatz zum stillen, einsamen Leben im Busch Afrikas!

Ich war schon in der Kolonialschule angemeldet und hatte alle Formalitäten erledigt – das Studium konnte beginnen! Da ich einst in Paris mein Sprachdiplom erhalten hatte, gewöhnten sich meine Ohren bald wieder an das Französische. Der Unterricht begann jeden Morgen um 8 Uhr. Nach einer Mittagspause ging er bis 18 Uhr weiter. Neben dem Hauptfach Pädagogik behandelten wir noch elf andere Themen und mussten am Ende des Jahres alle zwölf Examen bestehen. Der Hauptprofessor war Belgier – ein sehr strenger Mann. Er hieß Durieux. Er hasste mich, weil er angeblich alle Deutschen hasste, denn sie hätten im Krieg seine Frau getötet. Als ich ihm widersprach und sagte, ich sei kein Deutscher, sondern Schweizer, meinte er: »Du bist alemannisch, das ist alles dasselbe!« Der Professor konnte so wütend werden, dass er einmal im Unterricht einen

Stuhl nahm und ihn gegen einen Studenten schleuderte, den er nicht mochte. Wir mussten immer vor ihm auf der Hut sein. Ich hatte im Leben noch nie einen solch jähzornigen Lehrer gesehen. Dennoch mussten wir ein ganzes Jahr auch seine Vorlesungen besuchen.

Die Zeit verging, und als Helga die Bibelschule abgeschlossen hatte, wollte sie auch nach Belgien kommen. Frau Kleber fand für sie eine russische Familie in Brüssel, wo sie als Haus- und Kindermädchen arbeitete. Sie musste sehr viel arbeiten, doch wir konnten uns ab und zu sehen und einander besser kennenlernen. Weil die russische Familie Helga sehr ausnutzte, sagte Frau Kleber: »Helga kann zu mir in die Pension kommen und mir bei der Arbeit helfen!« Wir waren überrascht, dass Frau Kleber uns dieses Angebot machte. Dankbar und freudig willigten wir ein, denn für Helga war das Arbeiten bei der russischen Familie sehr hart. Nun waren wir im selben Haus, und Helga half mir in der Freizeit sehr beim Lernen. Wenn ich um Mitternacht sehr müde war und fast nicht mehr konnte, gab sie mir ein Glas Wasser mit viel Zucker, und dann konnte ich noch ein bis zwei Stunden weiterbüffeln.

Der Aufenthalt in Brüssel war eine sehr harte Zeit für mich, weil die Schule sehr streng war. Helga und ich genossen die Sonntage, denn da hatten wir frei und durchstöberten den großen Wald am Stadtrand oder machten Ausflüge in die Provinz. Einmal fuhren wir nach Antwerpen, und sogar bis ans Meer schafften wir es ein andermal. Auch die Altstadt Brüssels mit den großen Kaufhäusern und den alten Gebäuden besuchten wir gerne. Wir freuten uns über die vielen Waren, die dort verkauft wurden. Im Laufe der Zeit lernten wir auch die Studenten besser kennen und stellten fest, dass vier Ehepaare auch mit der Afrika-Inland-Mission in den Kongo gehen wollten. Wenn wir Zeit hatten, kamen wir mit den Missionaren zusammen und tauschten Erlebnisse aus, wodurch Freundschaften entstanden, die später im Kongo weiterlebten.

Das Jahr ging schnell vorbei. Nun standen uns die Prüfungen bevor. Leider bestand ich nur neun Prüfungen, doch drei Monate später konnte ich auch die restlichen mit Erfolg abschließen. Wir beide dankten unserem großen Gott, dass er mir geholfen hatte, das Diplom zu erhalten. Auch waren wir sehr erleichtert, weil die Mission, die das Studium ermöglicht und finanziert hatte, sehr große Erwartungen hatte. Jetzt war ich von der belgischen Regierung bevollmächtigt, im Belgischen Kongo als Schulinspektor tätig zu sein! Schnell teilte ich dies meinen Freunden und der Mission mit. Auch sie freuten sich mit uns und wir feierten dieses Ereignis.

Endlich konnten Helga und ich an ein gemeinsames Leben denken. Wir hatten mehr als drei Jahre darauf warten müssen. Zuerst fuhren wir in die Schweiz und bereiteten unsere Trauung vor. Doch es dauerte noch ein halbes Jahr, bis wir in Staffelbach, meiner Heimatgemeinde, auf dem Standesamt unsere gemeinsame Unterschrift geben konnten. Die kirchliche Trauung planten wir eine Woche später in Wien. Wir fuhren dorthin mit meinen Eltern, Geschwistern und einigen Freunden und bereiteten dort im Elternhaus von Helga die lang ersehnte Hochzeit vor. In der Methodistenkirche wurden wir für den Bund des Lebens getraut. Es war ein schöner Tag, die Sonne schien warm, und viele Menschen kamen zur Trauung. In einem Restaurant in der Josefstädterstraße spendierten uns die Eltern von Helga ein feines Essen. Fröhlich saßen wir mit den geladenen Gästen noch lange beisammen und freuten uns an der Gemeinschaft miteinander. Wir hatten sehr lange warten müssen, bis es soweit war, doch wir waren reifer und erfahrener geworden, und Gott hatte uns beide für den Dienst in Afrika vorbereitet.

Helga wurde vor dem Zweiten Weltkrieg am 1. November 1936 in Wien, Österreich, geboren. Ihr Vater, Arpad Schwartz, stammte aus der Hohen Tatra und ihre Mutter, Lydia Molzer, aus Wien. Während des Krieges mussten sie wegen Bombenalarms oft im Kohlenkeller übernachten. Bei einem Bombenalarm flüchtete Helga mit dem Vater in den Keller. Das Haus wurde von einer Bombe getroffen und verschüttet. Zum Glück konnten die beiden sich aus den Trümmern befreien. Dann wurde ihr Quartier von den Russen besetzt. Prägend war für Helga der frühe Tod des kleinen Bruders Wilfried, der im Krieg mangels medizinischer Versorgung starb. Ihr Vater musste seinen verstorbenen Sohn mit einem kleinen Leiterwagen durch die ganze Stadt fahren. Am Stadtrand schaufelte er ein Grab und beerdigte ihn in aller Stille mithilfe einer Gemeindeschwester. Jeden Tag musste Helga als Kind auf den Straßen Wiens und in Geschäften und Containern nach Papier suchen und es nach Hause schleppen. Natürlich hatte sie Angst vor den russischen Soldaten, die das Straßenbild prägten. Der Vater legte dann das Papier in einen Wassereimer, und wenn es weich war, presste er das aufgeweichte Papier zu Kugeln und legte sie zum Trocknen. Mit diesen Kugeln heizte er die Wohnung. So lernte Helga schon sehr früh die Gefahren, die Not und die Armut des Lebens kennen. Gott bereitete sie schon als Kind für das spätere Leben im Kongo vor. In dieser herausfordernden Zeit half der Familie der Glaube an Jesus Christus. Helga bekam drei weitere Geschwister, die sie zeitlebens innig liebte. Sie durchlief ihre Schulzeit mit Freude, musste aber mehrmals zur Erholung in die Schweiz fahren, da sie an chronischer Unterernährung litt. Sie schaffte ihre Ausbildung zur Textilfachfrau mit Bravour und hatte zeitlebens Freude an schönen Stoffen. Gemeinsam mit der Familie besuchte sie die Methodistenkirche in Wien und nahm regelmäßig als Lehrerin an der Sonntagsschule teil. Bereits im Alter von zehn Jahren kam sie zu ihrem Vater und verkündete ihm ernsthaft, dass sie in die Mission nach Afrika in den Kongo gehen wolle. Daraufhin antwortete ihr Vater: »Kind, was willst du dort anfangen, wo du doch so dünn und ängstlich bist.« Sie engagierte sich geduldig und treu weiter und beteiligte sich in der Jugendgruppe. Sie musste noch lange warten, doch Gott nahm ihren Herzenswunsch ernst.

Nach unserer Hochzeit konnte ich noch lange nicht mit Helga in den Kongo zurückkehren. Wir mussten zusammen neue Freunde gewinnen, die für uns beten und uns finanziell unterstützen würden, denn die Afrika-Inland-Mission war eine Glaubensmission. Sie wollte, dass ihre Missionare nicht von der Hilfe einer Kirche abhängig waren, sondern von einzelnen Christen unterstützt wurden, welchen Gott diesen Auftrag ins Herz gelegt hatte. Wir machten uns auf den Weg in den Schwarzwald, nach Württemberg, in die Pfalz und bis hinauf nach Westfalen. Ich hatte in Afrika Dias von der Arbeit gemacht, und so konnten wir diese Bilder in den Vorträgen den Besuchern zeigen und ihnen von der Notwendigkeit der Missionsarbeit berichten. Auch in der Schweiz reisten wir zu Gemeinden und deren Jugendstunden. Dort berichteten wir den Besuchern von dem, was Gott im Kongo getan hatte und von den vielen Kongolesen, welche der Herr Jesus vom Heidentum befreite und wie immer mehr Gemeinden entstanden. Ja, Gott war am Werk, aber es brauchte noch viele Anstrengungen, denn die Finsternis war noch immer sehr groß. Viele Menschen hatten noch nicht von der Liebe Gottes gehört, der seinen einzigen Sohn auf die Welt sandte, damit er der Welt von seinem Vater im Himmel erzähle. Sie wussten nicht, dass Jesus am Kreuz von Golgatha starb, damit alle, die an ihn glauben, nicht verloren gehen, sondern das ewige Leben haben.

Wir hatten auch einige Einladungen im Elsass. Dort lernten wir den gläubigen Inhaber einer Autowerkstatt kennen. Wir sprachen miteinander über Autos, und als er hörte, dass wir Gott baten, uns ein Auto für den Kongo zu schenken, erzählte er uns, dass die Firma Peugeot Missionaren, die in die Mission gingen, ein Auto schenkte. Er bot uns an, mit der Firma in Verbindung zu treten, und wie glücklich waren wir, als uns später ein neues Auto geschenkt wurde. So sorgte Gott wunderbar für unsere Bedürfnisse. Auch in Österreich durften wir in verschiedenen Gemeinden Vorträge halten. Wir waren so dankbar, dass wir so viele Dienste tun durften, und wussten, dass viele Gläubige hinter uns stehen wollten. Wir erlebten auf unseren vielen Vorträgen Gottes Gnade und waren sicher, dass er uns auch im Kongo gemeinsam gebrauchen würde.

12. Erlaubnis zur Ausreise

Endlich erhielten wir von der Schweizerischen Missionsgemeinschaft in Küsnacht, welche für unsere Finanzen verantwortlich war, die Erlaubnis zur Ausreise. Wir bestellten bei der Reisegesellschaft Kuoni in Zürich zwei Schiffsplätze und hatten noch zwei Wochen Zeit, die vielen Dinge zu kaufen, die wir während vier Jahren benötigten, dabei waren auch Babysachen. Das Packen der Überseekoffer und der kleineren Gepäckstücke benötigte viel Sorgfalt und Überlegung. Dazwischen verabschiedeten wir uns von unseren Freunden und Verwandten, und bald war der Tag der Ausreise da.

Früh am Morgen fuhren wir mit gemischten Gefühlen und Abschiedsschmerz nach Venedig. Da wir einige Gepäckstücke per Fracht aufgegeben hatten, fragten wir uns, wie wohl diese Koffer und Kisten im Kongo ankommen würden, da so oft Frachtstücke auf der Fahrt gestohlen wurden. Wir konnten nur Gott vertrauen, dass er seine Hand darüber halten möge. Hier in Venedig rannten wir von einem Büro zum anderen. In dieser Stadt war das besonders mühsam, weil es so viele Kanäle gibt, auf denen wir manchmal sogar mit dem Schiff fahren mussten. Endlich waren wir so weit, dass wir das Riesenschiff betreten konnten, mit dem wir zwei Wochen lang fahren durften. Als wir in unsere Kabine kamen, erschraken wir, denn sie war so eng, dass wir uns kaum umdrehen konnten. Und wo sollten wir unsere vielen Koffer verstauen? Wir schoben sie unter die Betten und in die Ecken der Kabine, doch dadurch wurde der Raum nur noch enger.

Nach dreitägiger Verspätung fuhr der Wasserriese von Venedig weg ins weite Meer hinaus. Immer weiter entfernten wir uns von der schönen Schweiz und konnten uns doch noch nicht richtig auf das Neue vor uns freuen. Ich war ja schon einmal in Afrika gewesen und wusste, wie es dort sein würde, doch für Helga war alles Neuland. Sie konnte sich nur anhand der Fotos, die ich ihr gezeigt hatte und von unseren vielen Gesprächen miteinander ein Bild machen.

Wir waren froh, dass die meisten Passagiere Englisch sprachen, nur das italienische Essen war für uns ungewohnt. Die erste Nacht auf dem Schiff war besonders für Helga beschwerlich. Sie konnte die ganze Nacht nicht schlafen und fühlte sich am Morgen unwohl und müde. Langsam gewöhnte sie sich an das Schaukeln des Schiffes. Die Sonne schien von Tag zu Tag heißer. Schon nach fünf Tagen war die Hitze fast unerträglich. Das Schiff fuhr durch die Meerenge von Messina nach Ägypten und ankerte für einige Stunden in Port Said. In der Mitte des Suezkanals konnten wir uns nur noch im klimatisierten Aufenthaltsraum des Schiffes aufhalten, so heiß schien die Sonne auf die Erde herab. Nun hatten wir Gelegenheit, uns vom Stress der vergangenen Wochen auszuruhen. Wir hatten auch Zeit zum Nachdenken. Wir fuhren im Sueskanal durch eine endlose Wüste mit Sanddünen. Manchmal sahen wir Palmen und sogar Araber mit Kamelen. Der Kanal war nicht breit, doch glitt das Schiff schnurgerade dahin. Am Abend konnten wir wenigstens auf die Brücke gehen und den Sonnenuntergang bewundern, denn am Abend war die Hitze nicht mehr so unerträglich wie am Tag. In der Nacht funkelten die Sterne und manchmal erschien der goldene Mond und erhellte die Finsternis. Das Schiff konnte im Kanal nicht schnell vorankommen, doch das machte auch das Schlafen angenehmer.

Wir kamen an eine Stelle, die wir von der Bibel kannten. Nämlich da, wo Mose das Volk Israel durch das Rote Meer geführt hatte. Wir sprachen miteinander über die Geschichte, wie Mose seinen Stab hochhielt und sich das Meer teilte. Das Volk Israel konnte trockenen Fußes hindurchwandern. Als der Pharao mit seinem Heer das Volk verfolgte und mitten im Meer war, ließ Gott die Wassermauern zusammenbrechen, und der Pharao kam samt seinem Heer im Wasser um. Nun kamen wir an die Stelle, wo man ganz in der Ferne ein Gebirge sah. Es war der Berg Sinai. Wir konnten nicht anders, als für einige Zeit miteinander über die Geschichte der Vergangenheit nachzudenken. Dort auf diesem

Berg, so berichtet die Bibel, hat Gott dem Erzvater Mose die Zehn Gebote gegeben, die als Grundlage für das Volk Gottes dienen sollten. Sie zeigte dem Volk Israel, wie Gott sich das Leben seines auserwählten Volkes vorstellte.

Hier im Roten Meer konnte man Seehunde sehen oder große Fische, die aus dem Wasser sprangen. Am Ufer arbeiteten Araber mit ihren Kamelen, und Frauen und Kinder beschäftigten sich vor ihren Hütten. Palmen spendeten Schatten in der Umgebung. Die Schifffahrt war nicht langweilig, solange man nicht seekrank wurde, doch zum Glück wurden wir davon verschont.

Die zwei Wochen auf dem Schiff vergingen schnell, und wir hatten uns auch langsam an die Hitze gewöhnen können. Das Schiff machte kurzen Halt in Somalia, doch bald schifften wir weiter dem Süden entgegen. Eines Morgens waren die Leute auf dem Schiff unruhiger als sonst. Sie gingen auf Deck und schauten in die Ferne. Was gab es da bloß zu sehen? Auch wir folgten den Passagieren und sahen weit vor uns unser Ziel: die Hafenstadt Mombasa. Für Helga und mich hieß es aussteigen. Wir sammelten unsere Siebensachen und folgten dem Menschenstrom hinaus auf das Festland von Kenia. Die Luft war feucht, heiß und unangenehm. Mit all dem Gepäck, das wir schleppen mussten, kamen wir ins Schwitzen. Schwarze Männer schrien überall und wollten das Gepäck der Passagiere tragen. Wir mussten aufpassen, dass uns nicht jemand die Koffer wegriss und damit davonrannte, denn Diebe gab es viele. Wir stellten uns in die lange Reihe der Passagiere vor dem Zoll. Es dauerte mehrere Stunden, bis alle abgefertigt waren. Die Hitze, die Feuchtigkeit und der Durst plagten uns sehr. Bei der Pass- und Warenkontrolle hatten wir keine Probleme mit den Beamten, weil ich mit ihnen auf Swahili, ihrer Sprache, reden konnte. Aber andere Passagiere hatten Probleme, weil sie sich nicht gut mit den Beamten verständigen konnten.

Wir bahnten uns einen Weg durch die vielen Menschen zum Bahnhof der Stadt. Mombasa war eine sehr schöne Stadt mit vielen

Palmen, bunten Blumen und zahlreichen kleinen Souvenirstän-
den. Jeder Verkäufer wollte seine Artikel verkaufen und pries den
Fremden lautstark seine schönen Waren an. Die Kenianerinnen
waren bunt gekleidet und gut frisiert, sie rochen nach ihren kenianischen Parfüms. Überhaupt war das ganze Leben hier so verschieden von dem in der Schweiz. Endlich hatten wir mit unserem
Reisegepäck den Bahnhof erreicht. Es war nicht einfach gewesen,
ihn zu finden. Wir setzten uns im Zug neben andere Reisende und
schon fuhren wir los. Der Zug fuhr abends vom Meer nach Nairobi
hinauf. 17 Stunden dauerte die Fahrt, die größtenteils während
der Nacht stattfand.

Als wir gegen Mittag in der kenianischen Hauptstadt ankamen,
waren wir durchgeschüttelt und müde. Wie froh war ich, dass ich
diese Reise bereits einmal unternommen hatte und mich daher gut
zurechtfand. Wir erfreuten uns am deutlich kühleren Klima des
1 660 Meter hoch gelegenen Nairobi. Wir waren dankbar für das
frische Lüftchen, das den Körper ein wenig abkühlte. Nach einem
längeren Aufenthalt fuhr der Zug weiter zum Kyogasee. Dort wurden unsere Sachen in ein kleines Schiff umgeladen. Wir hatten eine
Matratze aus der Schweiz mitgebracht. Als sie umgeladen wurde,
sah ich mit Schrecken, dass die Verpackung ganz locker und die
Matratze nicht mehr geschützt war. Ich bat den Bahnbeamten um
Bewilligung und schnürte die Hülle wieder gut zusammen, bevor
sie aufs Schiff geladen wurde. Auch zählten wir die Gepäckstücke,
wir wollten sicher sein, dass alle noch vorhanden waren. Dann lief
das Schiff aus und schaukelte über das Wasser, einen Tag und eine
Nacht lang. Schlafen konnten wir nicht, denn das Schiff schwankte
zu sehr. Wir waren schon sehr müde von der Bahn- und Schifffahrt, doch die Reise ging am Morgen weiter. Unser Gepäck wurde
nun auf einen Autobus verladen, und wir fuhren zwei Stunden
auf holpriger Straße weiter. Wie dankbar waren wir, als wir vor
einem Hotel anhielten und zwei Tage Aufenthalt hatten. Wir waren
inzwischen in Uganda, abgelegen von der Zivilisation, doch die

Ruhe war besonders für Helga kostbar. Sie litt unter der Hitze; alles war neu für sie und beschwerlich. Zwar freute sie sich und war gespannt, wie es im Kongo sein würde, wo wir leben durften und wie die Leute und die Arbeit aussehen würden. Doch wir waren noch nicht im Kongo, sondern erst in Masindi.

Im Hotel trafen wir einen Griechen und einen Schweizer. Sie waren auf einer Vergnügungsreise durch Afrika. Wir setzten uns an den Nebentisch und wechselten ein paar Worte mit ihnen. Das Essen in diesem Hotel war afrikanisch und schmeckte gut nach dieser langen Reise. Auch das Trinken war eine Wohltat, und besonders das Bett war ein Vergnügen. Wieder einmal schlafen zu können und nicht geschaukelt zu werden – das war toll, dafür dankten wir Gott; er wusste zweifellos, was für uns nötig war! Am dritten Tag fuhren wir weiter durch die einsame Landschaft hinunter zum Albertsee. Der See bildete die Grenze zwischen Uganda und dem Kongo. Nun trennte uns nur noch der 50 km breite See vom Land der Berufung. Der Seespiegel lag nicht viel höher als der Meeresspiegel und es war auch dementsprechend heiß. Das große Schiff war am Ufer auf der Seite von Uganda. Unser Gepäck wurde aufgeladen, dann konnten wir in einer Kabine Platz nehmen. Dennoch mussten wir zwölf Stunden in der brütenden Hitze warten, bis es endlich abfuhr. In der Nacht war es auf dem etwas primitiven Schiff kühler als am Tag. Die Nacht auf der Überfahrt war unangenehm, weil es so heiß war und wir deshalb nicht schlafen konnten. Mir tat Helga leid, denn ich sah, wie ihr die Hitze zu schaffen machte und doch konnte ich es nicht ändern.

Wie dankbar waren wir, als die Sonne aufging und sich im Wasser spiegelte. Es gab auch viele große und kleine Fische und sogar Krokodile, die nach Beute Ausschau hielten. Das Schiff hielt an und wurde an wackeligen Pfählen festgebunden. Da stand auf einer großen Tafel: »Congo Belge«. Der Zoll im Kongo war fürchterlich. Zuerst mussten wir über zwei Stunden auf den Zöllner warten, weil er erst einmal essen wollte. Als er endlich kam, war er schlecht gelaunt, und kurze Zeit später ging er wieder in sein Büro und wir mussten nochmals einige Stunden in der heißen Sonne warten. Als er wieder herauskam, durchblätterte er unsere Papiere und verlangte 60 Schweizer Franken Zoll. Das war der erste Eindruck, den Helga von Beamten im Kongo erhielt und es war nicht der letzte dieser Art.

Missionar Harter von der Station der Afrika-Inland-Mission Bogoro war mit seinem Stationsauto gekommen, um uns mit unserem Gepäck abzuholen. Er begrüßte uns freundlich und hieß uns herzlich willkommen. Er war ein Amerikaner und schon nicht mehr der Jüngste. Wir fuhren zwölf Kilometer durch eine buschartige Ebene. Diese Ebene war bekannt für ihre vielen wilden Tiere – ein großes Jagdgebiet. Besonders die Löwen, Leoparden, Büffel, Wasserböcke und viele Schlangenarten bis zur Riesenschlange waren dort zu Hause. Oft kamen Touristen aus anderen Ländern und erwarben eine Jagdbewilligung von der Regierung. Damit durften sie in dieser weiten Ebene bestimmte Tiere jagen. Am Seeufer lebten Fischer mit ihren Familien und handelten mit Fischen und anderen Waren. Das Leben dieser Kongolesen war gefährlich, denn am Ufer des Sees hausten große Krokodile, die auf Menschen lauerten, welche am Seeufer ihre Wäsche wuschen oder badeten. Immer wieder wurden Menschen Opfer dieser Reptilien.

Herr Harter fuhr zwölf Kilometer auf der schnurgeraden, holprigen Straße, dann fing sie an zu steigen. Auf vielen engen Kurven fuhr der Amerikaner auf 1 200 m über dem Meer unserem Ziel entgegen. Viele Lastwagen begegneten uns, die ihre Waren zum Hafen transportierten. Dies war eine der wenigen Transportverbindungen vom Kongo nach Uganda und Kenia zum Indischen Ozean. Sie war immer sehr befahren, obwohl sie sehr steinig und vom Regen ausgewaschen und nicht gepflegt war. Wie dankbar waren wir, als unsere lange, fast vierwöchige Ausreise zu Ende war und wir auf unserem neuen Arbeitsfeld, auf der AIM-Missionsstation in Bogoro im damaligen belgischen Kongo, ankamen.

13. Beginn der neuen Aufgabe

Mit großer Freude und Jubel empfingen uns die Kongolesen, als sie das Auto hörten und kamen herbeigerannt. Sie hatten Blumen in den Händen und riefen uns laut zu: »Asante ku Mungu kwa kurudia!« Das heißt: »Dem Herrn sei Dank für euer Kommen!« Jeder wollte die Frau Hans, wie sie Helga nannten, sehen und ihr die Hand drücken. Sie waren überglücklich, dass wir endlich da waren. Auch die Kinder der verschiedenen Schulklassen standen Spalier und jede Gruppe sang uns ein Willkommenslied. Ja, Freude herrschte auf der Missionsstation. Nun hatten sie ein neues, frischgebackenes Ehepaar, das ihnen in der Schularbeit helfen sollte.

Nach dem langen, herzlichen Empfang führte uns der Leiter der Missionare, Herr Harter, der sogenannte Senior, zu unserem Haus. Es stand etwas abseits der anderen Missionarshäuser auf dem Areal des Mädcheninternats. Das Haus war mäßig groß, doch das Grasdach überdeckte eine Veranda, sodass es im Haus dunkel war. Der Fußboden in der Wohnung war aus Erde und mit Kuhmist überstrichen und roch sehr nach Landwirtschaft. Die afrikanischen Frauen gingen regelmäßig hinaus auf die Felder und sammelten Kuhmist, den sie zu Hause mit Wasser zu einem Brei machten. Dieser Brei wurde dann in ihren Hütten am Fußboden verschmiert, und wenn er trocken war, bildete sich eine Schicht, die nach Landwirtschaft roch. So war unser Fußboden von den Frauen bearbeitet worden und wir konnten uns nur langsam daran gewöhnen. Die Mädchen vom Internat halfen uns, das Gepäck ins Haus zu tragen, und als der Gepäckberg in der Wohnung schön aufgeschichtet war, kam eine Schlange zur Tür herein und verkroch sich unter dem aufgeschichteten Gepäck. Natürlich versuchten wir die Schlange hinauszujagen, doch wenn wir ein Stück weghoben, schlich das Tier einfach unter die anderen Stücke. Uns blieb nichts anderes übrig, als diese Nacht die Wohnung mit einer Schlange zu teilen. Für Helga war diese erste Nacht im Kongo grauenhaft. Da wir beide sehr müde waren, entschlossen wir uns, erst am nächsten Tag einige Koffer zu öffnen und uns so langsam in der neuen »Villa« einzurichten.

In den Internatshäusern nebenan waren etwa 40 Mädchen untergebracht. Sie wurden von kongolesischen Frauen betreut, und Helga wurde beauftragt, die Aufsicht des Internats zu übernehmen. Eine der jungen Frauen wurde uns als Haushaltshilfe zugeteilt, um bei uns zu arbeiten. Sie war eine nette, reinliche Frau, der wir vertrauen konnten. Die Umstellung von der Schweiz zum Leben in Afrika war für Helga sehr schwer. Sie musste auf einem alten Holzherd kochen lernen. Wir hatten kein Licht im Haus, nur eine Petroleumlampe, welche man von einem Platz zum anderen mitnehmen musste. Das Wasser musste täglich von einem Bach geholt werden und zudem war es manchmal gelblich wie aus einer Pfütze. Bevor wir das schlechte Wasser genießen konnten, wurde es 30 Minuten abgekocht. Wir hatten auch keine Freiheit im Haus; immer waren Mädchen da, die etwas brauchten oder uns durch die Fensterscheiben anguckten. Nicht einmal in der Nacht hatten wir Ruhe; erstens war es heiß und dann hörte man wilde Tiere um das Haus herumschleichen und verschiedene Laute machen. Helga hatte Mühe mit dem Leben hier. Eines Tages kam sie weinend zu mir und sagte: »Ich halte dieses Leben hier nicht mehr aus, ich will wieder in die Schweiz zurück.« Ich konnte sie gut verstehen, doch das war unmöglich; wir waren doch erst hier angekommen und hatten eine Aufgabe zu erfüllen. Was würde die Mission sagen und was würden alle unsere Freunde in der Heimat denken, wenn wir so schnell wieder heimkämen? Ich versuchte, ihr Mut zu machen und sie zu trösten, was nicht einfach war. Wir beteten zu Gott und baten ihn um Hilfe. Er allein konnte meiner entmutigten Frau helfen, denn sie war sehr müde, hatte Heimweh und war schwanger.

Helgas erste Aufgabe war es, bei einer Missionarin Swahili, die einheimische Sprache, zu lernen. Jeden Tag verbrachte sie eine Stunde mit ihr. Besonders die Grammatik machte ihr Mühe, doch das Durchhalten lohnte sich. Mit der Zeit konnte sie sich schon gut mit den Menschen verständigen.

Wir waren fünf Missionare auf der Station. Jeden Tag kamen wir beim Senior und seiner Frau zum Gebet und zur Gemeinschaft zusammen. Manchmal blieben wir nachher noch zu Tee und Süßigkeiten bei Herrn und Frau Harter. Harters hatten schon viele Jahre als Missionare hinter sich, und wir konnten von ihnen einiges lernen. Sie hatten keine Kinder und waren sehr konservativ. Nie durfte ein Kongolese ihr Haus betreten, und nie aßen Harters mit ihnen zusammen. Sie stammten noch aus der Kolonialzeit – damals verhielten sich die Belgier so. Doch für uns war es ganz anders. Wir aßen gerne mit den Einheimischen und hatten oft Kongolesen an unserem Tisch. Dieses Miteinander war kostbar und verband uns mit ihnen.

Helga und ich versuchten, jeden Sonntag in eines der vielen umliegenden Dörfer zu gehen. Am Morgen fuhren wir mit dem Auto hinaus, wobei wir immer ein bis zwei Kongolesen mitnahmen. Wir verkündigten den Zuhörern die frohe Botschaft der Liebe Gottes. So ein Gottesdienst dauerte ungefähr drei Stunden und immer bekamen wir anschließend noch ein kongolesisches Essen. Eine besondere Mahlzeit waren geröstete Termiten, die mit Salz bestreut waren. Hühner in Palmfett gebraten waren auch eine Spezialität und einmal wurde uns Schlangenfleisch serviert. In der Heuschreckenzeit war der Himmel manchmal grau vor lauter fliegenden Heuschrecken. Dann wurden diese gefangen und in einer Bratpfanne geröstet. Dabei fielen die langen Flügel vom Rumpf weg und wurden aus der Pfanne geblasen. Nun wurde der Kopf abgetrennt und schon war ein Gericht bereit! Diese kleinen Tiere waren sehr fettig und man durfte nicht allzu viele davon essen. Wir lernten jeden Sonntag viele neue Einheimische kennen, und die Leute waren dankbar, dass wir sie besuchten. Oft schenkten sie uns ein Huhn, Süßkartoffeln oder Maiskolben und wir konnten diese Esswaren zu Hause genießen.

Ich war von der Mission beauftragt worden, in Bogoro eine staatlich anerkannte Schule aufzubauen. Zuerst baute ich mit Hilfe der Afrikaner Schulhäuser. Wir brauchten Baumstämme, die ca. 15 cm Durchmesser hatten. Einige Männer gingen im Busch kleinere Bäume fällen und brachten die Stämme auf den Bauplatz. Ich hatte in der Stadt Bunia Wellblechplatten für die Dächer bestellt. Andere Männer ebneten den Grund, damit die Häuser auf flachem Boden gebaut werden konnten. Es dauerte lange, bis alles bereit war, damit wir die Pfähle in die Erde rammen konnten. Dann wurden die Wellblechplatten aufs Dach genagelt und mit dünnen Bambusstäben außerhalb und innerhalb der Pfosten mit Baumrinde festgebunden, immer eine Handbreit Abstand voneinander. Schließlich wurde der Zwischenraum mit *Poto poto* gefüllt, das ist Mörtel aus Lehm und Wasser, der mit den nackten Füßen solange getreten wird, bis er dickflüssig ist. Dieser Mörtel wurde dann in den Hohlraum des Bambusgeflechts gegossen. Nach einigen Tagen war er hart getrocknet und bildete die Wand des Hauses. Auch Fenster und Türen bauten wir ein. Viele solcher Häuser entstanden, die als Schulzimmer dienten, und es war schön, das kleine neue Schulgelände zu sehen.

Nun begann für Helga und mich eine schwere Arbeit. Wir mussten Schulbänke und Tische herstellen, aber wie? Ich lernte per Zufall bei einem Besuch in der Stadt Bunia einen älteren Mann kennen. Sein Name war Noël. Er war Schweizer und lebte schon viele Jahre in dieser Gegend. Noël erzählte mir, dass er im Urwald eine Holzsägerei betreibe und mir gerne Holz verkaufen würde. Ja, Holz brauchte ich dringend, aber der Urwald war einige Stunden Fahrt mit dem Auto entfernt. Ich hatte einen Wagen mit einer kleinen Ladefläche hinten, doch da konnte ich nicht viel Holz laden. Da ich niemanden fand, der Transporte machen konnte, entschloss ich mich, selber hinzufahren und so viele Bretter wie möglich zu holen. Doch für die Bänke und Tische für fast tausend Schüler musste ich sehr oft in den Urwald fahren. Als ich mit zwei Kongolesen das erste Mal in die Sägerei fuhr, erlebte ich eine böse Überraschung. Der Weg im Urwald war sehr schlecht, mit vielen Löchern. Es gab Stellen, da war er so nass und aufgeweicht, dass ich stecken blieb und mich die Männer mit großem Aufwand schieben mussten. Wir begegneten verschiedenen Affen, großen und kleinen, die auf den Bäumen herumkletterten. Wunderschöne große Schmetterlinge flatterten in der schwülen Luft, Stechmücken plagten uns, und hier und da sah ich Elefantenkot auf dem Weg liegen. Ich hoffte, dass wir keinem Dickhäuter begegnen würden, denn das hätte gefährlich werden können. Es war schon bald Mittag, als wir beim Schweizer ankamen, der da mitten im Urwald seine Sägerei betrieb. In diesem großen Wald gab es kein Tannenholz, nur Harthölzer. Mein Landsmann brachte mir schöne Mahagonibretter und wir luden so viele auf unseren Wagen, bis die Autofedern von der Last flach gedrückt waren. Mehr durfte ich nicht aufladen, weil sonst die Gefahr bestand, dass sie brechen würden. Wir plauderten noch bei einer Tasse Tee und dann musste ich mich auf den Heimweg machen, wenn ich nicht mitten in der Nacht noch unterwegs sein wollte. Wir fuhren bald mit der schweren Ladung vom Schweizer weg, doch wir kamen nicht mitten in der Nacht nach Hause, sondern gar nicht. Auf dem Weg sackte der schwer beladene Wagen in ein Loch, das von Ameisenbären gegraben worden war, und wir blieben stecken. Es gab kein Vorwärtskommen mehr, wie sehr sich die Männer auch bemühten. So entschlossen wir uns, in der Autokabine zu übernachten, mitten im dunklen Urwald. Ich hatte ein schlechtes Gefühl, denn Helga wusste ja nicht, wo wir waren und ob uns etwas Schlimmes passiert war. Ich konnte ihr auch keine Nachricht senden. Wie würde sie die Nacht ohne mich durchstehen? Ich betete zum Vater im Himmel um Schutz für uns und Ruhe und Geborgenheit für Helga.

Um uns war es dunkel. Die Schreie der wilden Tiere waren furchterregend und unheimlich. Schlafen konnte ich nicht, denn ich musste die ganze Nacht sitzend verbringen und wusste nicht, wie wir am nächsten Tag wieder weiterkämen. Wenn nur ein Dorf in der Nähe gewesen wäre, dann hätten wir Männer um Hilfe rufen können, doch es gab nur sehr hohe Bäume und sonst weit und breit nichts. Als es langsam dämmerte, schickte ich einen der beiden Männer zu Fuß zum Schweizer zurück. Er sollte ihn holen, um uns aus dem Loch zu helfen. Es dauerte lange, bis wir einen Traktor hörten und der Schweizer uns zu Hilfe kam. Er bahnte sich einen Weg, neben unserem stecken gebliebenen Auto vorbei, durch das Kleinholz am Wegrand und zog uns mithilfe einer starken Kette, die er am Traktor befestigte, aus dem »Gefängnis«. Langsam fuhren wir dem Ende des großen Waldes entgegen und freuten uns, als wir außerhalb des Urwaldes auf einer besseren Straße fahren konnten. Um die Mittagszeit näherten wir uns der Station. Wie glücklich war ich, als ich Helga in die Arme schließen und ihr erzählen konnte, was wir auf unserer abenteuerlichen Fahrt erlebt hatten und wie unheimlich es war, die Nacht im Urwald zu verbringen. Helga war von Natur aus ein ängstlicher Mensch. Sie hatte während des Krieges viel Schreckliches erlebt, darum machte ich mir Sorgen um sie, weil sie ganz allein zu Hause war und nicht wusste, was mit mir los war. Dies war ja die erste Fahrt in den Urwald und ich fragte mich, was noch alles auf uns zukommen würde, denn es brauchte noch viele Fahrten, bis wir genügend Holz hatten, um unseren Bedarf für die Schulmöbel, Fenster und Türen zu erfüllen. Inzwischen hatte Helga Fortschritte im Sprachstudium gemacht und konnte sich schon gut in der einheimischen Sprache verständigen. Ich war so dankbar, dass das Heimweh sie nicht mehr so sehr plagte.

Ich hatte schon einige Fahrten in den Urwald gemacht und der Bretterberg war ziemlich hoch. Wir konnten mit der nächsten Arbeit beginnen. Aus der Schweiz hatte ich eine kleine Hobelmaschine, eine Kreissäge aus Aluminium und Zweitakt-Benzinmotoren zum Antrieb mitgebracht. Ich fertigte Holzgestelle an und montierte die Maschinen darauf. Tagelang sägten Helga und ich die Bretter und hobelten sie. Dann stellten wir Tische und Bänke für die vielen Schüler her. Helga half mir tapfer dabei. Sie reichte mir die Bretter und ich sägte und hobelte sie, Stück um Stück. Da wir ein afrikanisches Mädchen hatten, welches im Haushalt arbeitete, war es Helga möglich, mir zur Hand zu gehen. Doch war dies schwere Arbeit, fast zu viel für meine schwangere Frau. Wir waren ein gutes Team und ich staunte immer mehr, wie vielfältig meine junge Frau war und mit welcher Liebe und Hingabe sie mithalf.

Immer näher kam der Termin für die Niederkunft von Helga. Ein paar Tage vorher packten wir unsere Koffer, denn wir mussten ins Spital nach Nyankunde fahren. Die Autofahrt dauerte drei Stunden. Das Spital war Teil des großen Missionszentrums der Brüdergemeinde. Es lag an der Hauptstraße von Bunia nach Beni, einer Stadt am Ende des 500 km langen Ituri-Urwaldes. Für Helga war die löchrige, holprige Fahrt kein Vergnügen. Sie war froh, als sie sich im Missions-Krankenhaus ausruhen konnte. Die Leute auf der großen Station waren sehr freundlich und wir freuten uns, sie zu sehen. Auch von den Ärztefamilien und dem Pflegepersonal wurden wir herzlich aufgenommen. Bei einer Doktorenfamilie machten wir Halt und wurden in ihrem Haus einquartiert. Dort lebten wir mit der Familie zusammen, die uns liebevoll bewirtete. Wir kannten uns schon und freuten uns über die herzliche Gemeinschaft, die wir erlebten.

Da Helga noch keine Anstalten zur Niederkunft machte, ging ich jeden Tag mit ihr einen steilen Hügel hinauf. Wir dachten, dass das die Geburt etwas beschleunigen würde, doch die Tage vergingen und keine Wehen traten ein. Als der Termin schon überfällig war, fragten sich die Ärzte, ob sie das Kind mit einem Kaiserschnitt holen sollten. Helga und ich waren davon nicht begeistert, doch was sollten wir tun? Helga lag schon auf dem Entbindungstisch, doch die Ärzte warteten noch etwas länger, bevor sie mit dem Eingriff begannen. Ein Arzt verabreichte Helga eine Spritze und siehe da, im letzten Moment begannen die Wehen, aber nur zögernd. Die Wartezeit und die Geburt dauerten viele Stunden des Bangens, bis der Arzt endlich ein blondes, süßes Mädchen an den Füßen hochhielt und die ersten Schreie mitten in der Nacht ertönten. Helga hatte eine schwere Geburt und ich war auch müde vom langen Warten und der Aufregung, doch überglücklich, dass Gott alles gut gemacht hatte. Wir durften noch einige Tage bei der Ärztefamilie ausruhen und Helga konnte lernen, wie man einen Säugling pflegt und stillt.

Die Zeit in Nyankunde ging vorbei und wir mussten uns auf den Heimweg begeben, nicht mehr zu zweit, wie wir hergekommen waren, sondern zu dritt mit unserer Tochter Verena-Waltraude. Da wir ein altes Auto hatten, das nicht sehr bequem war, versuchten wir, einen geflochtenen Korb gut zu polstern, damit das Kind auf dieser schlechten Straße nicht zu sehr geschüttelt wurde. Normalerweise hätte die Heimfahrt drei Stunden gedauert. Wie glücklich waren wir, dass wir mit unserem Säugling nach Bogoro zurückfahren konnten. *Was werden die Afrikaner sagen, wenn sie ein weißes Kind sehen?*, dachte ich. Sicher werden sie sich auch über unsere Tochter freuen, denn die Schwarzen liebten Kinder sehr. In Gedanken über die Zukunft unserer vergrößerten Familie versunken, wurde ich überrascht. Als wir uns einem breiten Bach näherten, den wir überqueren mussten, entdeckte ich mit Schrecken, dass er keine Brücke hatte. Langsam fuhr ich ins Wasser hinein. Es reichte bis in die Führerkabine und – oh Schreck – mitten im Bach stand das Auto still, und weil Wasser in das Auspuffrohr hineinfloss, konnte ich den Motor nicht mehr starten. Hier saßen wir nun fest, ich konnte nicht aussteigen, weil das Wasser zu hoch war und wusste nicht, was ich tun sollte. Das hatte mir noch gefehlt! Was sollte ich bloß tun? Langsam sahen uns Kongolesen und kamen näher. Bald war Lärm auf beiden Uferseiten. Ich bat die Männer, mich aus dem Bach zu ziehen, doch sie rührten keinen Finger. Sie hatten kein Erbarmen mit uns. Ich sagte ihnen, dass wir ein neugeborenes Kind im Auto haben, doch auch das nützte nichts. Die Herumstehenden kannten uns nicht und darum wollten sie uns nicht helfen. Im Stillen betete ich zu Gott, er möge die Leute willig machen, uns zu helfen. Endlich taten die Männer sich zusammen und berieten, ob sie uns helfen wollten. Da kam ein Mann in unsere Nähe und rief uns zu: »Wenn du uns so und so viel Geld gibst, dann helfen wir dir.« Leider hatte ich kein Geld bei mir und versuchte ihnen dies zu erklären. »Dann helfen wir dir auch nicht!«, war die Antwort. Ich überlegte hin und her, was ich machen könnte, da erinnerte ich mich, dass ich auf der Post Briefmarken gekauft hatte, und versuchte ihm zu erklären, dass sie diese Briefmarken verkaufen könnten und so zu ihrem Geld kämen. Unterdessen waren wir schon lange Zeit in diesem Bach. Helga war sehr besorgt um Vreneli und hatte Angst, dass wir die ganze Nacht hier stecken bleiben müssten. Es war zu dumm, dass wir nicht aussteigen konnten und sozusagen im Auto gefangen waren, denn das Wasser war fast einen Meter tief. Zu Fuß, ohne Auto wären wir nie nach Bogoro gekommen. Nun versuchte ich nochmals, mit ihnen zu verhandeln. Ich holte die Briefmarken aus der Tasche und zeigte sie den Männern. Ein langes Reden begann, bis sie endlich einwilligten, uns zu helfen, wenn ich ihnen die Marken gäbe. Mit lautem Geschrei zogen sie unser Auto ans Ufer. Ich gab ihnen die Briefmarken und bedankte mich und war vor allem Gott dankbar, dass alles doch noch gut endete. Bald wurde es Abend und wir hatten noch gut zwei Stunden zu fahren. Die Gegend war flach, fast eintönig. Es gab wenige Dörfer. Auf den Feldern fraßen Kühe zähes, von der Sonnenhitze vertrocknetes Gras. Man sah es den Kühen an, denn ihre Knochen waren fast nur mit Haut überzogen. Afrikanische Kühe geben nur wenig Milch und sie ist nicht fett. Auch Ziegen weideten oder lagen im Schatten von Sträuchern, denn Bäume gab es kaum in dieser Gegend. Wir hatten uns schon an die schlechten, staubigen Straßen mit den vielen Schlaglöchern gewöhnt, trotzdem konnte ich nicht schnell fahren. Mit großer Verspätung kamen wir zu Hause an. Die Dorfbewohner warteten schon lange auf uns, denn sie hatten von unserer Heimkehr erfahren. Sie wollten unbedingt unseren Säugling sehen und sogar betasten. Wir erlaubten ihnen nicht, unsere kleine Tochter zu berühren, zu viele hätten das gerne getan. Jeder Anwesende hatte etwas anderes zu sagen, wie schön das Kind sei und sie sei wie jeder andere »Musungu« (Weiße).

Nach dieser Begrüßung der Schwarzen fuhren wir in unsere Strohbehausung und Luise, das Hausmädchen, bereitete ein Abendessen, während Helga den Tragekorb für die Nacht zurechtmachte, denn ein Kinderbett hatten wir nicht. Es war ein langer, aufregender Tag nicht nur für uns, sondern auch für unseren kleinen Sonnenschein. Helga stillte Vreneli, legte ein Moskitonetz über den Korb und auch wir waren dankbar, dass wir nicht im Bach übernachten mussten – Gott hatte uns wunderbar geholfen und nach Hause geleitet! Wir freuten uns, im Bett unter den Netzen zu liegen, während die Moskitos in der Nacht brummten und uns stechen wollten. Doch wir waren geschützt vor ihnen und wussten, dass Gott auch uns beschützen und Ruhe geben würde. Wie beruhigend war es für uns zu wissen, dass wir in allen Lagen Gott vertrauen dürfen, weil er für uns sorgt.

Wie oft hörten wir in der Nacht wilde Tiere um das Haus schleichen. Fledermäuse lebten in unserem Strohdach und waren in der Nacht sehr lebendig, am Tag schliefen sie. Es gab Nächte, da kamen die Löwen von der Ebene des Albertsees bis zur Station hinauf und man hörte ihr Brüllen in der Nähe. Einmal war ein Missionar zu Besuch auf der Station. Als er eines Abends noch hinausgehen wollte, stand ein Löwe vor ihm. Er schrie laut und rannte ins Haus zurück. Der Löwe war auch erschrocken und lief in der Dunkelheit davon. Die Paviane kamen sogar auf die Terrasse des Hauses und suchten nach Essen und die Ratten rannten auf der Zimmerdecke herum. Manchmal bellte in der Nacht unser Schäferhund, wenn ihm die Tiere zu nahe kamen, oder wenn ein Dieb versuchte, zu nahe zum Haus zu kommen. Wie atmeten wir auf, wenn dann die Sonne am Horizont erschien und das Treiben der Nachttiere verstummte und wieder ein neuer Tag begann. Dann konnten wir aufstehen und hatten die Möglichkeit, neue Arbeiten zu verrichten. Luise war schon früh da und hatte das Frühstück auf dem Tisch bereit.

Die Gemeindeältesten hatten ein gläubiges Mädchen bestimmt, das unser Kindermädchen werden sollte, und schon bald war es da und stellte sich vor. Es war ein nettes Mädchen, fünfzehnjährig; es schien gepflegt und intelligent zu sein. Auch seine Eltern waren vertrauenswürdig und nett. Wir stellten sie ein und Helga zeigte Annemarie ihre Aufgabe. Sie war stolz, Vreneli, wie wir unsere Tochter nannten, als sie noch klein war, hüten und beschützen zu dürfen. Sie ging mit unserem Liebling spazieren, doch untersagten wir Annemarie, ins Dorf zu gehen, denn da waren die Kinder oft krank und schmutzig, weil sie zu wenig Hygiene hatten, und wir wollten nicht, dass die Kongolesen unser Kind herumtrugen. Die schwarzen Mütter ließen ihre Kleinkinder nackt auf der Erde herumkriechen. Obwohl die Kinder schmutzig waren und ihre Händchen nicht gewaschen wurden, nahmen die Kleinen ihre schmutzigen Finger in den Mund und saugten daran. Deshalb waren sie oft krank und fast jedes Kind hatte Würmer und Hautausschläge. Wir wollten unser Kind, so gut es möglich war, davor bewahren.

14. Der Kirchenbau in Bogoro

Seit ein paar Jahren hatte die Kirchengemeinde Bogoro, zusammen mit den Buschgemeinden der Region, mit der Planung des Baus einer neuen Kirche begonnen. Hunderte von Gläubigen kamen auf die Station und suchten in der weiteren Umgebung nach großen Steinen. Manchmal mussten die Steine aus der Erde herausgegraben werden. Frauen trugen die Steine auf ihrem Kopf auf das Baugelände. Mit der Zeit wurde der Hügel der zusammengetragenen Steine immer größer. Wir Missionare halfen den Männern und ermutigten sie, wenn wir Zeit hatten, die Steine zu bearbeiten. Sie durften nicht rund sein, sonst hätte man sie nicht gebrauchen können. Es war eine mühsame Arbeit, die viel Zeit und Geduld beanspruchte. Wenn die Männer aus einem Dorf eine Woche lang auf der Station gearbeitet hatten, wurden sie von einer anderen Dorfgruppe abgelöst. Weil die Arbeit nicht bezahlt wurde, sondern Freiwilligenarbeit war, konnte man sie nicht zu lange beanspruchen. Die Kongolesen hatten auch ihre Gärten oder andere Arbeiten, die sie für ihre Existenz brauchten. Es war eine Freude zu sehen, wie diese freiwilligen Frauen und Männer den ganzen Tag an der Arbeit waren und dabei sangen und fröhlich den Dienst für Gott taten.

Mit der Zeit hatten die Christen fast alle Steine in der Umgebung gesammelt. Sie mussten weiter in die Umgebung hinausgehen und dort versuchen, Steine zu finden. Immer weiter mussten die Frauen die Lasten auf ihren Köpfen tragen und das war beschwerlich. Da wir in der Gemeinde wenig Geld hatten, wurde beschlossen, die Steinmauer nicht mit Zement aufzubauen, wie man das sonst zu tun pflegte, sondern mit *Poto poto*, dem mit Wasser vermengten Erdbrei, der mit den nackten Füssen getreten wird. Es dauerte fast zwei Jahre bis genug Baumaterial gesammelt war, denn so eine große Kirche brauchte unzählbar viele Steine.

Endlich konnten wir mit dem Mauerbau beginnen, das war ein großes Ereignis. Wir bauten ein Jahr lang mit einem Dutzend »Maurern« und zwei Dutzend Helfern jeden Wochentag an der Mauer. Der Eingang war ein viereckiger Turm, etwa sieben Meter im Quadrat, mit einer Öffnung als Tür. Die Kirche war so geplant, dass siebenhundert Besucher gut sitzen konnten. Monate vergingen und langsam wurden die Mauern immer höher. Die vielen Steine reichten nicht und wieder wurden Gläubige gebeten, in der weiteren Umgebung die wertvollen Steine zu suchen und herbeizutragen.

In der alten, grasbedeckten Kirche versammelten sich jeden Sonntag die Gläubigen, und die Ältesten baten die Anwesenden, Gaben zu spenden, denn die Arbeitenden wurden täglich von den Dorffrauen mit Tee und Esswaren verpflegt. Es war interessant zu sehen, wie an den Sonntagen Hühner, Maiskolben, Kohl, Kartoffeln und Maniok-Wurzeln gebracht wurden. Die Menschen waren arm und hatten nicht viel Geld, aber Naturalgaben brachten sie freudig. Es war doch eine Gabe, die sie Gott opferten, damit sie sein Haus bauen konnten. Endlich war der Turm fertig und die Mauern sechs Meter hoch gebaut. Jetzt sollte man die Fugen zwischen den Steinen mit Zement auffüllen, doch dazu war kein Geld da. Man legte eine Verschnaufpause ein, die länger ging als geplant. Das war jedoch eine große Gefahr, denn ein sehr starker, langer Regen hätte den Erdmörtel aufweichen und die getrocknete Erde wegspülen können.

In der Schule hatte ein neues Jahr begonnen. Zum ersten Mal erlaubten wir auch Mädchen in die Schule einzutreten, denn bis jetzt hatten wir nur Knaben aufnehmen dürfen. Bei der Registrierung kamen so viele Kinder, weil auch Mädchen kamen und lesen und schreiben lernen wollten. Es war ein richtiger Andrang der Mädchen. Sie alle wollten auch in die Schule gehen wie ihre Brüder. Das größte Problem war, das Alter der Mädchen zu bestimmen. Alle gaben an, sieben Jahre alt zu sein, denn wir rekrutierten sie für das erste Schuljahr. Die afrikanischen Lehrer, die mir halfen, versuchten das Alter zu bestimmen, indem sie den Kindern unter die Achseln schauten, und wenn sie schon Haare hatten, wurden sie abgewiesen. Wenn ein Mädchen Brüste hatte, war es älter als sieben Jahre und konnte nicht aufgenommen werden. Wie einfach ist in der Schweiz der Eintritt in die Schule, da weiß man das Geburtsdatum und muss nicht solche Methoden anwenden!

Ein Dutzend afrikanischer Lehrer unterrichtete die fast tausend Schüler. Ich hatte auch eine Klasse mit neunzig Schülern in einem Zimmer, das völlig überfüllt war. Je zwei Kinder mussten einen Stuhl teilen, und besonders wenn ich Arbeiten korrigieren musste, brauchte ich sehr viel Zeit. Trotz der vielen Schwierigkeiten waren wir dankbar, dass so viele Kinder in die Schule kommen konnten, und Gott schenkte Gnade und Gelingen. Jeden Morgen begann jede Klasse mit einer Stunde biblischer Lehre. Ich freute mich, dass das ganze Lehrerteam an Gott glaubte und aus Überzeugung unterrichtete. Wir kamen jede Woche zusammen, hatten Lehrersitzung und beteten gemeinsam für die Schüler, ihre Familien und den ganzen Schulbetrieb. Einmal in der Woche machten wir praktische Arbeiten und legten mit den Schülern einen Schulgarten an, um etwas Gemüse zu ernten. Das Problem war, Hacken für die Schüler zu beschaffen, denn der Boden war hart und musste tüchtig bearbeitet werden, bevor man etwas pflanzen konnte. Da – außer ein paar reicheren Familien – viele Eltern arm waren, war außerdem der Unterschied der Bekleidung der Schüler groß. Deshalb beschlossen wir, eine Schuluniform einzuführen. Die Farbe war blau, sodass alle Mädchen und Knaben gleich aussahen.

Onesimo war mein Hauptlehrer. Er war Ältester in der Kirche und kam oft zu uns mit Früchten, Eiern oder sonst etwas. Er war ein sehr freundlicher, liebenswürdiger Mann. Er hatte eine besondere Liebe zu Vreneli und wollte sie jedes Mal auf dem Arm tragen. Auch andere Lehrer besuchten uns und freuten sich sehr an unserer Tochter, denn sie war schon über ein Jahr alt und sehr aufgeschlossen. Sie liebte es, vor dem Haus im Rasen zu spielen. Wir hatten inzwischen von unserem Strohhaus in das Haus umziehen können, in dem ein amerikanischer Missionar mit seiner Frau gelebt hatte. Die beiden zogen in die Stadt um, und somit war ihr Haus frei. Das Haus war aus Stein gebaut. Es war groß – mit drei Schlafzimmern und einem großen Ess- und Wohnzimmer. Es stand am Rande des Abhanges zum Albertsee und hatte eine wunderbare Aussicht über die Ebene und den See bis weit nach Uganda hinein. Wir waren glücklich über diese neue Bleibe. Nun mussten wir nicht immer den Fußboden im Haus mit Kuhmist bestreichen, denn wir hatten einen Zementboden und große Fenster. Nur die Toilette war etwa 20 m vom Haus entfernt, und wenn man sie in der Nacht brauchte, musste man mit einer Taschenlampe durch die Dunkelheit pilgern, was wegen der vielen wilden Tiere ziemlich gefährlich war. Besonders die kleinen Moskitos waren in der Nacht sehr aktiv. Deshalb waren wir sehr oft malariakrank und hatten hohes Fieber wegen ihrer Stiche.

Einmal war ich so lange krank mit hohem Fieber, dass Helga nicht mehr ein noch aus wusste und den Missionar im Nebenhaus bat, mich ins Krankenhaus zu fahren. Sie packte schnell das Notwendigste, machte Vreneli bereit und er fuhr mit uns die dreistündige, holprige Strecke ins Krankenhaus der Brüdergemeinde in Nyankunde. Der Arzt sagte zu Helga: »Das ist aber höchste Zeit, eine halbe Stunde später wäre es vielleicht zu spät gewesen.« Er verabreichte mir eine Infusion von zwei Litern Flüssigkeit, denn ich war vom hohen Fieber ganz ausgetrocknet. Wir dankten Gott für seine Führung und Bewahrung in der allerletzten Minute.

Wir blieben noch eine Zeit lang in Nyankunde, bevor wir uns wieder auf den Heimweg machten. Da wir an Bunia vorbeifahren mussten, nutzten wir die Gelegenheit, um wieder einmal in der Stadt einzukaufen. Auf der Station gab es keine Geschäfte. Nur ein wenig Gemüse und Eier konnte man von den Einheimischen kaufen, doch es gab keine große Auswahl. Die Milch, die wir von den Bauern kaufen konnten, roch stark nach Rauch, denn die Kühe hausten mit den Menschen in derselben dunklen Hütte. Da kochten die Frauen, darin lebte die Familie, und auch die Haustiere waren über Nacht im selben Raum. Der Missionsleiter wohnte auch in der Stadt, und so besuchten wir ihn und seine Frau. Wir tranken zusammen eine Tasse Tee und hatten einander viel zu erzählen.

Die Kongolesen wohnten in der Nähe der Stadt. Das große afrikanische Quartier war vom Rest der Stadt durch einen Bach getrennt. Es gab dort auch eine schöne Kirche und Schulhäuser. Am Sonntag kamen immer so viele Menschen zum afrikanischen Gottesdienst, dass viele vor der Kirche sitzen mussten, weil drinnen kein Platz mehr war. Diese konnten den Gottesdienst über eine Lautsprecheranlage mithören. In Bunia hatte die Mission ein theologisches Seminar. Auch ein Krankenhaus der Regierung, ein Flugplatz, einige Banken und viele große und kleine Läden, sowie Hotels, Autowerkstätten, Tankstellen waren in der Stadt verstreut. Die meisten Händler waren Griechen. Die Beamten waren zum größten Teil Belgier und sorgten für Ruhe und Ordnung in der Stadt und im Ituri-Distrikt. Die Straße von Bunia nach Kasenyi zum Hafen am Albertsee war auch unser Weg nach Bogoro. Von der Stadt aus musste man über Anhöhen und Täler fahren. Bogoro war an der Straße, und von dort ging es in vielen Kurven hinunter zum See.

Wir freuten uns, wieder zu Hause zu sein, und auch die Einheimischen kamen, um uns zu begrüßen und zu sehen, wie es mir ging. Die Dorfbewohner waren sehr nett und hilfreich, und wir waren wie eine große Familie.

An einem Sonntagmorgen machten wir uns bereit, um hinauszufahren und in einem Dorf zu predigen. Wir nahmen drei Lehrer in unserem Auto mit. Ich hatte gelernt, nie allein wegzugehen, denn in der Not wäre das fatal gewesen. Meistens kam Onesimo, mein Hauptlehrer, mit. Er war ein rührender Mann, auf den wir uns verlassen konnten. Die Fahrt dauerte fast zwei Stunden. Unser Ziel lag südlich von uns, in der Nähe von Gety, auf einer Anhöhe. Wir begegneten vielen Leuten, die am Straßenrand wohnten und zum Teil arbeiteten oder sich ausruhten. Wenn wir vorbeifuhren, winkten sie uns zu und riefen laut: »*Jambo!*«, was bedeutet: »Der Friede Gottes sei mit euch!« Auf dem Höhenweg begegneten uns magere Kühe und Ziegen. Von Zeit zu Zeit flog ein Huhn vor unser Auto und ich musste aufpassen, dass es nicht unter die Räder kam. Die Menschen bepflanzten ihre Gärten und verkauften Kartoffeln, Mais und Gemüse. An vielen Orten waren kleine Marktplätze, wo die Menschen sich versammelten, um zu kaufen oder zu verkaufen. Diese Marktplätze dienten auch dazu, Neuigkeiten auszutauschen, denn nur wenige Schwarze hatten ein Radio, so informierten sie sich an diesen Plätzen. Unsere Fahrt ging noch ein wenig weiter, und wir waren dankbar, als wir im Dorf ankamen. Wir wurden von den Ältesten der Gemeinde herzlich begrüßt, und auch die vielen Dorfbewohner wollten uns die Hände schütteln. Ich war erstaunt, wie viele Menschen schon auf uns warteten. Man sagte mir, dass einige Besucher bis zu fünf Stunden weit hergekommen waren. Als ich noch Leute begrüßte, hörte ich einen Lärm von Menschenstimmen, und als ich hinschaute, sah ich einige Kongolesen, die einen Mann zu mir brachten. Einer von ihnen sagte ganz aufgeregt: »Bwana Hans«, so nannten mich die Leute, »es ist ein Wunder geschehen!« Ich hörte gespannt zu. Da stand ein älterer Mann vor mir. Er war sein ganzes Leben lang nur auf seinen Händen und Knien gekrochen. Er zeigte mir die Fingerspitzen mit kleinen Kugeln aus harter Haut, seine Knie waren geschwollen, und seine Haut war dick vom Kriechen. Ich sah, dass dieser Mann wirklich nur auf Händen und Knien gegangen war. Der Mann, der mit mir sprach, war ganz aufgeregt und erzählte: »Dieser Bruder kommt von weit her, um am Gottesdienst teilzunehmen. Als er unten am Bach war, Wasser trank und etwas ruhte, erinnerte er sich, dass Jesus viele Kranke und Lahme geheilt hatte. Plötzlich entschloss er sich hier unten am Bach, Gott im Glauben um Heilung zu bitten, und was geschah? – Er stand auf und konnte gehen!« Da stand er vor mir und pries Gott. Ich konnte es zuerst nicht fassen, doch die Zeugen, die vor mir standen, bestätigten das Wunder, und seine Fingerspitzen und Knie mit der harten, abgetretenen Haut waren ein Beweis der Wahrheit. Das war für mich ein Höhepunkt an diesem Tag: zu sehen, dass Gott lebt und noch heute große Wunder tut. Die Freude und Dankbarkeit in meinem Herzen war sehr groß, weil so viele Leute gekommen waren und den Mann sahen, an dem Gott dieses Wunder getan hatte. Ich freute mich, den vielen Menschen, die sich inzwischen auf den Boden gesetzt hatten, von diesem mächtigen Gott zu predigen. Gott gebrauchte sein Wort und segnete uns alle reichlich an diesem Sonntag. Die Heiden, die der Botschaft zuhörten, wie auch die Christen, waren voller Lob und Dank und gingen am Abend innerlich gestärkt den weiten Weg wieder zurück in ihre Dörfer. Auch für Vreneli war es ein sehr langer Tag, doch sie war ein sehr geduldiges, fröhliches Kind und die Kongolesen freuten sich immer, wenn sie das weiße Mädchen bestaunen konnten. Nach vielem Händeschütteln machten wir uns auf den Heimweg. Müde, aber dankbar und innerlich glücklich, kamen wir gegen Abend zu Hause an. Es war ein Tag, den ich nie mehr vergessen konnte!

Am Montag ging unsere Arbeit in der Schule und auf der Station weiter. Das Wetter war nicht mehr so gut. Ein Wind kam von Osten über den Albertsee, dicke Wolken türmten sich auf. Gewitter waren immer gefährlich, weil die Blitze sehr oft in Bäume oder Häuser einschlugen. Eine elektrische Stromleitung von Bunia nach Kasenyi verlief etwa fünf Kilometer von der Station entfernt vorbei. Die Mission erhielt eine Bewilligung, privat eine eigene Leitung von dort aus auf die Station zu erstellen. Da wir am Ende der Leitung waren, sprang jedes Mal, wenn der Blitz einschlug, ein bis zu zwei Meter langer Feuerstrahl aus den Steckdosen. Wir hatten einen Raum ohne Steckdosen, und wenn ein Gewitter kam, flüchteten wir uns in diesen Raum, da waren wir sicher vor dem Blitzschlag. Auch an dem Abend saßen wir in diesem Zimmer. Der Sturmwind war heftig und der Blitz brutal. Wir hatten Angst und wussten nicht, wie wir die Nacht überleben würden. Der Tropenregen prasselte wie ein Orkan auf unser Blechdach nieder. Er war so laut, dass wir unsere eigene Stimme kaum hören konnten. Stundenlang goss es wie aus Kübeln. Von Schlaf war keine Rede. Noch zuckten die Blitze am Himmel, als ein fürchterlicher Lärm ertönte. Was war das? Da musste etwas Schreckliches geschehen sein. Als der Morgen graute, kamen Männer in unser Haus gerannt. Sie waren nervös, schockiert und konnten kaum reden. »Was ist geschehen?«, fragte ich. »Bwana«, stotterten die Männer, »die Kirchenmauern und der Turm sind eingestürzt, es ist nur noch ein Trümmerhaufen übrig. Unsere Arbeit von drei Jahren, alles war vergeblich!« Ja, das war eine Katastrophe! Warum hatte Gott es zugelassen, dass »sein Haus«, das die Gemeinde bauen wollte, in ein paar Sekunden zusammenfiel? Immer wieder hatte der Regen den Mörtel zwischen den Steinen aufgeweicht, und bei dem starken Regen in der Nacht weichte er ihn so stark auf, dass die Steine auseinanderglitten und die Mauern einstürzten. Nach der jahrelangen Freude und Euphorie des Bauens brach Bestürzung und Enttäuschung über die Gemeinde herein. Warum? Was nun? Aufgeben? Das war die erste Reaktion der Gläubigen. Nur die Heiden im Busch freuten sich und lachten über die Christen, denn für sie waren die Kirchen und die Gläubigen ein Dorn im Auge.

Die Gemeinde erholte sich langsam von dem Schrecken und fragte sich, was sie nun tun sollte. Sie wollten eine Kirche haben und beschlossen, Geld zu sammeln, um die Kirche wieder aufzubauen, aber dieses Mal wollten sie die Steine mit Zement bauen. Es brauchte viel Zeit, bis genug Geld beisammen war und man genügend Zement beschaffen konnte. Nun gingen wir erneut an die Arbeit. Wir hatten ein Dutzend Maurer angestellt, und die Christen unterstützten sie tüchtig. Die Arbeit an der Kirche ging zügig voran, und die Freude der lokalen Gemeinde und der Außenbezirke war groß. Nach mehreren Monaten waren die Mauern wiederhergestellt und es fehlte nur noch das Dach. Das Holz hatten wir schon gekauft, und auch die Wellblechplatten waren geliefert worden. Der ältere Missionar konstruierte mit einheimischen Helfern die Dreieckträger und befestigte die Wellblechplatten auf dem Dach. Dann endlich konnten wir die Kirche einweihen! 1500 Christen saßen in der Kirche wie in einer Sardinenbüchse, und ebenso viele feierten draußen mit. Es war ein großes Fest, das viele Stunden dauerte. Ein Lob und Preis wurde dem Gott gebracht, der es ermöglicht hatte, trotz Entmutigung und Rückschlägen sein Haus fertigzustellen. Ja, wir erlebten die Wirklichkeit, wie sie auch im Glaubensleben Realität ist. Das Leben ist nicht nur Wandern auf Rosenpfaden, es gibt auch viele Dornen und Disteln auf dem Glaubensweg; es gibt Entmutigungen und Enttäuschungen, aber Gott führt zum Ziel und dann ist Freude und Jubel. Nun hatten wir eine Kirche, und ich freute mich, dass sie jeden Sonntag gefüllt war. Einen Nachteil hatte das Gotteshaus: Wenn es während des Gottesdienstes regnete, war der Lärm vom Dach so groß, dass man fast nicht mehr verstehen konnte, was der Redner sagte. Doch nun hatten auch wir von der Schule einen großen Raum für gemeinsame Zusammenkünfte.

Nach einer Weile wurde ich gebeten, in der Stadt Bunia auch eine Schule zu beginnen. Die Gemeinde dort half fleißig mit und so hatte ich 1500 Kinder, für die ich verantwortlich war. Es bedeutete mehr Arbeit, doch wir durften so vielen Kindern täglich die frohe Botschaft von der Erlösung Jesu Christi und die schönen Geschichten aus der Bibel lehren. Die Kinder waren offen und dankbar, und nicht wenige der Schüler übergaben ihr Leben dem lebendigen Gott und wurden in einem zweijährigen Religionskurs für die Taufe innerhalb der Kirche vorbereitet.

Vreneli war schon fast anderthalb Jahre alt. Sie war ein liebes, folgsames Kind. Sie liebte es, wenn sie mit mir zur Arbeit mitgehen durfte. Wenn ich mal unter dem Auto etwas reparieren musste, so kroch sie auch unter den Wagen und schaute mir zu und war vergnügt. Sie konnte schon Schweizerdeutsch reden, und mit dem Kindermädchen sprach sie Swahili. Die amerikanischen Missionare versuchten, ihr Englisch beizubringen. Helga half bei all den Arbeiten tüchtig mit. Sie scheute keine Arbeit und war eine gewaltige Hilfe. Sie hatte unterdessen auch die Frauenarbeit übernommen, hatte Frauenkonferenzen organisiert und war eine gute Leiterin der Frauenarbeit.

Nun kam die Zeit, da Helga unser zweites Kind zur Welt bringen sollte. Wir fuhren wieder nach Nyankunde ins Krankenhaus. Inzwischen waren im Krankenhaus drei Ärzte, zwei Amerikaner und ein Engländer. Eine Lehrerin aus der Schweiz unterrichtete in der Schule. Wir kannten all die weißen Missionare dort und fühlten uns so wohl wie in einer großen Familie. Wieder wohnten wir bei der Ärztefamilie wie vor eineinhalb Jahren bei der Geburt unserer ersten Tochter. Dieses Mal mussten wir nicht so lange auf die Geburt warten. Eines Morgens nach 1 Uhr begannen die Wehen. Der Generator der Station wurde gestartet, und mitten in der Nacht wurde es auf der Station hell. Als Helga zur Geburt vorbereitet war, waren die drei Ärzte und einige Krankenschwestern im Kreissaal erschienen. Alle wollten dabei sein, wenn das Schweizer Kind zur Welt kam. Die Geburt verlief relativ schnell und unsere zweite Tochter Gisela Veronika war da. Wir alle waren hocherfreut und Gott dankbar für dieses liebliche kleine Wesen, das sich mit lauter Stimme meldete. Wie reich beschenkte uns Gott mit einem gesunden, hübschen Mädchen, das ich mit freudigem und dankbarem Herzen an mich drücken durfte. Der Arzt sagte zu mir: »Das ist dein Kind, nun kannst du es wickeln und fertig machen.« Da ich schon Erfahrung mit meiner älteren Tochter hatte, war das keine Überforderung für mich. Als Vreneli am Morgen erwachte, strahlte sie vor Freude und wollte ihr Schwesterlein auf den Schoß nehmen und nicht mehr hergeben. Nun war sie nicht mehr allein, sie hatte jemanden mit dem sie später spielen konnte.

15. Auf der Flucht (Oicha)

Annemarie hatte mit unseren beiden Kindern alle Hände voll zu tun. Sie spielte mit Vreneli und hatte auch Gisela bei sich auf dem Schoß. Auch in der Schule war viel zu tun. Helga machte die administrativen Arbeiten und hatte noch mehrere andere Verpflichtungen. Wir versuchten, treu am Sonntag in verschiedenen Dörfern zu predigen. Immer war Helga mit unseren beiden Töchtern dabei. Obwohl der Gottesdienst bis zu fünf Stunden dauerte, waren die Kinder immer bei uns und wir waren Gott dankbar, dass sie brav aushielten. Besonders die afrikanischen Kinder wollten immer ganz in unserer Nähe sitzen und unsere Kleinen bewundern.

Schon längere Zeit hörte man von Unruhen, die von Tansania ausgingen. Dort hatten asiatische Rebellen schwarze Männer ausgebildet, um ihre Ideologie im Kongo zu verbreiten. Sie nannten sich *Simba*, das heißt Löwe. Diese Simbas kamen auch in unsere Gegend und trieben ihr grausames Unwesen unter der Bevölkerung. Die Bevölkerung fürchtete sich sehr vor ihnen und ihrer Grausamkeit. Sie gingen einher und plünderten, vergewaltigten die Frauen und töteten viele Menschen auf brutalste Weise. Nichts war vor ihnen sicher. Eines Tages kam ein Lastwagen mit Rebellen nach Bogoro, wo sie mitten in der Nacht weiße Farmer sogar aus ihren Betten holten. Im Schlafanzug wurden die meisten in den Lastwagen geschleppt und abtransportiert. Sie wurden nach Bunia ins Gefängnis geführt. Uns hatten sie nicht mitgenommen, doch wir fürchteten uns jede Nacht und wussten nicht, wann wir dran waren. Wenn der Wind in der Nacht in den Blättern der Bäume raschelte, erschraken wir und dachten, das sind die Rebellen, die uns holen. Die Spannung wuchs jeden Tag. Wir hörten von Vergewaltigungen und Folter. Wir schrien zu Gott um Bewahrung für uns und die Missionare, denn die Simbas wollten nur die Weißen quälen, töten und ihre Habe beschlagnahmen. An einem Morgen kamen einige Männer und weckten uns. Sie berichteten uns, dass die Simbas wieder auf dem Weg in unsere Richtung seien und Weiße abholten. Nun handelten wir schnell. Helga packte einige Sachen und ich bat einen Kongolesen, meinen Benzintank im Auto zu füllen. Wir holten unsere Nachbarin, eine ledige Missionarin, die auch auf der Station lebte, denn sie hatte kein Auto und wir konnten sie nicht allein zurücklassen. Als alles fertig war und ich mich dem Auto näherte, kam mir der Geruch verdächtig vor. Es roch nach Kerosin und nicht nach Benzin. Tatsächlich, der Mann hatte aus Versehen meinen Tank mit Kerosin statt mit Benzin gefüllt. Was nun? Wir mussten schnell handeln, wenn wir noch vor der Ankunft der Simbas wegfahren wollten, sonst war es zu spät. Was tun, um den Schaden zu beheben? Ich öffnete eine Schraube unten am Benzintank und das Kerosin floss auf den Boden. Nun füllte ich den Tank mit Benzin. Wir warteten noch auf den Pastor, den wir mitnehmen wollten, und als er da war, fuhren wir los. Wir fuhren auf der Straße nach Süden, weg von den Rebellen in Richtung Urwald. In vielen Dörfern, an denen wir vorbeikamen, schauten uns die Leute verwundert nach und fragten uns, was los sei. Wir hatten schon einen Pfarrer bei uns und unterwegs kam noch ein zweiter Mann ins Auto. Denn wir kannten den Weg nicht und waren auf ihre Hilfe angewiesen. Wir fuhren einige Stunden nach Süden, doch die Straße wurde immer schlechter. Zuletzt mussten wir uns nur noch auf einem Feldweg vorwärts kämpfen. Der Weg schien nicht oft benutzt zu werden. Mit der Zeit war er völlig mit hohem Gras überwachsen und ich tastete mich mit dem Auto nur noch langsam vorwärts. Plötzlich musste ich anhalten, denn da floss ein Bach in einem tiefen, breiten Bett. Als ich hinsah, erschrak ich, denn die Brücke fehlte. Es waren bloß zwei Baumstämme über den Bach gelegt, die notdürftig befestigt waren. Sollte ich es wagen, mit dem Auto hinüberzubalancieren? Ich bat die beiden Pfarrer, mit Helga, der Missionarin und den Kindern vorsichtig durch den Fluss ans andere Ufer zu gehen, während ich versuchen wollte, mit dem Auto langsam hinüberzufahren, indem mich Helga von der anderen Seite dirigierte. Ich dachte, wenn ich mit dem Auto in den Bach falle, dann sollen die anderen nicht auch ins Wasser stürzen. Diese Bachüberquerung kostete viel Zeit und Nervenkraft. Mit Gottes Hilfe erreichte ich das Ufer und dankte ihm für die Bewahrung. Helga stieg mit den Kindern und den anderen drei Passagieren wieder ins Auto und weiter ging die Fahrt durch das hohe Gras. Wir fuhren schon sieben Stunden in der heißen Sonne und auf dem schlechten Pfad entlang. Der Tag hatte sich schon fast geneigt, als wir den Urwald erreichten. Der Weg führte einen steilen Hang hinauf. Zuerst schien alles in Ordnung zu sein, doch als wir weiter den Abhang hinauffuhren, merkte ich, dass der Motor heiß wurde. Der Weg wurde immer feuchter und schlüpfriger und auf einmal fuhr das Auto nicht mehr weiter. Die Räder drehten durch und wir blieben auf dem nassen Urwaldweg stecken. Alle stiegen aus dem Auto und versuchten es zu schieben, während ich Gas gab. Es nützte alles nichts, der Wagen steckte weiter fest. Was nun? Es blieb uns nichts anderes übrig, als ihn stehen zu lassen, die Koffer auszuladen und mitzuschleppen und zu Fuß den steilen Hügel hinaufzugehen.

Helga nahm die drei Monate alte Gisela auf den Arm und Vreneli ging an ihrer Seite. Die Missionarin war so erledigt, dass sie sich auch ohne Gepäck nur mühsam vorwärts bewegen konnte. Die beiden Pfarrer und ich schleppten das Gepäck. Es war schwül und heiß in diesem dunklen Wald. Der Aufstieg mit all der Last war anstrengend und wollte nicht enden. Immer, wenn wir dachten, oben zu sein, ging der Weg nach einer Kurve noch weiter. Es war dunkel geworden, Helga und Vreneli stöhnten, und ich dachte, dass ich es nicht bis oben schaffe, denn ich war zum Umfallen müde. Die Pfarrer kannten die Gegend auch nicht und wussten nicht, wie weit wir noch gehen mussten, bis wir oben waren. Es wurde Nacht und nur der Mond und die Sterne gaben ein wenig Licht. Im Wald begannen die Tiere, ihre Laute von sich zu geben.

Es war unheimlich, denn wir konnten nicht einmal mehr den Weg sehen, auf dem wir uns dahinschleppten. Die Moskitos begannen uns zu plagen. Es war schon Mitternacht, als wir vor uns eine Lichtung sahen. Im Mondlicht erkannten wir eine große, flache, mit hohem Gras bewachsene Ebene. Ich war so müde, dass ich mich ins Gras warf und nur noch schlafen wollte. Doch die Pfarrer befahlen mir, aufzustehen und weiterzugehen. Sie sagten: »Bwana, da kannst du nicht schlafen, da gibt es viele Schlangen, Büffel, Elefanten und Moskitos, das wäre für uns alle zu gefährlich.« So trotteten wir der Erschöpfung nahe langsam dahin und wussten nicht, wo wir enden würden. Wir kamen endlich ans andere Ende der Ebene. Der Urwald erhob sich wieder vor uns. Im Stillen betete ich zu Gott um Hilfe. Ich konnte nicht glauben, dass er uns in dieser Einöde sterben lassen würde. Plötzlich rief der Pastor: »Bwana, dort sehe ich eine alte Hütte, die von Jägern benutzt wird.« Er ging auf die kleine Unterkunft zu, und siehe da: Die Tür war nicht abgeschlossen und wir traten hinein. Da lagen Streichhölzer auf einem Gestell und eine Petroleumlampe. Er zündete die Lampe an, und im dunklen Schein entdeckten wir Esswaren, welche die Jäger zurückgelassen hatten. Es war alles sehr primitiv, doch wir fühlten uns wie Fürsten. Gott hatte uns im Angesicht unserer Feinde den Tisch gedeckt. Alles hatte er für uns vorbereitet, und wir dankten ihm dafür. Wenn wir auch keine Betten hatten, fand doch jeder von uns einen Platz am Boden zum Liegen. Wir hatten Wände um uns und ein Dach über dem Kopf, was wollten wir mehr? Je mehr ich darüber nachdachte, musste ich über Gottes Fürsorge staunen. Mitten im Urwald, mit all den Gefahren, bereitete er einen Platz, wo wir unsere müden Glieder hinlegen konnten. Wir versuchten alle einzuschlafen.

Als es langsam heller wurde und der neue Tag begann, fanden wir noch einige Reste in einem Gestell in der Hütte und aßen sie mit dankbaren Herzen, denn es war nicht selbstverständlich, dass hier noch Reste vorhanden waren.

Später kamen wir zusammen und überlegten, wie es weitergehen sollte. Immer heißer prallte die Sonne wieder auf uns herab, als wir auf einmal Motorenlärm hörten. Wir rannten auf die Ebene hinaus und sahen über uns einige Flugzeuge vorüberfliegen. Wir schrien so laut wir konnten und winkten mit den Armen, doch sie sahen uns nicht. Langsam wurde es wieder still um uns. Ich beriet mit den Männern, was wir nun tun sollten. Der Pfarrer wusste, dass am Ende des Waldes ein Hotel ist. Dort kämen Touristen hin, um Tänze von Pygmäen zu sehen. Doch er wusste auch, dass der Weg zu diesem Platz sehr weit ist und dass das Hotel wegen der Rebellen, die dort geplündert hatten, geräumt worden war. Er meinte, vielleicht sei noch ein Afrikaner dort, der das Anwesen bewachte. Ich bat die beiden Männer, sich auf die Suche zu machen und wenn möglich Hilfe zu holen. Wir blieben in unserer kleinen Hütte am Urwaldrand und warteten ungeduldig auf ihre Rückkehr. Die Sonne schien immer heißer und die Feuchtigkeit machte uns Mühe. Weit und breit war kein Mensch zu sehen. Nur hier und da sahen wir Tiere, die zum Grasen kamen, doch wir fühlten uns von ihnen nicht bedroht. Vreneli war unruhig und hatte Angst und Gisela fühlte sich auch nicht wohl. Wir fragten uns, wie alles enden würde, denn der Ituri-Urwald war 500 km lang und wir wussten nicht, wo wir waren. Es wurde Mittag und unsere Männer waren noch nicht zurückgekehrt. Wir wussten auch nicht, ob ihnen vielleicht etwas zugestoßen war, oder ob sie sich verirrt hatten. Für uns hieß es geduldig warten und uns unserem Vater im Himmel anvertrauen. Wir hatten keine Ahnung, ob wir vielleicht eine oder mehrere Nächte in unserem Unterschlupf verbringen müssten. Doch wir waren alle noch am Leben und das war die Hauptsache. Was wir ohne unser Auto machen würden, das war eine andere Frage, denn aus diesem riesigen Wald würden wir zu Fuß nie wieder herauskommen.

Der Nachmittag war schon weit vorangeschritten, als wir Motorenlärm hörten. Er wurde immer lauter, und wir waren alle überrascht und hocherfreut, als wir einen Landrover sahen, der mit vielen Männern beladen war. Es war der belgische Hotelbesitzer mit seinen Helfern. Seine Familie hatte das Hotel schon lange verlassen und sich in Sicherheit gebracht, nur der Besitzer mit seinen Helfern war zurückgeblieben, um die Anlage vor den Rebellen zu beschützen. Wir begrüßten die Männer. Dann stieg ich auch auf das Fahrzeug, und wir fuhren über die Ebene und die steile Straße bis zu unserem Auto hinunter. Der Belgier kettete meinen Wagen an den seinen. Einige Männer gingen hinter seinen Landrover und die anderen hinter meinen Wagen, um uns anzustoßen. Die Motoren wurden gestartet, und wir versuchten mit der Hilfe der Männer, meinen Wagen zu ziehen. Die Motoren heulten auf, doch die Räder schleuderten Erde nach hinten und nichts bewegte sich. Mir wurde angst, und ich betete im Stillen zu Gott um seine Hilfe. Wir versuchten es ein zweites Mal, doch erfolglos. Die Erde war zu schlüpfrig und der Weg zu steil. Es gab nur noch eine Möglichkeit: Anstatt dass die Männer die Autos zu schieben versuchten, stiegen sie hinten auf die Autos, um die Achsen zu beschweren. Und siehe da: Zentimeter um Zentimeter fuhren die Autos vorwärts. Endlich konnten wir den Hügel erklimmen und kamen erfreut bei der Hütte an, bei der unsere Leute warteten. Ja, das war ein Bangen und Hoffen und Beten! Gott hatte das Unmögliche möglich gemacht. Der Belgier lud uns ein, mitzufahren und in seinem leeren Hotel zu wohnen, bis wir weiterziehen konnten. Welche Erleichterung, welche Freude und Dankbarkeit erfüllte uns, als wir dem Hotelbesitzer den langen Weg durch den endlosen Wald folgten! Wir waren todmüde und hungrig. Als wir endlich die Häuser des Belgiers sahen, waren wir glücklich und fühlten uns besser. Als wir uns in sauberen Zimmern mit echten Betten niederlassen konnten, war die Angst vorläufig vorbei. Der Hausherr machte uns sogar ein feines Nachtessen. Er war ein guter Mann, der uns aus der Not gerettet hatte – was wäre sonst aus uns geworden?

Dennoch konnten wir nicht immer dortbleiben. Darum baten wir den Gastgeber, uns zwei Fahrräder zu leihen, damit meine zwei Männer auf eine Missionsstation am Ende des Waldes fahren konnten. Zwar war der Weg bis dorthin einige Hundert Kilometer weit, doch war es die einzige Möglichkeit, wirkliche Hilfe zu bekommen. Die Männer fuhren früh am Morgen weg, während für uns ein neues Warten anfing. Zwar hatten wir es gut im Hotel, doch war die Gefahr groß, von neuen Überfällen der Rebellen überrascht zu werden. Während wir im Hotel warteten, hörten wir im Radio, dass belgische Flugzeuge in der Stadt Bunia Fallschirmjäger abgeworfen hätten, und dass dabei Einheimische getötet worden seien. Die Menschen waren verunsichert und hatten Angst vor Vergeltung. Nun wussten wir, warum uns die Flugzeuge überflogen hatten, als wir am Waldrand in der alten Hütte warteten. Die politische Lage war immer gefährlicher geworden und man konnte niemandem mehr trauen. Momentan waren wir in Sicherheit und wussten uns von Gott beschützt.

Am ersten Tag ruhten wir uns im Hotel aus. Wir wurden gut bewirtet, doch wir warteten gespannt auf Hilfe aus Oicha, der großen Station am südlichen Rand des Urwaldes auf dem Weg nach Kisangani, der Hauptstadt der Provinz Orientale. Das Klima im Urwald war feucht und heiß, doch im Hotel war das Warten gemütlicher. Wir wussten nicht, ob unsere beiden Männer auf ihren Fahrrädern am Ziel angekommen oder ob sie auf dem langen Weg überfallen und ausgeraubt worden waren.

Es war schon Mittag des zweiten Tages. Wir saßen beim Mittagessen, als ein Auto vor dem Hotel anhielt. Wir erkannten Dr. Becker, den Missionsarzt von der großen Station der AIM-Oicha. Er war persönlich mit den beiden Männern gekommen, die wir gesandt hatten, sowie mit seinem afrikanischen Chef-Krankenpfleger. Dr. Becker war vor vielen Jahren als junger Arzt von Amerika in den Kongo gekommen und hatte auf Gottes Geheiß am Ende des großen Ituri-Urwaldes, wo keine Menschen waren, mit der Rodung des Waldes begonnen. Er arbeitete sehr hart mit Hilfe von Kongolesen, die er anstellte. Nach jahrelanger Arbeit entstand ein großes Missionszentrum, und bald kamen viele Patienten, die er pflegte. Nun gab es ein Krankenhaus für Hunderte von Kranken. Der Mediziner wurde bald sehr bekannt, und die Menschen kamen von weit her, um bei ihm Hilfe zu erhalten. Er war schon älter, doch er setzte sich ganz für die Menschen ein. Es gab Wenige in der weiten Umgebung, die ihn nicht kannten und schätzten. Inzwischen war die Missionsstation schon sehr groß, und der Arzt beliebt. Er hatte seinen obersten Krankenpfleger mitgebracht, denn dieser kam aus demselben Stamm wie die Urwaldbewohner und kannte deren Sprache. Dieser Stamm, so sagte man uns, heißt Walessi, und die Männer seien sogar noch Kannibalen und könnten sehr gefährlich sein. Dr. Becker und die anderen drei Männer wurden freundlich begrüßt. Der Hotelier lud sie ein mitzuessen, doch der Mediziner verneinte höflich. »Wir müssen sofort zurückfahren, macht euch eilend bereit«, sagte er, »denn die Walessi waren schon dabei, Straßensperren zu errichten, und das ist ein schlechtes Zeichen.« Wir bedankten uns bei unserem Gastgeber und stiegen in die Autos. Dr. Becker fuhr so schnell voran, dass ich ihm kaum folgen konnte. Und siehe da, nach etwa drei Kilometern lag ein Baum quer über der Straße und eine Menge wütender Männer stürmte auf uns zu. Sie waren betrunken und sahen hasserfüllt aus mit ihren langen Speeren. Wir mussten alle aussteigen. Helga und die Kinder wurden zu einem Baum gebracht und mussten dort stehen bleiben. Mich führten sie zu einem anderen Baum. Die Missionarin, die wir mitgenommen hatten, wurde auch von uns getrennt. Nun begannen die halbwilden Walessi, mit schreiender Stimme durcheinanderzureden. Sie beschuldigten Dr. Becker, dass er gekommen sei, um diese weißen Menschen zu holen. Sie waren wütend, weil die Belgier in Bunia ihre Brüder getötet hätten, erzählten sie. »Nun wollen wir uns an diesen Ausländern hier rächen. Dich, Doktor kennen wir«, sagten sie, »aber diese Weißen sind Fremde. Du kannst wieder in dein Krankenhaus gehen, aber diese Weißen sind unsere Gefangenen.« Dr. Becker und sein Begleiter redeten heftig auf die Walessi ein, aber sie wollten nicht einlenken. »Dann gehe ich auch nicht und bleibe bei den Missionaren, denn ohne sie verlasse ich diesen Platz nicht«, sagte er bestimmt. Ich flehte zu Gott, denn nur er konnte uns befreien, doch es geschah nichts. Helga und Vreneli hatten Angst, das Kind fragte die Mutter: »Warum haben diese Männer so böse Augen?«

Die Stunden schienen endlos zu sein und nichts bewegte sich. Die Männer waren sehr wütend und verlangten schließlich umgerechnet 5 000 Schweizer Franken Lösegeld. Der Arzt erwiderte: »Das Geld, das ich habe, ist für die Kranken bestimmt. Euch werde ich nichts davon geben.« Inzwischen war es spät geworden und einer unserer Begleiter kam zu mir und sagte: »Es ist hoffnungslos, die geben nicht auf!« Wieder betete ich zu Gott: »Wenn wir hier sterben müssen, dann gib uns einen schnellen Tod, lass uns nicht lange leiden.« Wie langsam vergingen die Minuten und Stunden. Wir wussten nicht, ob wir lebendig hier wegkommen würden, oder ob uns die Männer umbringen würden. Ich hatte schon keine Hoffnung mehr auf Befreiung, denn diese Kannibalen waren zu allem fähig. Nach einer endlosen Diskussion sah ich, wie der Arzt ihnen dennoch Geld aushändigte. Dann rief er uns und sagte: »Geht schnell ins Auto, wir fahren fort von hier.« Wie dankbar waren wir, nach so viel Angst und Bangen aus der Gefangenschaft bei den Bäumen wegrennen und ins Auto steigen zu können. Die Straßensperre war noch immer da. Mit Buschmessern wurde der Baumstamm hastig zerschnitten und weggeschleppt, sodass die Straße frei wurde und wir davonfahren konnten. Doch nach etwa zehn Minuten Fahrt sahen wir vor uns wieder einen Baum auf der Straße liegen. Wir hielten an und hörten das Johlen von Männern, die dahergerannt kamen. Unsere Männer griffen schnell nach ihren Buschmessern und zerhackten das Hindernis. So schnell sie konnten machten sie den Weg frei. Wir hasteten in die Autos und flohen, bevor die wütenden Männer da waren. Wieder fuhr Dr. Becker so schnell, dass ich Mühe hatte, ihm zu folgen. Oft wurden die Insassen wegen der Löcher in der Straße bis an die Decke des Autos geschleudert. Auf einmal fingen meine Beine an zu brennen und zu jucken, und als ich mit der Hand hinunterreichte, fühlte ich Hunderte von großen Stechameisen, die an meinen Beinen hochkletterten und mich stachen. Ich versuchte während des Fahrens die Angreifer wegzuwischen, doch musste ich auf den schlechten Weg achten, um dem Vorderauto zu folgen. Nun fing Gisela an zu schreien und Helga sah, dass die Ameisen auch an der Kleinen herumliefen und sie stachen. Helga hatte ihre Mühe, Gisela von den Insekten zu befreien. Die Straße durch den Urwald war voller Schlaglöcher und an gewissen Stellen war sie glatt und schlüpfrig wie Eis. Ich musste aufpassen, dass ich nicht von der Straße abglitt und im Straßengraben landete. Der Arzt wusste ja nicht, dass wir von den Ameisen befallen waren und fuhr schnell durch den dunklen Wald. Er wusste, dass viele Missionare und Afrikaner auf uns warteten und für uns beteten. Die amerikanische Missionarin saß still neben uns. Es ging ihr sehr schlecht. Sie stand unter Schock, nachdem sie so lange bei dem Baumstamm hatte ausharren müssen. Sie konnte nicht verstehen, dass Menschen so brutal sein konnten. »Wir haben ihnen doch nichts getan«, sagte sie, »unser Leben haben wir für die Menschen eingesetzt und nur Gutes getan, wie können sie nur so barbarisch mit uns sein?« Uns war bewusst, dass diese ältere Frau dieses Erlebnis nicht verkraften konnte. Sie wollte nur weg von hier, fort aus diesem Land, heim in die USA, so schnell wie möglich! Doch wir waren noch lange nicht am Ziel. Die Nacht schien endlos, und wir sehnten uns danach, endlich auf der Station zu sein. Doch ein anderes Hindernis war vor uns: Ein Fluss, aber die Brücke war weg. Zwar waren noch zwei Bäume da, die darüberlagen, doch so konnte niemand hinüberfahren. Wir stiegen wieder aus dem Auto und standen auf der Straße. Es gab keine andere Möglichkeit, als schnell die Brücke zu reparieren. Wieder wurden die Buschmesser hervorgeholt und die Männer fällten kleinere Bäume und legten sie in Reih und Glied quer über die Längsbalken, die über dem Bach lagen. Es brauchte viele drei Meter lange Stämme, bis die Brücke bedeckt war. Die Rundhölzer mussten noch mit Baumrinde an den Trägern festgebunden werden, sonst wäre es unmöglich gewesen, darüberzufahren. Stunden vergingen und die Männer waren schon müde und entmutigt, doch als die Brücke fertig war und wir vorsichtig darüberfuhren, kam wieder Hoffnung und Lebensmut in ihnen auf.

Es wurde heller und langsam brach der Morgen herein. Wir waren die ganze Nacht im Urwald unterwegs gewesen, und Vreneli und Helga fragten: »Wie weit ist es noch bis zur Station?« Der Wald fing an sich zu lichten und afrikanische Hütten wurden sichtbar. Das bedeutete, dass wir bald am Ziel angekommen sein mussten. Ich sagte zu Helga: »Diese Nacht werden wir nie vergessen!«

Es war schön, die Sonne aufgehen zu sehen. Die Blumen blühten am Straßenrand. Bunte Vögel zwitscherten, die Afrikaner vor ihren Hütten am Straßenrand begannen ihre Morgentoilette mit kaltem Wasser und schauten uns verwundert nach. Vor uns am Straßenrand erblickte ich ein großes Schild, darauf stand geschrieben: »Afrika-Inland-Mission Oicha.« Gott sei Dank, wir waren am Ziel! Eine große Menge Missionare und Kongolesen klatschte in die Hände und jubelte vor Freude, als wir anhielten. Sie hatten die ganze Nacht gebetet und geduldig gewartet und waren hocherfreut, dass wir alle lebend erschienen. Sie wollten wissen, warum es so lange gedauert hatte, bis wir da waren. Als wir ihnen erzählten, was wir alles erduldet hatten, dankten sie Gott, denn es war seine Bewahrung und Hilfe, sonst wären wir vielleicht nicht mehr am Leben gewesen. Helga, die Kinder und ich wurden von Freunden herzlich in ihr Haus aufgenommen. Die Missionarin konnte zu einer Freundin einziehen und unsere Männer wurden von afrikanischen Christen beherbergt. Zuerst wurde uns ein ausgiebiges Frühstück auf der Veranda serviert und wir hatten genügend Zeit, unseren Freunden zu erzählen, was wir in diesen Tagen alles erlebt hatten. Immer wieder staunten wir, wie unser Gott uns geleitet und bewahrt hatte. Endlich durften wir uns in einem Zimmer einrichten und versuchten zu ruhen. Zu schlafen war nach all den schrecklichen Ereignissen der vergangenen Tage nicht einfach.

Als wir uns etwas erholt hatten, zeigte uns der Missionar von Oicha die große Station. Eine schöne Kirche hatten sie gebaut. Im Krankenhaus behandelten die Ärzte und das Pflegepersonal täglich bis zu zweitausend Patienten. Dort waren nie mehr als vier Ärzte stationiert und vielleicht zwölf weiße und schwarze Krankenschwestern und Helfer. Die Ärzte mussten fast Tag und Nacht operieren, Kranke untersuchen und behandeln. Die Patienten wurden von Verwandten verpflegt, die auch im Krankenhaus lebten. Die meisten schliefen einfach neben den Krankenbetten auf dem Fußboden und kochten die Mahlzeiten unter freiem Himmel. Es war ein Kommen und Gehen von Menschen, die ambulant behandelt wurden. Geschulte Afrikaner waren für die kleineren Krankheiten zuständig. Ich war erstaunt, wie viele Menschen in diesem Krankenhaus betreut wurden, obwohl so wenige Fachleute da waren. Jeden Morgen um 9 Uhr fand für die Kranken, die aufstehen konnten, eine biblische Andacht statt. Es kamen immer sehr viele und hörten Gottes Wort. Auch ihre Betreuer hörten andächtig die Botschaft aus der Bibel.

Vom Krankenhaus aus gingen wir etwa drei Kilometer durch den Wald. Wie schockiert war ich, als ich vor mir ein Lager für Aussätzige sah. Mein Freund berichtete mir, dass hier bis zu zweitausend Aussätzige lebten und vom Fachpersonal betreut würden. Leprakranke durften nicht bei gesunden Menschen leben, sondern mussten im Lager abgesondert sein. Mir war das nicht geheuer, denn ich hatte in der Bibel viel von Aussätzigen gelesen. Doch ich fasste Mut, ging von Hütte zu Hütte und grüßte die armen

Menschen. Einigen waren alle Finger weggefault, bei anderen war die Nase weg, ganze Körperteile fehlten und an den restlichen Körperteilen drang Eiter durch den Verband. Der Geruch in diesem Lager war fast unerträglich, doch ich versuchte mutig, einigen die Hand zu schütteln, um ihnen Freude und Mut zu machen, und segnete sie im Namen Jesu. Auch im Lager wurde täglich Gottes Wort verkündigt, denn gerade diese ärmsten Menschen brauchten die Botschaft der Liebe Gottes, der ihnen in ihrem Leid nahe war und sie tröstete. Ich staunte über die Ärzte und das Pflegepersonal, die bereit waren, diesen Ärmsten zu dienen.

Als ich wieder bei meiner Familie ankam, war ich froh und dankbar, doch der Besuch auf der Station und im Lepra-Lager bewegte mich noch lange. Als ich mich gründlich gewaschen hatte, war ich dankbar, dass wir hier in Sicherheit sein durften, uns erholen konnten und dass wir gesund waren.

An einem anderen Tag ging ich mit Helga und einem einheimischen Bruder zu Besuch zu den Pygmäen. Ich hatte viel von dem fast zwergartigen, kleinen Volk gehört. Wir mussten einige Stunden zu Fuß durch den dichten Urwald gehen. Manchmal war das Unterholz beinahe undurchdringlich und die Ranken und Dornen ein Hindernis, um weiterkommen zu können. Unser Begleiter musste uns oft mit seinem Buschmesser einen Weg bahnen. Die Hitze und Feuchtigkeit in diesem Dickicht war fast unerträglich und es war schwierig, diese kleinen Menschen zu finden. Pygmäen wohnen ein bis zwei Wochen an einem Ort, bevor sie wieder weiterziehen. Sie bauen in 20 Minuten ein ganzes Dorf auf. Dazu brauchen sie ein paar haselnussähnliche Stecken und Baumblätter, und schon ist ein Haus gebaut. Die Rundhütten sind etwas höher als einen Meter und zwei Meter im Durchmesser. Drei Stunden waren vorbei und noch war keine Siedlung zu sehen. Sollten wir umkehren und zurückgehen? Nein, das wollten wir nicht, obwohl wir müde waren und nass vom Schweiß. Weiter ging unsere Erkundungstour, bis wir diese Urwaldbewohner endlich lärmen hörten. Sie kannten unseren Begleiter, und der stellte uns ihnen vor. Wie kleine Kinder kamen sie mir vor. Sie wollten uns ihre Hütten zeigen. Als ich eintreten wollte, musste ich mich fast auf den Bauch legen, um hineinzuschlüpfen. In dieser kleinen Hütte lebte eine ganze Familie. Alle schliefen auf dem Boden, der mit Blättern bedeckt war. Der Häuptling war so klein, er reichte mir knapp bis zur Brust. Er war ein stolzer Mann und schenkte mir einen Pfeilbogen, der mit Affenfell überzogen war, und ein paar Pfeile, die ich mitnehmen durfte. Die ganze Sippe wurde zusammengetrommelt, denn sie wollten uns noch einige ihrer Tänze zeigen. Ich staunte über die kindlichen Darbietungen dieser Menschen. Sie kamen mir vor wie zu Hause, wenn Kinder im Kindergarten spielten. Die Pygmäen leben von Beeren, Waldfrüchten und der Jagd. Sie trauen sich sogar, einen Elefanten anzugreifen, indem sie sich unter den Bauch des Dickhäuters schleichen und ihn von unten mit Speeren und Pfeilen erstechen. Ich versuchte mit meinem Begleiter als Dolmetscher den Anwesenden Gottes Wort zu verkünden und sie hörten andächtig zu. Wir bedankten uns noch bei ihnen und wünschten ihnen Gottes Segen. Leider mussten wir schon wieder aufbrechen, denn der Weg zurück war noch sehr weit.

Müde kamen wir am Abend wieder zurück zu unseren Kindern, die von unseren Freunden betreut worden waren. Wir waren dankbar, dass uns im dunklen Wald keine Schlange oder ein wildes Tier angegriffen hatte. Besonders die Wildschweine konnten gefährlich sein. Ich war dabei, als eines Tages eine Frau ins Krankenhaus eingeliefert wurde. Der Arzt fragte mich, ob ich zur Operation mitkommen wolle. Ich ging mit ihm in den OP und da lag die Frau auf dem Operationstisch. Sie war im Wald in ein Loch gefallen, das von Männern als Falle gelegt worden war. Unten in der Falle war aber schon ein Wildschwein, das sie am ganzen Körper gebissen hatte. Sie war schrecklich anzusehen. Der Arzt reinigte die vielen Wunden und nähte eine um die andere zusammen. Die Frau hatte starke Schmerzen und war ganz verwirrt. Der Doktor spritzte ihr ein Medikament gegen Starrkrampf und Tollwut und verband ihre vielen Wunden. Im Urwald gab es viele solcher Fallen. Manche waren so groß und tief, dass sogar Elefanten hineinfallen und von den Jägern getötet werden konnten.

Wir durften zwei Wochen in Oicha bleiben. Die amerikanische Missionarin war nervlich so am Ende, dass sie der Arzt so schnell wie möglich in die USA senden musste. Ein Kollege führte sie die lange Strecke durch den Edward Nationalpark zum Flughafen von Kampala in Uganda, von wo aus sie zurück nach Amerika flog.

16. Rückkehr nach Bogoro

Wir hatten die zwei Wochen der Erholung genossen und viel gesehen, doch nun galt es, ans Heimgehen zu denken. Die Unruhen waren noch nicht vorbei, doch es war Zeit, wieder mit der Arbeit zu beginnen. Die Menschen in Oicha waren sehr lieb gewesen und es fiel uns nicht leicht, uns von ihnen zu verabschieden. Meine beiden Männer, die ich benachrichtigt hatte, kamen wie abgemacht zum Auto und wir traten den 500 km langen Weg am frühen Morgen an. Wir mussten nicht so hetzen wie auf der Hinfahrt und konnten auch die Schönheit des Urwaldes betrachten. Die Sonne brannte auf das Auto herunter. Wir konnten nicht schnell fahren, denn die Straße war zu schlecht. Die Bäume waren dreimal so hoch wie diejenigen in den Schweizer Wäldern. Es gab so viele verschiedene Bäume, die sich durch die Farben der Blätter unterschieden. Wir sahen schöne Blumen und sogar Orchideen wuchsen an den Baumstämmen. Ich hielt an und pflückte einige dieser Schönheiten vom Baum, um sie zu Hause einzupflanzen. Verschiedene Affenarten fraßen hoch oben in den Baumkronen die Früchte der Bäume. Große und kleine Schmetterlinge, in vielen schönen Farben flatterten in der feuchten Luft. Die Größe und Schönheit dieser Tiere begeisterte mich. Hier und da rannten erschreckte Tiere über die Straße, auch Rieseneidechsen, und manchmal sahen wir Schlangen am Wegrand oder im Gebüsch. Wir begegneten fast keinen Autos und es gab im Wald auch keine Häuser. Wir fuhren an ein paar Afrikanern vorbei, die auf der Jagd waren, aber noch nichts geschossen hatten. Eine Stunde um die andere verging. Weil ich auf dieser schlechten Straße kaum 30 km/h fahren konnte, brauchten wir viel Zeit, bis wir am Ende des Waldes ankamen. Wir waren dankbar und froh, dass man uns noch ein Picknick mitgegeben hatte, das wir unterwegs genossen, während wir uns im Schatten eines Baumes ausruhten. Nun mussten wir nur noch drei Stunden fahren, bis wir zu Hause waren.

Außerhalb des Waldes war die Straße ein wenig besser. Hier sahen wir viele Häuser, in denen bis vor Kurzem noch Belgier gewohnt hatten. Doch nun waren sie völlig ausgeraubt. Zum Teil fehlten die Türen und Fenster und manche waren nur noch Trümmerhaufen. Das Wellblech war den meisten Häusern vom Dach gestohlen worden und die Hausmauern niedergerissen. Es sah trostlos aus und kein Mensch war mehr da. Die meisten Farmer waren getötet worden oder nach Belgien geflüchtet. Wir fragten uns, wie alles noch werden sollte, denn diese Farmer hatten viele Afrikaner beschäftigt. Nun waren sie weg und die Kongolesen waren ohne Arbeit und wussten nicht, wie sie überleben sollten. Die lange Fahrt war für die Kinder eine Qual. Wir hatten keine Kühlanlage im Auto und die Sonne brannte unbarmherzig auf uns herunter. Helga hatte alle Hände voll zu tun, damit die Kinder einigermaßen still waren oder schliefen.

Als wir in der Nähe von Bogoro ankamen und die Straße sich den Hügel hinaufschlängelte, wurde es langsam kühler und erträglicher. Die Leute auf der Station waren freundlich und freuten sich, dass wir wieder zurückgekommen waren. Kinder und Erwachsene kamen angerannt. Es gab eine stürmische Begrüßung mit Händeschütteln, Umarmungen und einige schmutzige Frauen küssten Helga. Immer wieder hörte man: »Wir sind so froh, dass ihr wieder da seid!« Wir waren auch glücklich, doch bedrückte es uns, dass wir ohne die Missionarin, die wir auf die Flucht mitgenommen hatten, zurückkehren mussten. Wir waren nicht nur einsamer, sondern die ganze Arbeit lastete nun auf uns. Zuerst machten wir die Kirchenbänke fertig, die wir vorher angefangen hatten. Helga sorgte für das Mädcheninternat und noch viele andere Arbeiten waren zu erledigen. Ein trauriges Erlebnis machte sie mit einigen Mädchen, die schon lange im Internat wohnten. Eines Abends rannten sie einfach mit Burschen davon und verheirateten sich auf heidnische Weise. Wir konnten uns nicht vorstellen, wie Mädchen, die schon lange eine christliche Erziehung genossen hatten, so etwas tun konnten. Doch im Allgemeinen hatte Helga mit den Mädchen viel Freude. Auch die Buchhaltung für die Schule machte meine Frau gern. Wir hatten einen Bücherladen begonnen, den führte sie nach der Rückkehr nach Bogoro weiter, ebenso die Betreuung der Frauen in der Klinik. Das Burscheninternat hatte vorher die Missionarin geleitet. Nun mussten wir auch dafür sorgen.

Während wir weg gewesen waren, hatten auch die Kongolesen auf der Station viel Schweres erlebt. Die politische Lage war immer noch angespannt – wie vor einem Gewitter. Wir wussten nicht, wie alles noch enden würde. Wir freuten uns sehr, dass wir wieder im eigenen Haus leben und in unseren Betten schlafen konnten und dass unsere Haushaltshilfen um uns waren. Unser Haus war nicht geplündert worden, denn die Afrikaner hatten es bewacht – dafür waren wir dankbar. Endlich konnten wir wieder mit der Arbeit fortfahren, die wir wegen der Flucht hatten liegen lassen müssen.

Die Lehrer hatten die Schule weitergeführt, doch auch sie waren irgendwie unsicher, denn in Bogoro war während unserer Abwesenheit viel passiert. Die Rebellen hatten alle Belgier in Lastwagen abtransportiert. Sie kamen mitten in der Nacht und nahmen sie mit. Die Menschen hatten keine Zeit sich richtig anzuziehen, oder ihre Sachen mitzunehmen, sie wurden wie Vieh behandelt. Die Christen waren sehr traurig über diese Entwicklung. Eines Tages fuhr ein Auto bei uns vor. Es war eine belgische Familie, die einen Kilometer von uns entfernt eine Farm hatte. Wir kannten sie nur oberflächlich. Der Mann erzählte uns, dass man sie vor Wochen mitten im Schlaf aus dem Haus gezerrt hätte und sie bis heute im Gefängnis gewesen wären. Er schilderte uns, wie man die Frauen im Gefängnis vergewaltigt habe, und wer sich wehrte, wurde erschossen. Die Familie wurde nun wieder freigelassen, doch ihr ganzes Hab und Gut war gestohlen worden. Helga lud die Belgier zum Mittagessen ein und da erzählten sie noch viel mehr von den schrecklichen Taten, welche die Simbas verübten.

Wie gut, dass wir zur rechten Zeit fliehen konnten. Zwar hatten wir auch Schlimmes erlebt, doch wir waren noch am Leben und dafür konnten wir Gott nicht genug danken.

Das Leben schien sich wieder zu normalisieren. Auch der Schulbetrieb lief befriedigend. Vreneli bemutterte Gisela, doch das Schwesterchen war noch viel zu klein, um mitspielen zu können. Wir legten oft eine Wolldecke auf den Rasen vor dem Haus. Da lag unsere Kleine und vergnügte sich mit ihren Händchen und den Spielsachen, die ihr gereicht wurden. Annemarie hatte stets ein Auge auf die Kinder und hütete sie gut, damit die Ameisen, Eidechsen oder Schlangen nicht zu nahe kamen. Weil der Rasen immer ordentlich geschnitten wurde, hatte man einen besseren Überblick.

Es war ein schöner, sonniger Tag, als am Morgen ein Auto vor unserem Haus anhielt und zwei Polizisten ausstiegen. Sie kamen an die Haustür und sagten: »Bwana na Madamu Hans«, so nannte man uns, »ihr müsst mitkommen, der Häuptling hat es befohlen!« *Was in aller Welt wollte der Häuptling von uns?*, fragten wir uns. *Wir haben doch nichts Böses getan!* Die Polizisten wussten auch nicht, was der große Mann von uns wollte. Während wir zu ihnen ins Auto stiegen, nahm Annemarie die Kinder und ging hinters Haus, damit sie keine Angst bekämen, wenn wir weg fuhren. Der Häuptling hatte ein kleines Dorf, in dem er mit seinen Frauen und Kindern wohnte. Dort war auch ein Haus für das Tribunal und nebenan war eine kleine Hütte für die Gefangenen. In dieses Gefängnis hinein stieß man Helga und mich. Wir protestierten, doch es half nichts, wir waren in diesem finsteren Raum gefangen und wussten nicht warum. Wir hatten gehört, dass ein belgischer Rechtsanwalt, der in unserer Nähe lebte, auch vom Häuptling eingesperrt worden war. Später holte man ihn heraus und er musste einen tiefen Graben ausheben. Er wusste nicht, wozu er das tun sollte. Als er lange geschaufelt hatte und durstig war, bat er um ein Glas Wasser. Ein Soldat nahm eine rostige Büchse und alle her-

Liebe Frl. Helga,

                 zu Ihrem Geburtstag
wünsche ich Ihnen Gottes reichen Segen
Möge der,der Sie bis heute versorgt und
geleitet hat, Ihnen auch weiter seine
Kraft und Segen schenken.
Römer 8, 37-39. ist mein Wunsch für Sie
Ganz herzlich grüsst Sie
                  Onkel Hans

Geburtstagsbrief (Kapitel 6)

Mein erstes Auto, in Bogoro (Kapitel 8)

Sarah, die Töpferin (Kapitel 8)

Hausbau (Kapitel 8)

Hans evangelisiert (Kapitel 8)

Das Gästehaus in Blukwa (Kapitel 9)

Blukwa Zauberer (Kapitel 9)

Zuhause von Vreneli und Helga in Bogoro (Kapitel 13)

Einweihung der aufgebauten Kirche in Bogoro (Kapitel 14)

Pygmäen Häuptling Oicha mit Hans (Kapitel 15)

Pygmäen Häuptling mit Familie (Kapitel 15)

Schlange (Kapitel 16)

Blukwa – Helga und Vreni malen (Kapitel 20)

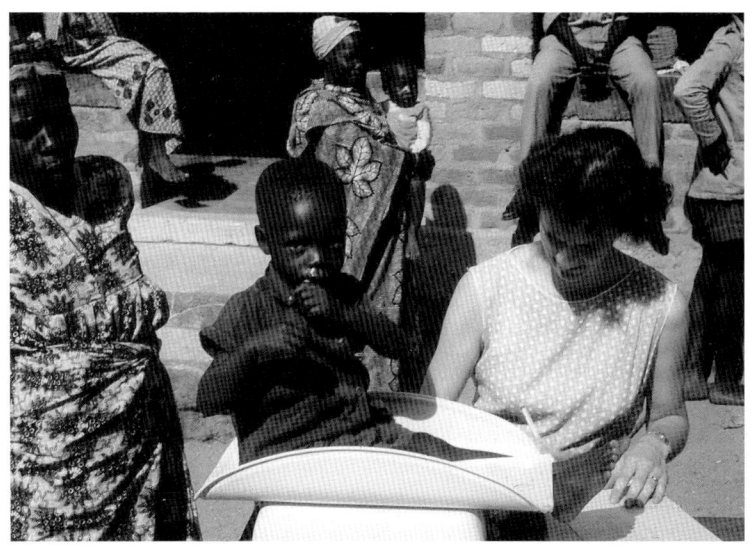

Blukwa Klinik – Helga bei der Elternberatung (Kapitel 20)

Kesup Internat (Kapitel 21)

Eldama Ravine – Kenia (Kapitel 21)

wiedergefundene Matratze (Kapitel 22)

Blukwa – Flugstreifen (Kapitel 23)

Blukwa – Kirchengerüst ohne Nägel (Kapitel 24)

Blukwa – Kircheneinweihung (Kapitel 24)

Blukwa – Hans mit Krücken, Gisela und Mirjiam (Kapitel 24)

Kongo Zoll mit Kindern (Kapitel 27)

Linga – Empfang vor dem Haus (Kapitel 28)

Rethy Internat (Kapitel 28)

Studentendorf in Linga (Kapitel 29)

Frauenschule in Linga (Kapitel 29)

Kinderstunde in Linga (Kapitel 29)

Linga – Kirchenbesuch in Buu (Kapitel 29)

Linga – Verkauf vor der Haustür (Kapitel 29)

Sand waschen im Tal (Kapitel 29)

Backsteinstoss, gebrannt (Kapitel 30)

gebaute Studentenhäuser (Kapitel 30)

Trompetenschule in Linga (Kapitel 32)

umstehenden Afrikaner spuckten hinein und der Belgier musste es trinken. Als der Graben tief genug war, brachte man ihn um und stieß ihn in den Graben hinunter. Helga und ich saßen nun in diesem dunklen Raum und fragten uns, was der Häuptling mit uns vorhatte. Wir dachten an unsere Kinder, wie es ihnen wohl ging. Wir wussten nicht, ob wir sie wiedersehen würden, und im Stillen hatten wir beide Angst. Wir beteten verzweifelt zu Gott, er möge uns befreien und vor solchen Dingen bewahren, die viele Gefangene vor uns erlebt hatten. Warum ließ Gott überhaupt zu, dass wir hier sitzen mussten? Diese Frage bewegte mich. In diesen Tagen gab es für Weiße keine Gerechtigkeit mehr. Wir hatten keine Rechte und waren den Kongolesen ausgeliefert. Die Zeit verging und nichts geschah. Wir hörten Schritte vor dem Gefängnis und hofften, dass uns jemand herausholen würde. Doch niemand öffnete die Tür und holte uns. Wie lange würden wir hierbleiben müssen? Es gab ja nicht einmal Betten oder Stühle. Wenn wir nur gewusst hätten, warum wir hier eingesperrt waren. Wir konnten an nichts denken, das dazu Anlass gegeben hätte. Die Zeit schien stillzustehen und das Warten wurde immer unerträglicher. Besonders der Gedanke an unsere Kinder machte uns nervös. Wie erging es ihnen? Konnte Annemarie sie gut ablenken und beschäftigen? Endlich wurde die Tür geöffnet und wir wurden dem Häuptling vorgeführt. Es waren noch ein Dutzend Kongolesen im Kreis um den Vorsitzenden. Alle schauten uns mit dunklen, hasserfüllten Augen an. Wir kamen uns vor wie Kriminelle. Nach einer langen Pause begann der Häuptling zu reden und schrie uns an. »Warum habt ihr gestern die Belgier zum Essen eingeladen?«, fragte er. »Wisst ihr nicht, dass es verboten ist, Feinde von uns zu beherbergen? Ihr seid Missionare und ladet unsere Feinde in euer Haus ein und gebt ihnen noch zu essen!«, brüllte er. Ich fragte ihn: »Ist denn Freundlichkeit Sünde? Wir sind Diener Gottes und Gott sagt in seinem Wort, dass wir alle Menschen lieben und ihnen helfen sollen.« Alle lachten, denn sie kannten das Wort Liebe nicht. Bei ihnen gab es nur Hass und Vergeltung. Ein anderer Kongolese beschuldigte uns und sagte: »Ein Missionar, der vor euch hier war, hat uns nicht gut behandelt. Dafür werden wir euch nun bestrafen!« Ich entgegnete ihm: »Der Missionar ist schon lange tot. Ihr könnt uns doch nicht für das bestrafen, was er damals getan hat!« So brachte jeder der Anwesenden eine ungerechte Anschuldigung vor. Was konnten wir dafür, dass Weiße nicht immer ehrlich waren und die Belgier die Kongolesen nicht immer gerecht behandelten? Wir konnten ihre Logik nicht verstehen und es war hart, all diese Anschuldigungen hinnehmen zu müssen. Der Häuptling und seine Richter hatten einen großen Hass auf alle Ausländer. Sie glaubten, dass sie nur im Kongo wären, um sie auszunutzen, und dafür wollten sie sich an uns rächen. Helga schaute kurz zu mir hinüber und ich verstand gut, was sie dachte: *Werden wir wohl wieder lebendig von hier wegkommen?* Die Verhandlung zog sich in die Länge und wir glaubten nicht mehr an ein gutes Ende.

Plötzlich hörten wir ein Motorengeräusch und ein Lastwagen hielt vor dem Gerichtsgebäude. Herein stürzten zwei Dutzend Blauhelme und kamen auf uns zu und befreiten uns blitzschnell. Der Häuptling und seine Mannschaft waren erstaunt und wir noch mehr. Wer hatte diese Soldaten der UNO von Bunia, der Distrikt-Stadt, die eine Stunde Autofahrt von hier entfernt war, geschickt, um uns im rechten Augenblick aus dem Gerichtsgebäude zu befreien? Es konnte nur Gott sein, der dieses Wunder getan hatte. Er wollte nicht, dass wir sterben müssten, denn wir hatten doch nur Gutes getan und seinen Willen erfüllt. Wir staunten und dankten Gott, dem kein Ding unmöglich ist. Die Soldaten begleiteten uns zu unserem Haus, damit wir unsere Kinder holen und Sachen packen konnten. Welche Freude war es, unsere geliebten Kinder wiederzusehen und sie an unsere Herzen zu drücken. Annemarie hatte gut auf sie aufgepasst und freute sich riesig, als sie uns kommen sah. Die Blauhelme erlaubten mir, mein Auto mitzunehmen und begleiteten uns in die Stadt. Die ganze innere

Anspannung wich von uns, als wir die Kinder wiederhatten und wussten: Wir sind frei. Gott wollte uns noch länger gebrauchen, um den Menschen dieses Landes zu helfen und die frohe Botschaft zu verkünden.

Der Feldleiter der Mission wohnte in der Stadt Bunia. Wir durften zu ihm und seiner Frau gehen. Die beiden waren hocherfreut, als sie uns sahen und hießen uns herzlich willkommen. Wie schön war es, bei lieben Menschen zu sein, die uns bewirteten und uns ihr Gästezimmer zur Verfügung stellten, damit wir uns von der seelischen Belastung erholen konnten. Unsere Gastgeber freuten sich sehr über unsere Kinder, denn sie hatten selber keine haben können. Zwar hatten sie einen Sohn adoptiert, der war aber schon älter. Der Feldleiter wollte genau wissen, was wir erduldet hatten, damit er bei der Lokalbehörde vorsprechen konnte. Wir schilderten ihm den Vorfall. Auch er war sehr erstaunt, dass der Häuptling so ungerecht war.

Wir genossen die Zeit, die wir in der Stadt haben durften, und ich hatte Gelegenheit, die Kirche und die Schule zu besuchen und den Lehrern Rat zu geben. In der Stadt lebten noch andere Missionare, und wir besuchten auch sie und hatten gute Gespräche und Gemeinschaft mit ihnen. Ich konnte auch meine Bankgeschäfte besorgen und mit dem Auto in die Werkstatt fahren. Für Helga war es wichtig, wieder einmal ausreichend einzukaufen, und so nutzten wir die Woche, die wir dort waren, für verschiedene Erledigungen.

Die Zeit verging schnell, und wir mussten wieder nach Bogoro zurückkehren. Wir bedankten uns beim Feldleiter und fuhren mit gemischten Gefühlen die Hügel hinauf und wieder hinunter, heimwärts. Die Menschen in ihren Dörfern am Wegrand waren freundlich wie immer, und wir bekamen neuen Mut, diesen armen Menschen zu helfen und ihnen Gottes Wort zu predigen. Als wir beim Dorf des Häuptlings vorbeifuhren, hatten wir ein seltsames Gefühl. All das Erlebte kam wieder in uns hoch, und wir fragten uns, wie sicher wir in Zukunft sein würden und wie der Häuptling reagieren würde, wenn er erfuhr, dass wir wieder zurück waren. Doch niemand belästigte uns, wir erreichten unsere Station und wurden von den Christen sehr freundlich begrüßt. Viele kamen und besuchten uns in unserem Haus, um uns zu zeigen, wie dankbar sie waren, dass wir es wagten, wieder zurückzukehren. Unsere Festnahme hatte sich in der Umgebung herumgesprochen, und die Menschen waren empört darüber. Am Abend setzten wir uns vor unser Haus, tranken Tee und schauten hinunter auf die große Ebene, den Albertsee und weit darüber hinaus sah man die Hügel und Dörfer von Uganda. *Wie schön wäre doch die Welt, die Gott geschaffen hat, wenn nicht die Menschen durch ihren Egoismus und die Sünde so viel zerstören und Hass und Furcht hineintragen würden!*, dachte ich.

Die Sonne ging langsam am Horizont unter. Es war Zeit, die Kinder für die Nacht vorzubereiten. Sie waren noch klein, doch auch sie hatten schon so viel erleben müssen, das sie prägte. Dennoch waren sie unser Sonnenschein und wir liebten sie über alles. Die Kinder waren es gewohnt, dass wir jeden Abend noch mit ihnen sangen und beteten, bevor sie einschliefen. Auch wir waren dankbar und freuten uns, dass wir uns niederlegen durften und uns der Gnade Gottes anbefehlen konnten. Er bewahrte uns, wir waren doch seine Diener, hatte der Häuptling überhaupt Macht über uns? Alle Macht gehört doch Gott im Himmel und auf Erden!

Weihnachten nahte und wieder einmal bereiteten wir uns auf das Fest der Liebe vor. In der Schule hatten wir Examen und dann hatten die Schulkinder drei Wochen Ferien. Am 24. Dezember ging ich in den Busch auf die Suche nach einem Weihnachtsbäumchen. Im Kongo gab es keine Tannenbäume, und überhaupt war es schwer, einen Nadelbaum zu finden. Ich suchte lange, bis ich tatsächlich ein kleines Eukalyptusbäumchen fand. Es hatte keine Nadeln, sondern Blätter. Wir schmückten es mit Silberfäden und selbst gebastelten Stanniolkugeln. Es war eigenartig, ohne Schnee und Kälte Weihnachten zu feiern. Draußen schien die Sonne heiß vom Himmel und im Garten blühten die Blumen. Das war für uns keine Weihnachtsstimmung, aber wir konnten auch ohne Schnee das Fest der Liebe feiern, denn es ging ja nicht um Gefühle, sondern um den Geburtstag des Sohnes Gottes, Jesus Christus. Das konnten wir auch unter der Tropensonne des Äquators feiern.

In der Weihnachtszeit hatten wir für die Afrikaner-Gemeinde eine große Konferenz auf der Station. Die Menschen kamen aus einem Umkreis von 100 km zu Fuß. Die einen erzählten uns, was der Herr in ihren Dörfern getan hatte. Andere kamen mit Fragen über die Schulkinder und die Probleme der Buschschulen. Es kam vor, dass sie mit bitteren Vorwürfen kamen, wie jener Lehrer, der eine Fahne haben wollte, eine Trommel, einen Fußball, Bücher und Hefte für seine einhundert Kinder. Ich erklärte ihm, dass es nicht möglich sei, jedem Schüler ein Buch und ein Heft zu geben, weil das sehr viel Geld kosten würde. Da ging er weg mit dem Vorwurf: »Wozu bist du denn da?«

Bei so vielen Menschen hatten wir viel vorzubereiten, denn die vielen Teilnehmer mussten eine Schlafgelegenheit haben und verköstigt werden. Die Afrikaner waren da nicht so kompliziert wie wir und hatten immer Raum in ihren Häusern. Die meisten von ihnen hatten ja keine Betten und schliefen einfach auf dem Fußboden. Da konnte man natürlich Unzähligen eine Schlafgelegenheit im Haus anbieten. So konnten über tausend Leute in ihren Hütten Platz finden. Die Vorträge fanden in der neuen Kirche statt. Zwar hatten wir noch keine Bänke für die Kirche herstellen können, doch die Afrikaner saßen ebenso gern auf dem Fußboden. In den Schulräumen fanden Seminare statt, die gut besucht waren. Die Woche verlief ohne Zwischenfälle. Wir waren erfreut, dass eine Anzahl Afrikaner zum Glauben an ihren Erlöser, Jesus Christus, fanden und andere im Glauben gestärkt wurden. Wir konnten sogar dreihundert einheimische Christen taufen. Sie hatten zwei Jahre lang in ihren Dörfern einen Kurs zur Vorbereitung auf die Taufe machen müssen, bevor sie getauft werden konnten. Erst danach wurden sie als Mitglieder in die Gemeinde aufgenommen. Gerade in dieser unsicheren, schweren Zeit brauchten unsere Christen Ermutigung durch Gottes Wort. Weihnachten war im Kongo beim Äquator eine heiße Zeit. Bäume und Sträucher blühten, und der Himmel war immer blau. Es regnete in dieser Zeit fast sechs Monate nicht und die Menschen waren dankbar, wenn wieder einmal ein Platzregen fiel, auch wenn er von gewaltigen Gewittern begleitet war und manchmal große Verwüstungen verursachte.

In unserem Haus feierten wir mit den Kindern ein schlichtes Fest. Helga machte einen Kuchen und Gebäck und die Mädchen bekamen ein Röckchen, das Helga vor unserer Ausreise in der Schweiz genäht hatte. Die Großmutter aus Wien hatte vor der Ausreise zwei kleine Puppen mitgegeben und die Kinder waren hocherfreut über die Geschenke. Jemand hatte uns aus Kampala ein paar Äpfel mitgebracht. Beide Mädchen bekamen als Überraschung einen halben Apfel. Sie saßen still auf den Stühlen und genossen diese kostbare Frucht so lange wie möglich. Äpfel konnte man nur in Uganda kaufen und deshalb war es für die Kinder fast ein Fest, wenn sie einmal einen halben Apfel genießen konnten. Zum Abschluss erzählte ich den Kindern die Weihnachtsgeschichte, und dann gingen sie – etwas später als sonst – fröhlich ins Bett, denn sie hatten ein schönes Fest feiern dürfen.

Neben der Schule und den Aufgaben auf der Station gingen wir treu jeden zweiten Sonntag in ein anderes Dorf, um die Menschen zu besuchen und einen Gottesdienst mit ihnen zu feiern. Die Menschen kamen immer von weit her und freuten sich, dass wir zu ihnen kamen. In einem Dorf kam ein alter Mann mit zerlumpten, schmutzigen Kleidern und trübem Ausdruck in die Versammlung. Als er Vreneli und Gisela sah, veränderten sich seine Züge und er wurde fröhlich. Nun kam er näher und sagte zu Vreneli: »Du süßes

Kind, wenn du groß bist, kommst du zu uns zurück und bist unsere Missionarin, ich lehre dich dann unsere Sprache. Gott segne dich!« Vreneli plauderte mit ihm, dann öffnete sie ihre Ärmchen, ging auf ihn zu und umarmte ihn. Das harte Herz des Mannes wurde weich, denn er schien sich sehr zu freuen. Sicher spürte er die kindliche Spontanität meiner Tochter und auch andere Menschen, die dort waren, freuten sich an unseren fröhlichen Kindern. Nach dem Gottesdienst wurden wir noch zum Tee eingeladen. Wir plauderten mit den Geschwistern, die auch bei uns saßen. An drei Orten im Busch konnten wir mit den Einheimischen zusammen neue Schulhäuser bauen. So entstanden enge Freundschaften, die Arbeit dehnte sich aus und Menschen entschieden sich, Jesus nachzufolgen.

Die Gemeinde wuchs, und wir dankten Gott, dass wir momentan wieder mehr Freiheit haben durften, denn eine lange Zeit vorher schränkten uns die Unruhen sehr ein. Inzwischen hatte Helga noch mehr Verantwortung übernommen. Sie machte jede Woche auf unserer Erste-Hilfe-Station eine Mütterberatung. Sie versuchte, den Frauen zu zeigen, wie man die Kinder ernährt, pflegt und erzieht, denn sie hatten wenig Ahnung davon. Auch das Problem der Hygiene wurde besprochen und die Krankenvorsorge. Sehr viele Frauen aus der Umgebung kamen zu diesen Zusammenkünften. Es war auch eine gute Gelegenheit, den heidnischen Frauen das Evangelium der Liebe Gottes zu verkündigen. Außerdem kam es vor, dass Frauen sich für Gott entschieden, was stets eine Freude für Helga war.

Ein schönes Erlebnis war, als in einem Gottesdienst im Busch ein alter Mann nach vorne kam. Er war von der Botschaft der Bibel angesprochen worden. Er wollte Jesus in sein Leben aufnehmen und Vergebung der Sünden empfangen. Die Leute kannten ihn alle und waren erstaunt, dass er diesen Schritt öffentlich wagte, denn er war ein Zauberer. Wir redeten mit ihm und zeigten ihm die Konsequenzen seiner Entscheidung. Der Mann war bereit, all seine Zaubergegenstände zu bringen, und wir hatten später einen Gottesdienst, an dem wir seine vielen Zaubergegenstände vor allen Anwesenden auf einem Feuer verbrannten. Der Zauberer, der Christ geworden war, arbeitete nachher treu in der Gemeinde mit und war frei von den bösen Mächten. Er wurde getauft, und die Christen freuten sich sehr, denn sie hatten sich vorher vor ihm und seiner Zauberei gefürchtet. Wie dankbar waren wir, dass sich Gott immer wieder als einer erwies, der Wunder wirkte und seine Gemeinde baute – nach innen und außen.

So vergingen die Jahre in Bogoro, die Kinder wurden größer und knüpften Freundschaften zu afrikanischen Kindern, die sie besuchten und mit denen sie spielten. Was uns immer wieder Mühe machte, waren die Moskitos, die jeden Abend, wenn es dunkel wurde, auftauchten und ihre Opfer suchten. Wir nahmen zwar wöchentlich zweimal Malariatabletten ein, dennoch hatten wir immer wieder hohes Fieber und mussten im Bett liegen, was besonders für die Kinder hart war. Manchmal war das Fieber so hoch, dass wir die ganze Nacht am Kinderbett wachen mussten, um zu versuchen, den Kleinen Flüssigkeit in den Mund zu geben, auch wenn es nur ein Teelöffel voll war, denn das Austrocknen ihrer Körper war eine große Gefahr.

Unser Hausdach war aus Wellblechplatten gebaut. Jeden Abend begann ein Kratzen auf dem Dach. Hunderte von Fledermäusen krochen unter den Dachrillen hervor, flatterten in der Nacht herum und fingen Mücken und kleine Käfer. Nach einer Weile schlüpften sie wieder in die Rillen zurück und schliefen den ganzen Tag. Es gab auch kleine Leuchtkäfer, etwas größer als Marienkäfer. Wenn sie mit ihren grün leuchtenden Körpern durch die Nacht flogen, konnte man sie im Dunkeln genau verfolgen. Auch große bunte Nachtfalter schwirrten in der Luft umher und versuchten, wenn möglich, in unsere Wohnung ans Licht zu kommen. Eines Morgens, als wir aufwachten, sah ich im Schlafzimmer neben dem Bett eine Schlange umherkriechen. Helga und ich erschraken und konnten nicht aus dem Bett gehen. Wir mussten warten, bis das Hausmädchen kam, um die Schlange mit einem Stock zu töten. Schlangen gab es überall. Später einmal lag ich in der Badewanne, die aus Backsteinen an die Wand gemauert war. Die Wand war aus unförmigen Steinen gebaut. Als ich im Wasser lag und zufällig auf die Wand blickte, sah ich, wie eine Schlange ihren Kopf aus einem Spalt in der Wand streckte und zu mir in die Wanne kommen wollte. Ich schrie, und die Haushaltshilfe kam mit einem Stock und schlug dem Angreifer den Kopf ab. Vor dem Haus gab es im Rasen daumendicke Löcher, darin hausten giftige Spinnen, und wir mussten sehr aufpassen, wenn die Mädchen dort spielen wollten. So lernten wir, vorsichtig zu sein und die Augen stets offen zu halten. So viele Gefahren lauerten dort! Jeden Abend, bevor wir ins Bett schlüpften, dankten wir Gott, dass er uns vor all den Gefahren bewahrt hatte – das war keine Selbstverständlichkeit! Wir waren seine Kinder, und unser Gott sorgte so treu für uns. Nicht jeder Tag war lauter Freude – manchmal war es eher dunkel und hart – doch Gott führte uns immer wieder ans Licht und gab uns Freude und Mut, ihm zu dienen.

Eine große Freude erlebten wir mit der gesamten Gemeinde. Schon lange übersetzten Bibelübersetzer die Bibel in Swahili. Schließlich konnte sie gedruckt werden, und wir freuten uns, endlich die Bibel in unserer Sprache haben zu dürfen. Leider wurden die im Druck befindlichen Bücher bei einem Brand in der Druckerei völlig zerstört. Es dauerte lange, bis sie wieder neu gedruckt werden konnten. Als uns die Bibelgesellschaft später die fertigen Bibeln sandte, freuten wir uns alle sehr. Endlich durften die Einheimischen das ganze Wort Gottes in den Händen halten. Da die Bibel umgerechnet fünf Schweizer Franken kostete, konnten sich jedoch viele Kongolesen keine kaufen, weil sie nicht so viel Geld hatten.

17. Wieder auf der Flucht (Limuru)

Die Ereignisse im Kongo überstürzten sich wieder einmal. Wir hörten im Radio gespannt die Nachrichten. Auch mit der Mission hatten wir jeden Morgen um 8 Uhr einen Funkkontakt. Eine Woche lang konnten wir unsere Missionsnachrichten nur ganz schlecht hören, weil es zu heiß war. An diesem Morgen wollten wir es gar nicht probieren, doch irgendwie schalteten wir das Funkgerät dennoch ein. Wir trauten unseren Ohren nicht recht, als wir die Meldung des Missionsleiters hörten, die er ernst und deutlich sprach: »Morgen müssen sich alle Kongomissionare der AIM an fünf verschiedenen Plätzen versammeln...!« So lautete die Nachricht des Feldleiters Dr. Becker. Das amerikanische Konsulat hatte der Mission den Befehl gegeben, das Land sofort zu verlassen, weil es zu gefährlich geworden war. Es rann uns heiß und kalt den Rücken hinunter. *Was? Schon wieder fliehen!*, kam es wie ein Verzweiflungsschrei aus unseren Herzen. Zudem war unser altes Auto fast nicht benutzbar. Und mit dem sollten wir fast 300 km bis Rethy fahren? Helga musste die Schulfinanzbücher schnell abschließen, und ich musste meine Verantwortung der Gemeindeleitung übergeben. Schlafen konnten wir diese Nacht wenig, und wir standen am Morgen müde aus dem Bett auf. Was sollten wir mitnehmen? Werden uns die kongolesischen Soldaten mit den Koffern durch die Straßensperren lassen? Wird das Auto noch bis Rethy fahren? Viele Fragen schwirrten durch unsere Köpfe, und es war nicht einfach, die richtigen Entscheidungen zu treffen. Zu schnell verrann die Zeit und zu allem kamen noch viele Kongolesen, um uns auf Wiedersehen zu sagen. Die Hausschlüssel vertrauten wir dem Pfarrer an, denn er wollte dafür sorgen, dass nichts gestohlen wurde. Um halb elf verabschiedeten wir uns von den Christen, die sehr traurig waren. Wir wussten nicht, ob wir sie je wiedersehen würden. Die Ältesten beteten noch mit uns und segneten uns. Dann fuhren wir los. Das Abschiednehmen war eine traurige Angelegenheit, denn auch unsere kongolesischen Geschwister waren der ständigen Gefahr ausgesetzt und taten uns leid.

Vreneli und Gisela hatten wenig Platz im Auto, weil wir so viel mitnahmen wie nur möglich. Unsere Mädchen waren besonders arm dran, denn sie wussten noch nicht recht, warum wir schon wieder fliehen mussten. Wir versuchten, ihnen nicht zu zeigen, wie unsicher und voller Angst wir selbst waren, denn sie sollten nicht auch noch darunter leiden müssen. Die Fahrt war mühsam, weil die Straße in einem sehr schlimmen Zustand war. Immer wieder machten Soldaten Kontrollen. Einige waren freundlich, vielleicht weil wir Kleinkinder im Auto hatten, oder weil wir ihnen leidtaten. Es standen zwar viele Kongolesen neben der Straße in der Nähe der Dörfer und schauten uns verwundert nach, doch wir konnten uns nicht freuen, wenn sie uns winkten. Mal fuhren wir steil einen Hügel hinauf, mal wieder hinunter. Manchmal passierten wir grüne Wiesen, auf denen Kühe und Schafe grasten. Dann ging die Straße durch Wälder oder Sumpfgebiete. Die Route war uns vertraut, denn wir waren diese Strecke früher schon oft gefahren. Aber heute konnten wir uns nicht an der Landschaft und den Tieren, denen wir begegneten, freuen. Unsere Gedanken waren getrübt und die Frage war stets da: Wohin werden wir gehen und was wird aus uns werden? Auf dem Weg machten wir Halt, um uns mit einem Sandwich und etwas zum Trinken zu stärken. Besonders die Kinder waren hungrig und durstig, denn es war sehr heiß. Wie durch ein Wunder kamen wir unversehrt in Rethy an und waren verwundert, wie viele Missionare schon dort waren. Über Nacht konnten wir dortbleiben, und am nächsten Tag kamen noch die letzten Weißen dazu.

Am Freitag nach dem Mittagessen kamen noch UNO-Soldaten, die uns bis zur Grenze von Uganda begleiten sollten. Es war ein langer Konvoi von 30 Autos, der den Hügel hinunterfuhr, eine gute Stunde bis nach Mahagi, dem Grenzort des Kongo. Anstatt zum Zollhaus zu fahren, wurden wir mitten im Dorf von Soldaten angehalten und mussten alle ins Gefängnis. So nah waren wir dem Ziel, und nun waren wir enttäuscht und wussten nicht, was mit uns geschehen würde. Es war eine schlechte Stimmung im Gefängnis. Kinder weinten, und Mütter und Väter wussten nicht, wie die traurigen Kinder zu trösten waren. Wir versuchten, uns gegenseitig Mut zu machen und verbrachten viel Zeit mit Beten und Hoffen. Solche Stunden waren lang und nervenzerreibend. Die Zeit schien still zu stehen, denn nichts bewegte sich. Wir waren hungrig und durstig. Die Kinder waren unruhig und müde, und die Sonne brannte vom Himmel auf uns nieder, denn das Gefängnis hatte kein Dach, nur hohe Mauern. Wir mussten an unsere Geschwister in Bogoro denken und fragten uns, wie sie diese unsichere Zeit erleben würden. Eine Frage stand immer vor uns: Ob wir je wieder zu ihnen zurückkehren konnten, oder ob sie nun für immer ohne Missionare bleiben mussten? Warum musste überhaupt Krieg sein, warum musste man sich ermorden und töten? Gott wollte doch Frieden auf Erden, das haben die Engel bei der Geburt Jesu in Bethlehem gesungen: »Friede auf Erden und den Menschen ein Wohlgefallen.« Das ist doch Gottes Wille für die Menschheit. Warum war es so schwer, Frieden zu haben? Gott hat doch die Erde so schön gemacht, und wir könnten es so gut haben. Doch der Mensch ist von Jugend auf böse, das lesen wir in der Bibel, und wie wahr war es doch. Wir waren nicht die Einzigen, die im Gefängnis festgehalten wurden. Auch Belgier und Griechen, die geflüchtet waren, saßen dort. Auch sie hatten alles verlassen müssen, um ihr Leben zu retten. Wir fragten uns, warum die UNO-Soldaten nicht mehr für uns tun konnten. Endlich hörten wir die frohe Kunde: »Macht euch bereit, wir können weiter!« Welche Befreiung war das, doch wir waren ja immer noch im Kongo und wussten nicht, was wir am Ausreise-Zoll des Kongo und am Einreise-Zoll von Uganda erleben würden.

Nun begann der Exodus der vielen Menschen, die im Gefängnis festgehalten worden waren. Alle wollten möglichst rasch in die Freiheit, doch so viele Menschen drängten sich auf der Straße. Es waren nur knapp zwei Kilometer bis zur Grenzstation. Wir kamen gegen Mitternacht dort an, und dann begann ein langes Warten. Bis alle Formalitäten erledigt waren, brauchten wir Geduld und Zeit. In unseren Herzen mischten sich Trauer und Dankbarkeit, als wir schließlich den Kongo verlassen hatten.

Der ugandische Zoll war zwar in der Nähe, aber auch dort konnte man nicht einfach durchgehen. Die Zöllner schauten die Papiere genau an, bevor sie die Bewilligung zur Einreise gaben. Wir erhielten ein Durchreisevisum, worauf vermerkt stand, dass wir nicht lange in Uganda bleiben, sondern nur durchreisen dürften. Goli hieß die Ortschaft beim ugandischen Zoll, einen Kilometer von der Grenze entfernt. Nun waren wir in der »Freiheit« und doch durften wir nicht hierbleiben. Wir wussten nicht, wohin wir letztlich gehen sollten. Wir waren Heimatlose und fragten uns, wie alles enden würde. Dankbar waren wir, in einem alten Lagerhaus Unterschlupf finden zu können. Wir hatten zwei Tischmesser, das war der einzige Hausrat, den wir dabei hatten. Helga versuchte mit zwei alten Pfannen, die wir auftreiben konnten, den Haushalt zu führen. Da wir keine Stühle hatten, benützten wir Kisten, die wir fanden, um darauf zu sitzen. Da kein Wasser vorhanden war, holten wir es unten im Tal. Es gab keine Toilette in der Umgebung, denn wir waren im Busch. Als Betten benutzten wir einige alte Eisengestelle, auf denen wir ohne Matratzen schlafen mussten. Das Warten auf den Morgen schien endlos. Die Mädchen fragten uns immer wieder: »Wann gehen wir wieder heim?« Sie waren verwirrt und verängstigt von all den Erlebnissen. Als einmal ein Afrikaner in die Nähe kam, schrien sie furchtbar, denn sie hatten Angst vor ihm. Wir lebten ein ärmliches, primitives Leben, doch wir waren in der Freiheit und lebten noch. Die Zeit in Goli war nicht einfach für uns. Es gab aber immer wieder etwas zu sehen und darum war es nicht allzu langweilig.

Als die kongolesischen Rebellen sogar über die Grenze nach Uganda herüberkamen, wurde die ugandische Armee an die

Grenze beordert. Sie hatten ihr Lager ganz in unserer Nähe auf-
geschlagen. Wir bekamen eine gewisse Sicherheit, doch dadurch
war Tag und Nacht Lärm, sodass wir kaum Ruhe hatten. Wir
beobachteten den großen Flüchtlingsstrom vom Kongo her über
die Grenze. Sogar Soldaten, die wir schon früher gesehen hatten, flüchteten. Wir sprachen mit einem, den wir kannten. Er
hatte seine zerfetzte Uniform mit privater Kleidung getauscht.
Er erzählte uns Folgendes: »Wir waren zwölf Soldaten, die an
der Grenze des Kongo stationiert waren, als vier Rebellen kamen.
Als wir sie sahen, rannten wir mit unseren Gewehren davon. Wir
wussten, dass die Rebellen verzaubert waren. Sie hatten ihre
Stirn mit Rauschgift beschmiert, das machte sie ganz wild. Wenn
wir mit unseren Gewehren auf sie geschossen hätten, wären die
Kugeln an ihnen abgeprallt, auf uns zurückgeflogen und hätten
uns getötet«, so hatte man ihnen erklärt. »Die Rebellen haben
Dawa (Zaubersalbe), sodass ihnen überhaupt nichts geschehen
kann.« Wir hörten die unmöglichsten Geschichten von Flüchtlingen, die nach Uganda kamen. Sie sahen, wie jeden Tag im Kongo
Menschen brutal zerschnitten und zerhackt wurden. Griechen
und Belgier, die ihr ganzes Leben im Kongo gelebt hatten, berichteten, dass sie gezwungen wurden, an den täglichen Hinrichtun-
gen dabei zu sein und zuzuschauen, wie diese grausamen Taten
vor dem Lumumba-Denkmal vollstreckt wurden. In Bunia wurden täglich zehn Kongolesen hingerichtet. Man schnitt ihnen die
Ohren oder die Zunge ab oder der Bauch wurde aufgeschlitzt und
der Sterbende musste seinen Körperteil vor ihren Augen essen.
Welch barbarische, unerträgliche Methoden wurden praktiziert,
um die Menschen zu töten! Wer nicht schnell starb, wurde mit
Benzin übergossen und lebend verbrannt. Noch andere Dinge
geschahen, die man gar nicht aussprechen durfte. Wir konnten
nur immer wieder Gott danken, dass wir im rechten Moment
geflüchtet waren, und baten Gott, dass er dieser teuflischen
Bewegung ein Ende setzen möge. Und dass er dem Kongo noch

einmal eine Zeit geben möge, in der das Evangelium in die Dörfer und die weite Umgebung dieses geplagten Landes hineindringen könnte.

Welche Erlösung war es für uns, als wir nach fünf Tagen die Bewilligung erhielten, unter Aufsicht der ugandischen Polizei nach Kenia weiterfahren zu dürfen. Natürlich mussten wir uns strikt an ihre Vorschriften halten. Wir packten unsere drei Koffer und fuhren mit unseren Mädchen 450 km auf holprigen Straßen durch Busch und Steppe in die Hauptstadt Kampala. Wir gingen in das Gästehaus Namirembe, der ›Church of England‹, das sich auf einem der sieben Hügel der Stadt befand. Dort waren schon viele Flüchtlinge, und einige davon kannten wir. Wie gut war es, all die grässlichen Geschichten, die uns bedrückten, etwas zu vergessen und uns mit anderen Menschen auszutauschen.

In der Stadt konnten wir noch die wichtigsten Sachen kaufen, die wir für die Weiterreise brauchten. Da wir keine Aufenthaltsbewilligung für Uganda hatten, mussten wir weiterfahren. Die nächste Station war Eldoret, 350 km weit, in Kenia. Die schlechte Naturstraße führte wieder durch einsame Steppen und hügeliges Land. Das Linksfahren machte mir Mühe, denn in ganz Ostafrika galt: *lefthand drive.* In Eldoret warteten alle Kongo-Missionare zu einer Bestandsaufnahme. Die Missionare wurden auf verschiedene Stationen in Uganda, dem Sudan, Kenia und Tansania verteilt. Wer mehr als drei Jahre auf dem Missionsfeld gedient hatte, konnte in den Urlaub gehen. Das traf auch auf uns zu. Wir durften nach Limuru in der Nähe von Nairobi gehen. Dort konnten wir bleiben, bis alle Formalitäten erledigt waren. Die Philips, unsere Gastgeber, waren nette Leute, die liebevoll für uns sorgten. Da sie keine Kinder hatten, freuten sie sich besonders an Vreneli und Gisela. Vreneli war schon zweieinhalb Jahre alt und Gisela ein Jahr. Sie konnten schon gut miteinander spielen. Die Kinder waren überrascht, weil sie so viel sahen, das ihnen fremd war, denn im Busch hatten sie nur wenig gehabt.

Einmal fuhren die Philips mit uns in die Stadt Nairobi: Das war ein Erlebnis für uns! Da wir nur vorübergehend in Limuru sein konnten, fragten wir uns, wann wir wieder von dort weiterziehen würden. Im Kongo war die Situation nicht besser geworden, sodass wir von der Missionsleitung die Bewilligung erhielten, in die Schweiz zurückzukehren. Wir freuten uns und buchten in Nairobi gleich den Flug, um nach Zürich zu fliegen. Es war für uns eine echte Befreiung von dem Druck, in dem wir ständig gelebt hatten. Wie gut, dass wir in ein Land gehen durften, wo Freiheit und Frieden hochgehalten wurden. Wir versuchten auch uns vorzustellen, wie unsere Eltern und Geschwister nach diesen Jahren aussehen würden, denn Jahre verändern Menschen. Da wir manchmal Monate warten mussten, bis wir wieder Post von ihnen erhielten, wussten wir nicht immer, wie es ihnen ging und was sie erlebten. Auch unsere Mädchen waren gespannt, wie es in der Schweiz aussah, wo die Großeltern wohnten und wie sie aussahen. Wir hatten schon immer versucht, ihnen alles zu erklären und ihre Fragen so gut wie möglich zu beantworten, doch die Fantasie der Kinder war so rege, dass es unmöglich für sie war, ein klares Bild der Realität zu erhalten. Doch nun war es soweit, bald durften sie alles selbst erleben. Unsere Eltern hatten die beiden Mädchen noch nie gesehen – welche Überraschung und Freude sollte es für sie werden!

18. Mein zweiter Heimaturlaub

Es war für uns ein Erlebnis, nach vier Jahren der Spannung, Unsicherheit und Probleme wieder in einem Land zu sein, in dem wir Freiheit und Schutz hatten. Wir freuten uns, als wir unsere Eltern, Geschwister und Freunde nach so langer Zeit wiedersehen durften. Es war eigenartig, wie sehr wir uns verändert hatten. Meine Eltern waren erstaunt, dass ich nicht mehr gut Aargauerdeutsch sprach, denn im Kongo sprachen wir Swahili, Französisch und Englisch. Am Anfang waren die Kinder schüchtern, denn für sie waren die Großeltern fremd, sie hatten sie ja noch nie gesehen. Meine Eltern hatten große Freude, uns für kurze Zeit bei sich zu haben und wollten uns verwöhnen. Die Kinder schauten ihre Großeltern, Tanten und Onkel verwundert an und wir mussten ihnen erklären, wie sie alle hießen. Welche Freude, wieder in der Heimat zu sein und einige Tage von den Eltern verwöhnt zu werden. Doch wir konnten nicht die ganze Zeit bei ihnen bleiben, und so zogen wir in Degersheim bei St. Gallen in die kleine Dachwohnung einer Pension ein. Die Schweizerische Missionsgemeinschaft (SMG) in Küsnacht, welche unser Schweizer Arbeitgeber war und so unsere finanzielle Unterstützung in Afrika regelte, hatte uns diese Wohnung zugewiesen. Zuerst durften wir uns etwas ausruhen, bevor wir unseren Reisedienst begannen. Wir hatten viel Besuch von den Eltern aus Wien und Freunden, die uns sehen wollten, und so verging die Anfangszeit wie im Flug.

Helga erwartete unser drittes Kind und wir waren stets in Spannung, wann es zur Welt kommen würde. Sie wollte nicht im Spital gebären, denn im Dorf war ein gläubiger Arzt, und auch eine Hebamme wohnte nicht weit von Degersheim entfernt. Nichts deutete auf eine rasche Niederkunft hin. An einem Tag ging ich wie immer mit den Kindern zwei Etagen tiefer in den Speisesaal zum Mittagessen. Helga hatte sich hingelegt, denn sie war müde und wollte nicht zum Essen mitkommen. Wir genossen die Mahlzeit. Plötzlich hörten wir Helga rufen, doch wir aßen ruhig weiter. Als wir endlich hinaufkamen, hatten Helgas Wehen eingesetzt, und der Kopf des Säuglings war bereits sichtbar. Ich sagte zu Helga: »Halte zurück, ich rufe die Hebamme an!« Als sie eilends kam, war das Kind schon halb geboren. Auch der Arzt war inzwischen gekommen, und als er ein wenig auf Helgas Bauch drückte, kam viel Blut heraus und wir mussten Helga mit Blaulicht nach Herisau ins Krankenhaus fahren. So endete die scheinbar harmlose Geburt mit Schrecken. Im Spital wurde Helga genäht und sie musste einige Tage dortbleiben. Hätten wir den Arzt nicht kommen lassen, wäre Helga innerlich verblutet. Auch diesmal durften wir wieder Gottes Hilfe erleben, der seine Hand über der Mutter gehalten hatte.

Jetzt hatten wir unsere dritte Tochter: Mirjam Elisabeth. Sie hatte schwarze Haare; Vreneli und Gisela waren blond. Oft wurden wir gefragt, weshalb die Mädchen, welche in Afrika geboren wurden, blond seien und Mirjam, die in der Schweiz geboren wurde, schwarze Haare hatte. Was sollten wir darauf antworten? Helga erholte sich wieder und die beiden älteren Geschwister bemutterten ihre kleine Schwester liebevoll. Es wurde Winter und für die Kinder war der viele Schnee ein besonderes Erlebnis. Sie liebten es, im Schnee zu toben und zu spielen und mit dem Schlitten zu fahren, denn Schnee kannten sie nur aus Bilderbüchern.

Bald wurde die kleine Dachwohnung für uns zu eng, und wir durften nach Heiligenschwendi am Thunersee umziehen. Das Haus war großzügig und praktisch gebaut. Es diente Missionarsfamilien im Heimaturlaub. Die Hauseltern boten uns ihre Hilfe an. Wenn wir einmal ohne Kinder wegfahren mussten, sorgten sie für die drei. Auch lernten wir andere Missionare kennen, und es war sehr schön, sich mit ihnen auszutauschen und zu erfahren, was sie auf den verschiedenen Missionsfeldern alles erlebt hatten. Die Aussicht vom Balkon des Hauses über den See und die Berge begeisterte uns, und wir dankten Gott, dass wir für ein halbes Jahr hier in der Bergwelt leben durften.

Unser Leben blieb nicht mehr so ruhig, denn wir mussten oft wegfahren und an verschiedenen Orten Diavorträge halten. Dann kamen wir manchmal sehr spät in der Nacht wieder zurück. Zwischendurch fuhren wir mal nach Wien zu Helgas Eltern und Verwandten und hatten auch dort viele Missionsvorträge. Alle Freunde und Beter wollten uns sehen und hören, was wir alles erlebt hatten.

Eine Woche lang mussten wir in Tübingen verbringen und uns im Tropeninstitut gründlich untersuchen lassen. Wir hatten Amöben und andere Würmer, die wir behandeln lassen mussten. Helga hatte sogar einen Bandwurm, der sehr heimtückisch war. Helgas Eltern besuchten uns einige Male in der Schweiz. Für den Schwiegervater war es jedes Mal ein großes Ereignis, wenn wir mit ihm in die Berge fuhren. Da fühlte er sich wohl und strahlte über das ganze Gesicht. Wenn er dann noch seine kleine Enkelin auf die Arme nehmen durfte und sie an sich drückte und küsste, war er stolz. Auch meine Eltern aus dem Aargau kamen gerne zu uns und genossen die Schönheit der Bergwelt.

Doch die Zeit verging schnell, und wir mussten ernsthaft prüfen, ob wir mit den drei Kindern wieder in den Kongo zurückkehren sollten. War es zu verantworten, mit drei kleinen Mädchen in ein Land zu gehen, welches vom Krieg gepeinigt war und keine Infrastruktur mehr hatte? Natürlich hätten wir in der Schweiz oder Österreich auch dem Herrn dienen können. Wir beteten viel und baten Gott um Weisung, denn er hatte uns in den Kongo berufen und er konnte uns nun auch in ein anderes Missionsfeld schicken. Wir wollten die Entscheidung nicht selbst fällen, sondern dahin gehen, wo Gott uns haben wollte. Wir waren bereit, wieder in den Kongo zurückzugehen. Gott gab uns schließlich die innere Gewissheit, dass es der Kongo war. Diesmal war es gar nicht so einfach. Die Familie war inzwischen auf fünf Personen angewachsen, und da mussten wir gut überlegen, was alles einzukaufen war. Wir planten, wieder vier Jahre in Afrika zu arbeiten.

Im Kongo konnte man fast gar nichts kaufen und nach Kampala musste man gut zwölf Autostunden fahren.

Wir hatten Kontakt mit den Geschwistern im Kongo. Unser Feldleiter, Dr. Becker, der das Urwaldrankenhaus in Oicha mit 4000 Patienten leitete, erhielt von den Einheimischen keine Erlaubnis, das Krankenhaus mit den vielen Kranken zu verlassen. Er, seine Frau und noch drei andere Weiße blieben in Oicha zurück. Eine Woche nach unserer Flucht rief er alle Verantwortlichen der Kirchen im großen Umkreis zu sich und beriet mit ihnen, wie alles weitergehen sollte. Die Kirchenleiter baten ihn eindringlich, sie nicht zu verlassen. Sie wollten alles tun, um ihn zu schützen. Sie baten ihn, dass er doch die geflohenen Missionare wieder zurückrufen möge, da sie ihre Hilfe dringend brauchten. Die afrikanischen Christen liebten uns, es waren die Heiden, die uns nicht haben wollten. Auch aus Bogoro erhielten wir Briefe von den Einheimischen, die uns grüßten und baten: »Kommt doch wieder zurück, wir brauchen euch sehr!« Sie schrieben, dass sie viele Probleme hätten und doch versuchten, so gut als möglich die Arbeit weiterzuführen. Zwar konnten sie den Lehrern keine Gehälter mehr bezahlen, aber dennoch führten sie ihre Arbeit fort. Arona, der Pfarrer, schrieb: »Es gibt viele Schwierigkeiten hier, und wir sind traurig, dass die ›Freiheit‹, die wir erhofften, so viel Not brachte – betet für uns!« Der Krankenpfleger von Bogoro schrieb, dass er fast keine Medikamente mehr erhalten könne: »Viele Kranke kommen jeden Tag hierher, doch wir können ihnen nur selten helfen.« Die Hebamme hatte im Monat 14 Geburten, aber fast kein Material zur Pflege der Kinder. All diese Nachrichten machten uns traurig und zeigten uns, wie wichtig unser Zurückgehen war. Die SMG war für die Weiterleitung der Spende verantwortlich und gab uns bekannt, dass wir genügend Spenden erhalten hatten. Sie organisierten unsere Schiffplätze von Genua nach Mombasa. Wir hatten unsere Impfungen erhalten, nur die Visa für den Kongo waren noch nicht da. Wir hatten schon fünf Monate darauf gewartet, doch wir vertrauten Gott und baten ihn, dass sie noch rechtzeitig eintreffen würden. Und er erhörte unsere Gebete.

Eine große Freude war für uns die Zusage einer jungen deutschen Lehrerin, mit uns in den Kongo zu kommen. Wir hatten sie vor vier Jahren bei einem Missionsvortrag in Deutschland kennengelernt. Sie war eine Schülerin der Missionsschule Beatenberg und an unserer Arbeit im Kongo interessiert. Wir waren in Kontakt mit ihr geblieben, und nun war sie bereit mitzukommen. Sie war gelernte Haushaltsschullehrerin und hatte zusätzlich noch die Bibelschule absolviert. Sie war von der Mission angenommen worden und sollte in Blukwa eine Haushaltsschule aufbauen. Wie dankbar waren wir für diese neue Missionarin und nahmen sie freudig in unsere Obhut. Da uns die Mission nicht mehr nach Bogoro, sondern nach Blukwa senden wollte, mussten wir an diesen Ort reisen.

Wir begannen einzukaufen und zu packen und langsam unseren Lieben auf Wiedersehen zu sagen. Der Gedanke ans Abschiednehmen fiel uns sehr schwer, denn auch die Eltern waren nicht mehr jung und wir mussten daran denken, dass wir sie unter Umständen nie mehr auf dieser Welt sehen würden. Die Koffer und Kisten stapelten sich immer höher. Ich wollte noch einen kleinen Generator mitnehmen, damit wir am Abend einige Stunden Licht hätten. Ein großes Wunder erlebten wir, als uns die Firma Peugeot einen Stationswagen schenkte, den wir mitnehmen konnten. Christen schenkten uns Dinge, die wir für den Kongo benötigten. Als alles gepackt war, brachten wir die Kisten nach Zürich zu Kuoni, damit sie mit dem Riesenschiff mitkämen, das wir von Genua bis Mombasa in Kenia gebucht hatten. Das Heimaturlaubsjahr war so schnell vergangen. Wir dachten bereits nicht mehr an die 150 Vorträge zurück, die wir während dieser Urlaubszeit hatten halten dürfen. Wir hatten alte Freunde besucht und neue dazugewonnen, dafür waren wir Gott dankbar. Der Abschiedstag war gekommen. Helgas Mutter begleitete uns bis Genua und dann nahmen wir auch von ihr unter vielen Tränen Abschied.

19. Dritte Ausreise in den Kongo

Unsere kleine Schiffskabine war vollgepackt mit Koffern. Sogar den kleinen Generator konnten wir unter ein Bett schieben. Es war uns wichtig, dass wir alles verstauen und mitnehmen konnten. Für die drei Mädchen war es eine neue Erfahrung, zwei Wochen auf einem so großen Schiff zu leben. Sie liebten die guten Speisen und die Bedienung. Die meisten Passagiere waren Italiener, darum konnten wir nicht mit ihnen reden. Das Schwimmbecken auf dem Deck war der Lieblingsplatz unserer Mädchen. Da konnten sie sich austoben. Auf dem Schiff waren über tausend Passagiere. Darum wurden die Mahlzeiten in verschiedenen Schichten serviert. Von Genua fuhr der Meerriese Lloyd Triestino nach Port Said in Ägypten und durch den Sueskanal Richtung Somalia und Kenia. Je mehr wir uns Afrika näherten, desto heißer wurde es, und die Kinder fühlten sich nicht mehr wohl. Sie bekamen Hitzeausschläge am ganzen Körper, was sehr juckte und brannte und sie sehr unruhig machte. Da bekamen sie einen Vorgeschmack von Afrika.

Im Indischen Ozean hatten wir einen starken Sturm. Das Schiff konnte nur noch langsam vorwärts fahren, und fast alle Passagiere wurden seekrank – der Speisesaal war fast leer, bis der Sturm wieder vorüberging. Bis dahin saßen wir oft auf dem Deck und sahen den großen Fischen zu, wie sie aus dem Wasser sprangen. Wenn wir an einem anderen Schiff vorbeifuhren, winkten wir einander zu. Es wurden auch Feste auf dem Deck abgehalten, und die Kinder freuten sich immer, wenn sie sich verkleiden konnten und einen Drink bekamen. Der Sonnenuntergang war ein weiterer Höhepunkt der Schiffsreise. So groß und rot hatten die Kinder die Sonne noch nie gesehen. Besonders staunten wir im Roten Meer, als die Sonne über der großen Wüste unterging. Doch hier war die Hitze so groß, dass wir kaum noch aus dem gekühlten Aufenthaltsraum gingen. Sogar der Wind war heiß und trocken.

In Mogadischu machte das Schiff den ersten Halt, doch wir konnten nicht an Land gehen. Hier hatten wir mehr als die Hälfte unserer Seefahrt hinter uns, und der Rest der Fahrt bis Mombasa wurde angenehmer und etwas kühler. Obwohl das Schiff nicht mehr so stark schaukelte, spürten wir dennoch ein wenig die Seekrankheit und wir waren froh, als wir um Mitternacht im Hafen von Mombasa an Land gehen konnten. Nun war die Schifffahrt zu Ende und wir standen auf kenianischem Boden. Es dauerte lange, bis wir uns wieder an das Festland gewöhnt hatten. Ungeachtet unserer Müdigkeit von der langen Fahrt mussten wir all unsere Gepäckstücke durch den Zoll schleppen und aufpassen, dass uns niemand etwas stahl, denn es gab viele fragwürdige Gestalten, die jede Gelegenheit dazu wahrnahmen. Auch die drei Mädchen ließen wir nicht aus den Augen, sie waren noch zu klein und sorglos. Wir konnten nicht weitergehen, denn erst am nächsten Tag wurde unser Peugeot ausgeladen. Beim Verladen wurde der Zündschlüssel des Autos beschädigt. Da er eine Lenkradsperre hatte, konnte der Wagen nicht einmal geschoben werden. Ich hatte glücklicherweise einen Reserveschlüssel bei mir, aber dennoch mussten wir wieder einen Tag länger in der brütenden Hitze warten. Dann kamen noch die Formalitäten für das Auto hinzu. Wie froh waren wir, als wir endlich den Wagen in Besitz nehmen und beladen konnten, um die 200 km lange Strecke nach Nairobi per Auto anzutreten. Wir hatten so viele Dinge mitgebracht und verstauten sie im Auto und auf dem Gepäckträger. Als wir fertig waren, hatten die Kinder nicht mehr viel Platz und mussten sehr eingeengt sitzen, was für die lange Inlandfahrt ungemütlich war. Für die Kinder waren das lange Warten und die Hitze, der Hunger und Durst ein erster Vorgeschmack auf das Leben in Afrika.

Nun waren wir bereit für die Fahrt ins Landesinnere. Es war für mich eine Umstellung. Erstens musste ich in Ostafrika links fahren, und dann machten uns allen die schlechten Straßen Mühe, denn es gab große Steine und Schlaglöcher und im Wald waren es die Baumwurzeln, die teilweise über der Straße wuchsen. Da die Straßen uns auch durch den Nationalpark führten, begegneten wir vielen wilden Tieren. Manchmal lagen sie sogar mitten auf der Straße, und wir mussten anhalten und warten, bis sie die Straße freigaben. Die Kinder freuten sich, wenn wir ganz nah an Elefanten vorbeifuhren. Es gab viele Zebras und Buschböcke, ebenso Giraffen, die sich mit ihren langen Hälsen bückten, um Gras und Blätter zu fressen. Strauße rannten umher, und sogar Schlangen schlichen über die Straße. Einmal saß ein Rudel Paviane im Weg. Als ich anhielt, kamen einige auf uns zu, sprangen auf die Motorhaube und klopften an die Frontscheibe. Helga und die Kinder fürchteten sich, denn die Tiere waren groß. Ich startete den Motor und fuhr langsam weiter, doch das gefiel den Affen sogar. Ich fuhr schneller und schlängelte dabei auf der Straße hin und her, bis alle Störenfriede von der Haube heruntergesprungen waren.

Am ersten Abend nach unserer Abfahrt von Mombasa fuhren wir bis tief in die Nacht hinein. Vreneli fragte: »Kann man in Afrika nicht in einem Bettchen schlafen? Wo werden wir essen?« und: »Sind wir noch nicht zu Hause?« Später sagte Gisela: »Komm, wir gehen wieder nach Heiligenschwendi, da war es schön und nicht so heiß. Die Straßen sind dort viel besser und es rennen keine wilden Tiere herum. Auch konnte man dort schneller fahren als hier.« Nach einigen Stunden Fahrt, erreichten wir die erste Herberge an der Straße, wo wir etwas essen und die Nacht verbringen konnten. Für die Kinder war das Schlafen unter einem Moskitonetz ungewohnt, sie begriffen auch nicht, weshalb man so schlafen musste. Das Trommeln in der Nähe und das Tiergeschrei während der ganzen Nacht störten uns, sodass wir nur schlecht schlafen konnten, und auch die Hitze war unangenehm. Das Gefühl von Gepäck, Insekten, wilden Tieren und Schlangen umgeben zu sein, machte die Kinder etwas nervös, doch an all dies mussten sie sich langsam gewöhnen. Wir lernten, uns einfach der Gnade Gottes anzubefehlen. Die Kinder waren noch fast zu klein, um zu verstehen, dass wir mit Gott redeten und wussten, dass er uns hört. Die Nacht war kurz, doch wir mussten uns auf den Weg machen, denn bei diesen Straßenverhältnissen kamen wir nicht schnell voran. Der Höhenunterschied vom Meer nach Nairobi war 1600 m, wodurch wir stets etwas aufwärtsfuhren, sodass es auch kühler wurde.

Nachdem wir kurze Zeit durch einen Wald gefahren waren, sahen wir auf der linken Straßenseite majestätisch den höchsten Berg Afrikas, der über 5000 m hoch zum Himmel ragte. Der Kilimandscharo mit seiner schneebedeckten Spitze stand da in seiner ganzen Schönheit. Zu seinen Füßen befand sich der große Nationalpark Amboselli. Wir hielten an und betrachteten diesen Riesen, der so viel höher war als unsere Berge in der Schweiz. Nicht immer konnte man ihn so klar sehen, denn sehr oft war er in Wolken verhüllt.

Es wurde schon wieder dunkel, als wir Nairobi erreichten und im Missionsgästehaus Mayfield Aufnahme fanden. Wir hatten uns für zehn Tage dort angemeldet und freuten uns, nach langer Zeit wieder in guten Betten und unter lieben Menschen weilen zu dürfen. Ich musste dort eine Durchreisebewilligung für Kenia und Uganda für unser Auto beantragen. Nairobi war eine große Stadt mit modernen Quartieren, aber auch armen Schwarzen-Vierteln und Slums. Wir zeigten den Kindern die Innenstadt, und Helga kaufte noch einiges an Proviant für die Reise von 2000 km, die uns noch bevorstand. Als wir die Autopapiere nach zehn Tagen immer noch nicht erhalten hatten, fuhren wir einfach ohne sie weiter bis Eldoret an der ugandischen Grenze. Wir fuhren durch das Hochland Kenias. Dort gab es viele afrikanische Kikuyu-Dörfer, doch die Leute waren nicht sehr freundlich. Sie waren nicht allzu begeistert von den Ausländern, die in diesem Gebiet große Farmen hatten. Die Landschaft war fruchtbar und abwechslungsreich. Nach ein paar Stunden Fahrt ging die Straße bis auf 3000 m über dem Meer hinauf, wo wir auch den Äquator passierten. Ich dachte schon, der Motor habe einen Schaden, denn er hatte viel weniger Kraft als vorher. Doch als wir wieder auf 1 500 m hinunterkamen, erholte er sich und fühlte sich wieder normal an.

Zwischen Kenia und Uganda gab es keine Staatsgrenze, und nach einer Übernachtung in Eldoret fuhren wir wieder los. Nur noch 1 000 km mussten wir bewältigen, bis wir den großen Fluss Nil erreichten. Es gab nur eine Fähre, mit der wir das große Wasser überqueren konnten. Entsprechend lange mussten wir am Ufer warten, bis sie kam, um uns und viele Einheimische über den Fluss zu führen. Vom Nil aus fuhren wir stetig aufwärts zur Grenze von Uganda und dem Zollhaus. Dort hatten wir nur wenige Probleme und fragten uns, was wir wohl am kongolesischen Zoll erleben würden. Er war zwei Kilometer von der Grenze Ugandas entfernt. Als wir dort ankamen, war der Beamte nicht zu finden. Er sei schon eine Woche fort, sagte sein Gehilfe und konnte uns nicht abfertigen. Wir versuchten ihn zu überreden, aber alles Reden war umsonst. Wir hatten alle Strapazen hinter uns gebracht und waren müde und durstig. So nah am Ziel. Die Kinder fragten uns: »Warum macht der Mann die Tür nicht auf und lässt uns in den Kongo?« Wo sollten wir nun hingehen? »Gehen wir doch wieder in die Schweiz zurück zur Großmutti!«, schlug eines der Kinder vor. Wir fuhren wieder zurück und übernachteten in einer Herberge am Weg. Am nächsten Morgen fuhren wir wieder zurück zum Zollhaus, doch der Zöllner war immer noch nicht da, und wir mussten unverrichteter Dinge zurück zur Herberge. Als wir am dritten Tag wieder zum Zoll fuhren und der Beamte noch nicht erschienen war, bettelten wir so lange beim Gehilfen, bis er uns die Schranken öffnete. Wir versprachen, in zwei Tagen zurückzukommen und die Zollsachen zu erledigen. So waren wir im Land der Berufung und ich konnte später ohne Helga und die Kinder die Formalitäten verrichten.

Wir fuhren eine Stunde aufwärts auf 2 000 m nach Rethy, der größten Station der AIM im Kongo. Hier lebten viele Missionare und arbeiteten in verschiedenen Missionsgebieten. Es gab dort ein Internat für Englisch sprechende Missionarskinder, Schulen für

Afrikaner, eine große Klinik, eine Druckerei mit einem Verkaufsladen und eine große Kirche. Wir wurden von einer Familie herzlich aufgenommen und durften ihre Gästezimmer beziehen. Im Haus unserer Freunde brannte ein Feuer, an dem wir uns wärmen konnten, denn auf dieser Höhe war es in der Nacht kalt. 24 Grad empfand man als kalt, denn am Tag stieg das Thermometer auf 30 Grad. Wie herrlich war es, wieder eine Bleibe zu haben – wenigstens für kurze Zeit – und wie genossen wir das leckere Essen und die Ruhe. Unsere Gastgeberin sprach sogar Schweizerdeutsch und hieß Marieanne Crossman. Das schätzten unsere Mädchen sehr und fühlten sich schnell wie zu Hause. Nach zwei Tagen fuhr ich zur Grenze zurück und siehe da: Der schwarze Beamte war da. Zuerst ließ er mich eine halbe Stunde in der heißen Sonne warten. Statt mich dann abzufertigen, ging er ein Bier trinken und kam erst nach zwei Stunden wieder. Das war nichts Ungewöhnliches seit der kürzlich erhaltenen Unabhängigkeit des Kongos. Die Kongolesen hatten die Verantwortung von den Belgiern übernommen, und nun begannen im ganzen Land Durcheinander und Verantwortungslosigkeit der Beamten. Jetzt waren sie die Herren und konnten tun und lassen, was sie wollten. Das spürten wir – es war nichts mehr wie vorher. Der Beamte gab mir zwar die Einreisebewilligung, doch das Auto müsse ich hier stehen lassen, dafür könne er keine Bewilligung geben. Wie enttäuscht ich war! Wie sollte ich nach Rethy zurückkehren? »Nein!«, sagte ich dem Zöllner. »Wenn ich das Auto nicht mitnehmen darf, fahre ich hinüber nach Uganda!« Dann willigte er doch ein, dass ich das Auto für 14 Tage im Kongo gebrauchen dürfe. Dann müsse ich es aber in der Stadt Bunia abgeben.

Wir blieben einige Tage in Rethy und machten uns dann auf den Weg nach Bogoro. Dort hatten die Gläubigen unsere Sachen, während unserer Flucht und Abwesenheit in der Schweiz, aufbewahrt. Die Afrikaner hatten unsere Sachen zwar in einem Magazin im Haus gelagert, doch als wir sie hervorholten, war nicht mehr viel brauchbar, denn es hatte in den Raum hineingeregnet. Was nicht vom Regen verrottet war, hatten die Ratten zerfressen und vieles war von Dieben gestohlen worden. Es war traurig, das zu sehen, und Helga musste weinen, denn sie hatte gehofft, all diese Dinge noch benutzen zu können. Fünf Tage lang sortierten wir unsere Sachen und nahmen, was noch zu gebrauchen war, mit nach Blukwa, unserer neuen Station. Auf dem Weg zu unserem neuen Arbeitsplatz hielten wir in Bunia und fragten auf der Bank, wo noch Europäer arbeiteten, ob sie uns eine Bewilligung für unser Auto beschaffen könnten. Der verantwortliche Chef hatte kürzlich die Nachricht von Kinshasa erhalten, dass Missionare ihre Autos ohne zu verzollen in den Kongo einführen dürften, und gab mir eine Abschrift davon für den Beamten. Ich fuhr am nächsten Tag zum Zoll und erledigte die Formalitäten. Wie freuten wir uns und dankten Gott, dass endlich die lange Reise, die Beschwerden und die Bewilligungen erledigt waren und wir uns nicht mehr darum sorgen und ängstigen mussten. Gott hatte seine Wege. Nicht immer ging alles so glatt, wie wir es gewünscht hätten, doch am Ende konnten wir sehen, dass alles zum Besten diente.

Der Empfang der Missionare in Blukwa war überwältigend. Auch viele Kongolesen kamen und begrüßten uns herzlich. Viele kannten mich noch von der Zeit, als ich als lediger Mann dort gearbeitet hatte. Einige brachten uns kleine Geschenke als Dankeschön für unser Kommen. Die Frauen waren begeistert von unseren Mädchen. Sie wollten sie ständig streicheln und ihre Haare betasten. Das schätzten die Kinder nicht so sehr, denn die Frauen hatten keine sauberen Hände. Auch wenn sie es gut meinten, war es für die drei peinlich und unangenehm. Der verantwortliche Missionar gab uns den Schlüssel zu unserem Haus. Wir fuhren hin, um es zu erkunden und unsere Gepäckstücke auszuladen. Am Abend waren wir zu einem Stationsessen eingeladen und wurden von einem halben Dutzend amerikanischer und englischer Missionare begrüßt. Es wurde ein gemütlicher Abend mit ihnen und wir fühlten, dass wir willkommen waren.

20. Neue Aufgaben in Blukwa

Nun standen wir vor unserem neuen Haus in Blukwa. Die Station befand sich ca. 2000 m über dem Meer. Unser neues Zuhause war groß – mit drei Schlafzimmern, einem Büro, einer Küche, einem Ess- und einem Wohnzimmer. Wir hatten Mühe beim Einrichten. Es hatte längere Zeit niemand im Haus gewohnt, weshalb wir viel fegen, flicken und reparieren mussten. Um das Haus herum war das Gras hochgewachsen und die Sträucher verwildert. Obede war unser Haushaltsgehilfe für alles. Er war sehr motiviert und machte gerne mit. Sein Vater, Filipo, war einer der Pfarrer der Station. Er war ein alter Mann, der schon viele Jahre mit viel Liebe und Hingabe der Kirche gedient hatte.

Als wir nach einigen Tagen im Haus und draußen Ordnung hergestellt hatten, konnten wir mit der eigentlichen Arbeit beginnen. Von der Feldleitung wurden uns verschiedene Aufgaben zugeteilt. Die wichtigste war, Religionsmaterial für die Grundschulen der Region herzustellen. Vom Mädcheninternat bekamen wir ein Mädchen, das für unsere Kinder sorgen sollte, damit Helga und ich mehr Zeit hatten, um uns auf die Arbeit zu konzentrieren. Ich machte einen Arbeitsplan und begann mit dem Schulmaterial für den Religionsunterricht der ersten Klasse. Für die ersten fünf Tage der Woche schrieb ich eine fortlaufende biblische Geschichte, für den sechsten Tag war eine Wiederholung der fünf Lektionen geplant. Für das ganze Schuljahr musste ich die Geschichten mit praktischen Anwendungen schreiben. Das Schreiben beschäftigte mich viele Monate. Als die Texte zum Drucken fertig waren, zeichnete ich zu jeder Geschichte Bilder, die wir nachher in einem Bilderbuch für jedes Schulkind drucken lassen wollten. Die Bilder zeichnete ich mit einer Feder und schwarzer Tinte. Der Plan war, dass Helga nach dem Druck der Bilderbücher die Bilder einzeln mit Farbe ausmalen würde, denn das Geld fehlte uns für einen Farbdruck. Besonders, weil wir ja Hunderte Bücher für unsere vielen Schulen auf der Station und im Busch brauchten. Für die vier höheren Klassen war der Plan derselbe.

Es vergingen einige Jahre, bis das Material fertig war. Dann reisten wir mit den Kindern nach Tansania. Dort konnten wir das Material in einer Missionsdruckerei drucken lassen. Wir mussten mit dem Auto bis zum Viktoriasee in Uganda fahren und dann mit einem Schiff einen Tag und eine Nacht den riesigen See bis nach Mwanza überqueren. In dieser Stadt lebte ein geschütztes Tier, die Hyäne. Das war in der Nacht besonders kritisch, denn diese Tiere waren überall, und am besten ging man am Abend nicht mehr aus dem Haus. Als wir die Bücher bei der Druckerei in Auftrag gegeben hatten, fuhren wir denselben Weg wieder in den Kongo zurück. Bei den Viktoriafällen am Ende des Sees machten wir noch einen Halt in einem Hotel am Ende der Fälle, wo der Nil beginnt. Da schauten wir den Flusspferden und Elefanten zu, wie sie grasten oder sich im Nil tummelten. Auch Büffel waren dort und Krokodile, denen wir nicht zu nahe kommen durften. Das Tosen des Wassers, das durch eine enge Felsenschlucht von hoch über uns herunterbrauste, konnte man zehn Kilometer weit hören. Wir waren beeindruckt von der Gewalt des Wassers. Als wir am Abend, nach zehn Stunden Autofahrt, müde nach Blukwa kamen, waren wir wieder einmal ganz rot vom Straßenstaub. Wie schön war es, zu baden, zu essen und die müden Kinder ins Bett zu bringen, obschon sie auf der langen Fahrt im Auto auch schlafen konnten.

Beim Arbeiten vor dem Haus stürzte Helga einmal und schlug mit dem Kopf an der Mauerkante des Hauses auf. Dabei zog sie sich einen fünf Zentimeter langen Schnitt oben am Kopf zu und blutete sehr. Unser Krankenpfleger machte ihr einen provisorischen Verband, sodass wir schnell ins Krankenhaus nach Rethy fahren konnten, das zwei Stunden von uns entfernt war. Der Arzt nähte ihr ohne Betäubung die Schnittwunde zu, und wir waren dankbar, dass Helga nichts Schlimmeres passiert war.

Die Kinder hatten immer wieder Malariafieber, und einmal war Vreneli so krank, dass wir drei Tage und Nächte um sie bangen mussten. Ich war verantwortlich für die Station und sorgte dafür, dass immer alles in Ordnung war. Helga hatte das Amt der Gastgeberin und sorgte für die vielen Missionare, die vorbeikamen. Sie machte das Gästehaus für sie bereit und sorgte für das Essen und ihr Wohl, solange sie hier weilten.

Das Material für die Schulen war inzwischen gedruckt, und ein Missionar, der aus Tansania kam, brachte die vielen Schachteln mit den Büchern zu uns. Für Helga begann nun eine harte Zeit: Mit Plakatfarbe bemalte sie Bild um Bild, Seite um Seite. Sie tat es mit großer Freude. Obwohl sie noch andere Aufgaben hatte, versuchte sie jeden Tag zu malen. Die drei Bände pro Kind zu bemalen brauchte sehr viel Zeit, insgesamt waren es 1 500 Exemplare. Für die zweite Klasse zeichnete ich Bilder, die mit Flanell hinterklebt werden mussten, damit man sie auf einer Filztafel anheften und leicht wieder entfernen konnte. Eine höhere Klasse bekam Bilder auf Karton gezeichnet. Als das Material fertig war, konnten die Lehrer der verschiedenen Schulen zu uns kommen. Dann stellten wir ihnen das Material vor und zeigten ihnen, wie sie es verwenden sollten. Schließlich gaben wir es ihnen zum Gebrauch in ihren Buschschulen mit.

An einem Sonntagmorgen planten wir, nach Djugu zu fahren, einen Gottesdienst in der Kirche zu halten, im Bezirksgefängnis die vielen Gefangenen zu besuchen und auch bei ihnen Gottes Wort zu verkündigen. Wir hatten unsere Kinder und drei Kongolesen dabei. Früh am Morgen fuhren wir los, denn die Gottesdienste waren meistens lang und der Weg weit. Die Missionsstation war auf einem Hügel, sodass wir bis zur Hauptstraße ziemlich steil hinunterfahren mussten. Als ich fast unten ankam, blockierte meine Steuerung und der Wagen ließ sich nicht mehr lenken. Das Auto brach nach links aus. Leider erfasste es zwei Einheimische, die gerade am Straßenrand standen. Der Wagen fuhr unkontrolliert direkt auf die Leute zu, erwischte ihre Füße und zerquetschte sie. Die beiden fielen um und blieben liegen. Der Mann hatte beide Beine und die Frau den Fuß gebrochen. Sofort war eine Menge Menschen zur Stelle. Sie beschimpften uns, redeten wild durcheinander und sprachen die unmöglichsten Verdächtigungen aus. Zum Glück war unsere Erste-Hilfe-Station nicht weit weg und der Krankenpfleger war auch rasch da. Immer mehr Menschen kamen, und wir warteten geduldig in der heißen Sonne, bis die Polizei und der Häuptling kamen. Wir hätten die Verletzten gerne ins Krankenhaus nach Rethy gebracht, aber der Häuptling ließ uns nicht gehen. Erst nach vier Stunden konnte ein Missionar, der inzwischen auch eingetroffen war, die Verletzten ins Krankenhaus führen. Unsere afrikanischen Freunde hörten sich etwas um und kamen zu uns, um uns zu warnen, dass einige Afrikaner ein Attentat auf uns planten, weil wir die beiden Kongolesen verwundet hatten. Die Freunde begleiteten uns auf die Station, blieben die ganze Nacht bei uns und beteten für uns, dass Gott uns vor diesen aufgebrachten Menschen bewahren möge. Der Herr bewahrte uns, denn wir hatten diesen Unfall nicht absichtlich begangen, doch wir waren seelisch am Ende und brauchten unbedingt etwas Ruhe und Erholung. Seit der Unabhängigkeit hatten solche Ereignisse oft schwere Folgen, denn die heidnischen Kongolesen hassten die Weißen und hätten sie am liebsten umgebracht. Das Leben im Kongo hatte sich sehr negativ verändert, seit die Belgier die Verantwortung nicht mehr innehatten. Die beiden Verunglückten waren Gott sei Dank Christen aus unserer Kirche. Wir besuchten sie oft im Krankenhaus, und sie verstanden, dass wir unterwegs zu einem Gottesdienst gewesen waren und es uns sehr leidtat, was passiert war. Die Zeit verging und die Lage beruhigte sich wieder, worüber wir froh waren.

In der Schule begannen die großen Ferien – das Schuljahr war zu Ende. Wir freuten uns, dass die Lehrer bis zum Schluss durchgehalten hatten, obwohl sie die letzten Monate keinen Lohn mehr erhalten hatten. Da wir in den Schulen jeden Morgen die erste Stunde aus der Bibel lehrten, durften wir immer wieder erleben, dass Schüler begannen, an Jesus zu glauben und Christen wurden. Die Möglichkeiten, das Evangelium zu verkünden, waren groß und unsere Gemeinde wuchs kontinuierlich – zu unserer Freude und Gottes Ehre. Doch wir spürten auch etwas schwer Fassbares, fast Unheimliches in der Luft schweben, das den Unruhen nach der Unabhängigkeit ganz ähnlich zu sein schien. Es war noch nicht klar erkennbar. Eine Untergrundbewegung formierte sich an verschiedenen Orten. Amerikanische Missionare erhielten kein Einreisevisum mehr, vielleicht war es wegen der Rassenfrage in den USA. Eine allgemeine Unzufriedenheit brach aus, weil keine Einfuhr von Waren mehr erlaubt war. Die Preise stiegen bis zum Dreifachen, und die wenigen Läden, die noch existierten, waren leer. Die Leute klagten die einheimische Regierung an: »Müssen wir wieder nackt herumgehen wie vor 50 Jahren?«, schimpften sie. Das Leben wurde so teuer wie nie zuvor. »Weil sie zu teuer sind, können wir keine Wolldecken mehr kaufen, um unsere Toten zu begraben!«, klagten andere. Diese Unzufriedenheit war sehr gefährlich, fast noch gefährlicher als die letzte Krise. Die wirtschaftliche Lage war katastrophal. Der fernöstliche Einfluss im Kongo wurde immer größer und niemand wusste, wie das enden würde.

Dennoch arbeiteten wir weiter. Helga ging fast jeden Tag in die Klinik und besuchte die Kranken. Meist brachte sie ihnen Tee oder Früchte mit, sprach und betete mit ihnen oder versuchte ihnen zu helfen, wenn es möglich war. Die Frauen in der Geburtsabteilung freuten sich auch, wenn sie zu ihnen kam. Die meisten der Patienten waren Heiden, doch manche öffneten sich für das Evangelium. Ein Problem mit diesen Besuchen war allerdings, dass Helga Flöhe und Wanzen mit nach Hause brachte. Wir hatten dann Mühe, diese wieder loszuwerden. Besonders dankbar waren wir für Silah, unser Kindermädchen. Sie war eine treue junge Frau, der wir alles anvertrauen konnten. Sie spielte viel mit unseren Mädchen. Mirjam, unsere Jüngste, war nun auch in einem Alter, wo sie mit den Größeren mitspielen konnte. Sie wurde von ihnen umsorgt.

Wir hatten auf der Station eine sehr große Waisenarbeit, die von einer älteren amerikanischen Missionarin geleitet wurde. 150 Waisenkinder lebten in Familiengemeinschaften zusammen. Dazu lebten noch zweihundert Mädchen im Internat. Miss Love, welche ich ja schon als Junggeselle in Blukwa kennengelernt hatte, war ihrem Namen nach wie vor treu und lebte wie eine Mutter für und mit den vielen Kongolesen. Unsere Kinder durften auch manchmal zu den Waisenkindern gehen. Gisela liebte es, wenn sie ein Kleinkind auf den Armen tragen durfte und für eine Zeit seine Mutter spielen konnte. Die Mädchen im Internat lernten Gartenbau und Handarbeit. Vor allem aber lernten sie den Herrn Jesus kennen und wie man als Christin im Alltag lebt.

Da wir so viele Jugendliche hatten, war es offensichtlich nötig, eine Jugendarbeit zu beginnen. Die politische Lage spitzte sich immer mehr zu. Darum wollten wir unseren jungen Menschen helfen, dass sie nicht in fragliche politische Organisationen abwanderten. Wir gründeten eine christliche Jungschar, die immer größer wurde. Auch Leiter meldeten sich für eine Schulung an und halfen später in der Leitung dieser hoffnungsvollen Arbeit, die auch von der Kirche getragen wurde. Eine große Freude war es, wenn die Jungscharler am Sonntag im Gottesdienst einige Reihen füllten und manchmal noch ein Lied sangen.

Die Zeit verging schnell. Politisch wurde die Lage immer kritischer. Der Kongo wurde infiltriert von fernöstlichen Agenten, die kongolesische Soldaten mit der Absicht ausbildeten, alle gebildeten Menschen umzubringen. Zuerst die Weißen, dann die Lehrer, die Pfarrer und die vielen Schwarzen, welche eine Schulbildung hatten. Eigentlich hörte man so um sieben Ecken herum, was im Anzug war. Doch wir gingen weiter am Sonntag in die Dörfer zum Predigen. Es kam auch vor, dass man uns beim Vorbeifahren mit

Steinen bewarf, doch bis jetzt war uns nichts Schlimmes passiert. Wir hörten, dass in Kisangani Menschen gefangen genommen und in einem öffentlichen Tribunal verurteilt wurden, auch wenn sie nichts getan hatten. Immer näher kam diese Bewegung. Wir hörten die Nachricht, dass Missionare ins Gefängnis geworfen und später exekutiert wurden. Bei uns war es noch einigermaßen ruhig, doch täglich kamen neue Meldungen, dass Missionare, Pfarrer und Lehrer umkamen.

Die meisten Missionare begannen zu flüchten. Helga und ich sowie eine kanadische Missionarin von Blukwa wollten noch nicht weggehen, wir wollten uns auf der Station verstecken. Doch wenn diese fanatischen Soldaten uns gesehen hätten, dann wäre das unser Ende gewesen. Schon 28 Missionare waren massakriert worden, und die Lage war nun sehr prekär. Was sollten wir tun? Wir hatten noch keinen inneren Auftrag, die Arbeit zu verlassen und wieder zu flüchten. Wir hielten eine dreitägige Konferenz mit allen Pfarrern und Evangelisten der Umgebung ab. Es wurde viel gebetet und überlegt, was wir tun sollten, denn die Soldaten suchten nicht nur Weiße, sondern auch gebildete Kongolesen. Unsere Nachbarstationen waren schon alle geräumt. Bei der Konferenz wurde beschlossen, dass auch wir nach Uganda flüchten sollten. Die Pfarrer und Leiter der Gemeinden waren sehr traurig, dass wir uns schon wieder von ihnen verabschieden mussten, doch es war höchste Zeit. Wir hatten keine andere Wahl, denn der Feldleiter hatte uns über Funk dringend befohlen, sofort nach Kampala zu kommen.

21. Erneute Flucht nach Kenia

Eigentlich wollten wir nicht schon wieder flüchten, denn wir hatten die zwei letzten Male, als wir weg waren, sehr gelitten und nichts Schönes durchgemacht. Wir hörten, dass alle anderen Missionare schon lange den Kongo verlassen hatten. Aber da wir nicht ungehorsam sein wollten, folgten wir dem Aufruf unseres Feldleiters. Wir packten unsere notwendigsten Sachen in drei Koffer und fuhren eines Morgens mit den Kindern und der Missionarin Viola Gifford zur Grenze. Man spürte, dass auch die Kongolesen in den Dörfern sehr ängstlich waren, doch sie hatten keine Möglichkeit wegzugehen. Immer, wenn wir auf der Straße Soldaten sahen, hatten wir Angst und fragten uns, was sie wohl tun würden und beteten, dass Gott uns bewahren möge und uns weiterfahren ließ. Nach drei Stunden Fahrt erreichten wir die Grenze von Mahagi. Der Beamte sagte, dass wir nicht weiterfahren dürften, nahm uns die Pässe weg und verschwand. Da saßen wir, beteten und warteten, doch der Beamte kam nicht zurück. Sollten wir etwa hier, so nahe der Freiheit sterben müssen? Da die Rebellen schon in der Nähe waren, hatten wir große Angst. Diese Stunden des Bangens und Hoffens schienen kein Ende zu nehmen. Die Kinder waren sehr nervös und hatten Angst, Hunger und Durst. Für uns war es schwer, sie zu trösten, denn wir wussten selbst nicht, was uns geschehen würde. Wir hatten auch keine Möglichkeit, einen Fluchtversuch zu unternehmen, denn wir hatten ja unsere Schweizer Pässe nicht mehr. Es blieb uns nur eines: zu warten und Gott zu vertrauen, denn er war mächtig genug, um uns zu befreien. Warum ließ Gott es zu, dass der Feind uns, seine Diener, gefangen halten konnte? Warum mussten wir immer wieder so traurige Situationen erleben? Hatte Gott uns am Ende vergessen oder gar verlassen? Was wollte er uns damit lehren? So viele Fragen gingen uns durch den Kopf, doch niemand gab uns eine Antwort.

Vor dem Gebäude wurde es unruhig. Wir waren nervös und unsicher. Was ging denn vor sich, wir wussten es nicht. Waren vielleicht die Simbas schon angekommen und wir standen kurz vor dem Tod? Plötzlich öffnete sich die Tür und ein Beamter stürzte herein. Er warf unsere Pässe wütend auf den Fußboden vor uns und schrie: »Macht, dass ihr von hier wegkommt! Die Rebellen kommen!« Schnell eilten wir zur offenen Tür hinaus zu unserem Auto und versuchten so rasch wie möglich wegzufahren. Es dauerte nur ein paar Minuten, da hörten wir Schüsse fallen. Später erfuhren wir, dass alle Beamten am Zoll von den Rebellen erschossen worden waren. Wie knapp waren wir dem Tod entronnen, wir konnten Gott nur dafür danken, dass er uns im allerletzten Augenblick erlöst hatte. Ich fuhr so schnell ich konnte einen kleinen Hügel hinunter, überquerte einen kleinen Bach, und dann ging die Straße etwas hoch zur Zollstation von Uganda. Es war für uns eine große Erleichterung, als wir von den Beamten freundlich bedient wurden. Diese Zöllner hatten bei den vielen Flüchtlingen, die täglich dort vorbeikamen, wieder einmal viel Leid und Tränen gesehen. Wir spürten, dass sie darüber traurig waren, was jenseits der Grenze geschah. Außerdem hatten sie ein wenig Angst, die Simbas könnten auch Uganda überfallen. Uganda hatte hinter der Grenze Soldaten stationiert, um den Schutz zu garantieren. Welche Wohltat war es, freundlichen Beamten und Soldaten zu begegnen, die hilfreich waren. So konnten wir ohne Probleme nach Uganda weiterreisen.

Fünf Minuten später kamen wir in Goli an. Wie glücklich waren wir, dass wir hier, nicht weit von der Grenze entfernt, in einer alten Schule Unterschlupf finden konnten. Wir waren nicht allein: Auch andere Missionare waren unterwegs, sodass wir zu einer ganzen Schar Flüchtlingen stießen, von denen die meisten schon vor uns da waren. Die ugandische Regierung hatte die Schule mit alten Betten ausgestattet. Die Gestelle waren aus Eisen, doch die Betten hatten nur Unterlagen aus Drahtgeflecht, die Matratzen fehlten. Besonders die Kinder jammerten, dass sie auf so harten Unterlagen liegen mussten, doch es war noch besser, als nur auf dem Boden schlafen zu müssen. In der ersten Nacht konnte fast niemand schlafen und es war die ganze Nacht ein Gejammer. Wir sehnten uns nach dem Morgen, wenn wir wieder aufstehen konnten. Die meisten Missionare fuhren am nächsten Tag weiter. Unsere Familie und einige andere Missionare mussten bleiben. Die Frage tauchte auf, was wir essen sollten, denn es gab keine Möglichkeit, etwas einzukaufen. Helga hatte eine Flasche Ketchup mitgenommen und machte mit dem Inhalt eine Suppe für uns und zwei andere Familien. Zwar lachte der eine Missionar über die Ketchup-Suppe, wenn wir uns später wieder begegneten, aber an diesem Tag half sie uns sehr.

Mit der Zeit hatten wir uns an das primitive Leben in der alten Schule gewöhnt. Um das Nötigste zu kaufen, fuhren wir mit dem Auto etwas weiter ins Land Uganda hinein. Wir hatten eine gute Gemeinschaft mit den zwei anderen Familien. Da wir sogar Gesellschaftsspiele dabeihatten, um die Langeweile zu vertreiben, saßen wir an den Abenden zusammen und spielten miteinander. Die Frage der Zukunft bewegte uns sehr und wir fragten uns, ob wir in Kenia als Asylanten aufgenommen würden und leben dürften. Zum Glück sprach man in Kenia auch Swahili wie im Osten Kongos. In diesem Sinn wäre es kein Problem gewesen, irgendwo in Ostafrika zu arbeiten. Immer wieder kamen Flüchtlinge bei uns vorbei und erzählten uns über ihre grausamen Erlebnisse im Kongo. Mit der Zeit wurde uns der Aufenthalt in Goli langweilig. Wir konnten nicht viel tun, und es war auch sehr heiß und einsam hier.

Welche Erlösung war es für uns, als wir nach drei Wochen die Bewilligung erhielten, unter Aufsicht der ugandischen Polizei nach Kenia weiterfahren zu dürfen. Natürlich mussten wir uns strikt an die Vorschriften halten. Wir packten unsere drei Koffer und fuhren mit unseren Mädchen die Strecke von 450 km durch

Busch und Steppe nach Kampala, der Hauptstadt von Uganda. Hier gingen wir ins Gästehaus Namirembe, das der Church of Uganda gehörte. Schon viele Flüchtlinge erwarteten uns, und einige davon kannten wir. Wie gut, all die grässlichen Geschichten, die uns bedrückten, etwas zu verarbeiten. In der Stadt konnten wir noch die wichtigsten Sachen für Vreneli kaufen, denn unsere Tochter sollte bald mit der Schule beginnen. Da wir für Uganda nur ein Durchreisevisum hatten, mussten wir bald weiterfahren. Die nächste Station war Eldoret. Wieder fuhren wir mit unserem Peugeot 350 km durch einsame Steppen und hügeliges Land, an Dörfern und Weiden vorbei, ins Ungewisse. Das Linksfahren machte mir erneut Mühe.

Eldoret war eine kleine Grenzstadt in Kenia. Weil die Gegend schön war, hatten die Engländer hier früher ein großes Schulzentrum für ihre Kinder gebaut. Jetzt stand es leer. Dort hatte die Mission einige Häuser gemietet und begann eine Schule für die Flüchtlingskinder vom Kongo. Jetzt kam einer der schwierigsten Momente in unserem Familienleben: Wir mussten Vreneli mit sieben Jahren dort im Internat lassen. Sie war noch so jung und hatte schon so viel Angst und Gefahren erlebt. Hier sollte sie nun ohne uns leben und in die Schule gehen, war das nicht zu viel verlangt für unsere zarte Tochter? Sie war unendlich traurig und weinte herzzerbrechend. Sie verstand nicht, dass wir so brutal sein konnten und sie hierließen. Sie kannte niemanden, und zudem war die Schule in englischer Sprache. Auch für uns war der Abschied fast unerträglich, doch wir durften nicht weinen, solange wir noch bei ihr waren. Als sie uns fragte: »Habt ihr mich nicht mehr lieb, dass ihr mich hier allein lasst?«, da fühlten wir, wie ein Riesendruck auf unsere Herzen fiel, doch wir hatten keine andere Wahl. Wir mussten diesen schweren Weg gehen. Wir hatten in den vielen Jahren im Dienst für den Herrn oft Opfer bringen müssen. Doch hatte nicht Jesus Christus für uns ein noch viel größeres Opfer gebracht, als er am Kreuz für uns starb? Jesus hat zu seinen Jüngern gesagt: »Wer mir nachfolgen will, der verleugne sich selbst und nehme sein Kreuz auf sich und folge mir nach« (Markus 8,34). Wie sollten wir denn den Weg, den Jesus uns führte, nicht gehen, auch wenn er sehr hart war. Natürlich hatte unsere Tochter nicht die Reife, die wir Eltern hatten und darum war unsere Entscheidung für sie unverständlich und lieblos.

Da wir nicht im Internat bleiben konnten, mussten wir mit Gisela und Mirjam weiterfahren. Die Kongo-Missionare wurden von der Mission eingeteilt. Wer über drei Jahre auf dem Missionsfeld gearbeitet hatte, konnte in den Urlaub in die Heimat zurückgehen. So blieben nur noch 70 übrig, die zurückblieben. Wir wurden auf drei Missionsfelder verteilt. Wenige gingen in die Zentralafrikanische Republik, andere blieben in Uganda und die übrigen 50 Missionare wurden in Kenia auf verschiedenen Stationen verteilt. Wir durften nach Eldama Ravine gehen, eine kleine Station in der Nähe der Stadt Nakuru an der Straße nach Nairobi.

Die Fahrt durch die afrikanische Gegend war eher bedrückend als schön. Früher freuten wir uns immer, durch die interessante, abwechslungsreiche Landschaft zu fahren, denn es gab viele Tiere, bunte Vögel und Menschen, die am Wegrand winkten. Immer wieder wurde von Vreneli gesprochen und die Kinder weinten, weil ihre Schwester nicht mitkommen konnte. Auch Helga und ich konnten die Tränen nicht zurückhalten, denn es fiel uns unsagbar schwer, sie allein zurückzulassen. Wir fuhren etwa 200 km in Richtung Nairobi.

In Eldama Ravine lebte eine amerikanische Missionsfamilie mit zwei Mädchen im Alter von Vreneli. Beide Eltern waren Missionspiloten. Der Mann war viel unterwegs mit einem Fünf-Plätze-Flugzeug der Missionary Aviation Fellowship (MAF). Die Frau arbeitete in der Frauenarbeit und war viel im Busch. Die zwei Mädchen kamen darum oft zu uns und spielten mit unseren Töchtern. Das war gut, denn so konnten Gisela und Mirjam ihr Englisch anwenden. Unser Haus war alt und hatte zwei Stockwerke.

Mir kam es vor wie eine amerikanische Farm. Wenn wir am Abend im oberen Stock saßen, konnten wir durch die Löcher im Dach die Sterne sehen. Das war besonders ungemütlich, wenn es regnete. Manchmal fuhren wir mit der Missionarin, die Marilyn Newman hieß, zu einem Gottesdienst in der Umgebung. Auch reparierte ich manche Dinge auf der Station. Herr Newman kaufte schöne Bretter aus Zedernholz, und ich machte ihm daraus einen Schreibtisch. Dafür schenkte er mir einen neugeborenen Schäferhund. Aber Helga hatte keine große Freude am Hund und sagte zu mir: »Diesen Hund musst du allein pflegen, ich will nichts damit zu tun haben!« Bald verstand ich, was sie damit meinte, als ich oft mit einem Lappen die Ecken in der Küche wischen musste.

Vreneli war nur einen Monat im Internat in Eldoret, dann wurde die ganze Schule nach Kijabe in der Nähe von Nairobi verlegt. Dort hatte die Mission seit vielen Jahren eine große Missionsstation, und da war auch eine Schule, die Rift Valley Academy. Die Kinder aus dem Kongo hatten keine Bewilligung, dorthin zu gehen, doch nach einem Monat bekamen sie die Erlaubnis von der Regierung und siedelten um. Unsere Tochter kam in ein Internat, in dem dreihundert andere Schüler in verschiedenen Häusern wohnten. Für uns war es nicht einfach, denn nun war unser Kind 300 km von uns entfernt, und wir konnten sie nur sehr selten besuchen. Wir konnten ihr nur Briefe schreiben, das war alles. Unsere Tochter hatte große Mühe und weinte oft, denn sie war noch nie ohne uns in einem fremden Land gewesen. Was ihr besonders Mühe machte, war, dass niemand Deutsch sprach, während sie nur wenig Englisch verstand. Auch machte es ihr Mühe, dass wir in Kenia nur Asylanten waren und nicht wussten, wie unsere Zukunft aussehen würde. Die politische Lage in Kenia war stabil, doch im Kongo tobte ein Chaos. Wir hörten im Radio von den vielen Kongolesen, die jeden Tag massakriert wurden. Häuser wurden ausgeraubt, zerstört und verbrannt. Niemand war sicher, wann er verprügelt oder getötet werden würde. Auch unsere Zukunft war unsicher. Wir wussten nicht, ob wir jemals wieder dorthin zurückkehren könnten. Die Arbeit auf dieser kenianischen Station war zwar vielseitig, doch unsere Herzen schlugen für unsere Kongolesen, und wir wären so gerne wieder zu ihnen zurückgekehrt!

An einem längeren Schulwochenende fuhren wir zu Vreneli. Sie war immer glücklich, wenn sie uns und ihre beiden Schwestern sehen konnte. Sie machte schulisch Fortschritte, doch sie litt sehr unter Heimweh. Zwei Kongo-Missionarinnen, die als Krankenschwestern im Krankenhaus in Kijabe arbeiteten, luden uns ein, mit ihnen in der großen Ebene weit von der Schule entfernt auf eine Zeltsafari mitzukommen. Die Kinder waren begeistert von diesem Vorhaben. Wir fuhren mit drei Autos hinunter in die Wildnis. Es war sehr heiß, und der Weg war schlecht und teilweise mit Gras bewachsen. Stellenweise konnte man ihn kaum erkennen. Wir kamen nur langsam vorwärts. Da die beiden Schwestern den Weg auch nicht gut kannten, fuhren wir einen falschen Weg und kamen immer tiefer in die Wildnis hinein. Es wurde langsam dunkel, und wir wussten nicht, wo wir waren. Als die Nacht hereinbrach, entschieden wir uns, die mitgebrachten Zelte aufzustellen, und machten in der Mitte ein Feuer, um etwas zu kochen. Müde schleppten wir uns später in die Zelte und versuchten, auf dem relativ harten Boden zu schlafen. Die Geräusche der Tiere, die Hitze und Feuchtigkeit, der harte Boden, ließen uns schwer in den Schlaf finden. Auf einmal, mitten in der dunklen Nacht, hörten wir das Brüllen von Löwen, die ganz in der Nähe der Zelte sein mussten. Angst überfiel uns, und wir wussten nicht, was wir tun sollten. Unsere Herzen schlugen fast zum Zerplatzen. Besonders als wir hörten, dass Tiere an den Zelten schnüffelten, konnten wir die Kinder fast nicht mehr ruhig halten. Nie im Leben fühlte ich mich so hilflos. Ich hatte schon oft Löwen ganz nahe gesehen, aber noch nie trennte uns nur eine Zeltwand von ihnen. Wir waren müde und schweißgebadet und hatten kaum den Mut zu atmen. Das Wissen, dass um das Zelt herum Löwen waren, war nicht zu beschreiben. Wir beteten fast die ganze Nacht zu Gott um Hilfe und Bewahrung. Endlos schien sie, diese Nacht. Wie wünschten wir uns, zu Hause im Bett zu liegen und nicht hier im Niemandsland, umgeben von wilden Tieren! Würde Gott uns hier retten, obwohl wir eigentlich auf einer Vergnügungstour waren und nicht im Dienst? Als der Morgen graute und wir noch alle am Leben waren, freuten wir uns und waren Gott dankbar, dass er seine Hand über uns gehalten hatte. Als es hell wurde und wir aus den Zelten krochen, sahen wir, dass wir am Ende eines Tales waren und auf beiden Seiten steile Wände hochgingen. Da lebten die wilden Tiere, und wir zelteten an diesem gefährlichen Ort, ohne es zu ahnen. Als wir weiterfahren wollten, merkten wir, dass wir am Ende des Tales nicht mehr weiter konnten. Uns blieb nichts anderes übrig, als umzukehren und den langen Weg in der Gegenrichtung anzutreten. Wir waren dankbar, als wir den Weg zurückfanden und auf der Station Kijabe ankamen. »Nie wieder werden wir in einer afrikanischen Wildnis zelten gehen!«, sagten wir zueinander. Der Besuch bei Vreneli war schnell vorbei, und es galt wieder, Abschied zu nehmen und zurückzufahren.

Der Abschiedsschmerz war besonders für unsere Tochter sehr schwer und sie weinte herzzerreißend. Aber auch ihre Geschwister und Helga vergossen viele Tränen. Ein Jahr lang arbeiteten wir in Eldama Ravine. Wir hatten uns schon gut eingelebt. Da wurden wir von der Missionsleitung gebeten, wieder umzuziehen. In Kessup ging der Missionar, der mit seiner Frau vier Jahre lang dort gearbeitet hatte, in den Urlaub und wir sollten seine Arbeit übernehmen. Kessup lag in der Nähe der Stadt Eldoret in Kenia an der ugandischen Grenze. Wir hatten uns schon gut eingelebt und hatten viel zu tun und nun sollten wir an einen neuen Ort gehen und wieder neu anfangen. Ich musste an das Bibelwort denken: »Wir haben hier keine bleibende Stadt« (Hebräer 13,14). Wieder packten wir unsere Siebensachen und fuhren zurück Richtung Uganda.

Helga übernahm die Verantwortung des Mädcheninternats für Kenianerinnen. Sie hatte mit dem Internat und der Familie viel zu tun. Da wir keine Waschmaschine hatten, musste sie alle Wäsche von Hand sauber kriegen und in der Sonne aufhängen. Gisela und Mirjam waren noch zu klein, um Mama zu helfen. Manchmal hatten sie auch noch Mühe, allein miteinander zu spielen und stritten miteinander. Sie hatten auch keine Spielgefährten, mit denen sie sich treffen und spielen konnten. Ich durfte in einer höheren Regierungsschule für Kenianer Religion unterrichten, was mir viel Freude machte. Daneben war ich verantwortlich für den Einkauf der Lebensmittel für das Internat und die Verwaltung der Gemeinde. Gisela wollte fast immer mit mir in die Schule kommen und saß treu auf der vordersten Bank. Die Schüler freuten sich, wenn Gisela am Unterricht teilnahm. Daneben war ich staatlich anerkannter Standesbeamter für die ganze Region. Da ich ein ordinierter Pastor war, wurde ich oft zu Trauungen gerufen. Zu Hause schaute ich nach dem Rechten auf der Station. Die Buchhaltung für die Schule und das Internat beanspruchten viel Zeit.

Die Station war auf etwa 2000 m über dem Meer. Hinter der Station erhob sich ein hoher, steiler Hang, da waren manchmal Leoparden zu sehen. Vor unserem Haus lag ein tiefes Tal. Eine Straße mit vielen Kurven führte 1000 m hinunter zu einem Fluss, wo Elefanten und Nilpferde lebten. Weiter talabwärts flogen Hunderte von bunten großen und kleinen Vögeln und Schmetterlingen durch die Luft. Es war schöner anzusehen als in einem Zoo. Neben dem Haus war ein großer Baum. Jeden Morgen, wenn wir erwachten, sahen wir vom Bett aus zwanzig oder mehr Affen, die auf den Ästen saßen und die Früchte des Baumes aßen. Noch schöner waren die Kapuzineraffen, die im Wald, etwas unterhalb des Hauses, auf den Bäumen herumsprangen. Wenn wir Zeit hatten, gingen wir in den Wald hinunter und schauten ihnen zu, wie sie sich hoch oben von einem Ast zum anderen oder von einem Baum zum anderen hangelten. Vom Balkon des Hauses hatten wir einen weiten Blick hinüber auf die andere Seite des Tales.

Einmal wurde ich von zwei Verlobten gerufen und sollte sie trauen. Ich fuhr mit meiner Familie hinunter ins Tal und dann eine lange Strecke das Tal entlang und wieder auf der anderen Seite hoch. Oben angelangt führte die Straße eine Stunde auf der anderen Seite zurück. Wir waren drei Stunden unterwegs, bis wir in das Dorf kamen, wo die Hochzeit stattfand. Es waren viele Leute anwesend. Ich predigte das Wort Gottes und traute das Paar. Als ich wieder zurückfahren wollte, gab mir der frisch verheiratete Ehemann einen Umschlag, doch als ich hineinschaute, war er leer. Ich war verwundert und fragte, was das bedeuten solle. Er antwortete mir: »Das ist für deine Hochzeitsgabe!« Ich war sehr verwundert, dass er noch eine Gabe von mir erwartete. Wir waren drei Stunden hin und ebenso viel wieder zurückgefahren, hatten gepredigt und ihn getraut – war das nicht Gabe genug? Doch so war das afrikanische Denken, das uns auch nach so vielen Jahren immer noch fremd erschien.

Auch in Kenia versuchten wir, am Sonntag in die Dörfer zu gehen und den Menschen die frohe Botschaft der Liebe Gottes zu verkünden. Die Kirche bat mich, ein Zentrum für Jugendarbeit zu bauen. Mit einigen gläubigen Kenianern besprach ich die Arbeit. Wir mussten Baumstämme beschaffen, Wellblech kaufen, das Gelände planieren und dann begann das Bauen. Mit Hammer und Nägeln bauten wir die Stämme zusammen, und als der Rohbau fertig war, nagelten wir die Wellblechplatten an die Wände. Und auch das Dach wurde so angefertigt. Zuletzt standen drei große Häuser da. Das neue Zentrum wurde von verschiedenen Gruppen für Konferenzen und Freizeiten gebraucht. Ich freute mich, wie viel Segen von diesem Ort in die Umgebung hinausgetragen wurde.

22. Ein Besuch in Blukwa

Ein Jahr war vergangen, seitdem wir als Asylanten in Kenia lebten. Helga und ich beteten um Klarheit, ob ich nicht für eine Zeit nach Blukwa in den Kongo zurückkehren sollte, um die Geschwister dort zu besuchen und zu sehen, wie es ihnen ging. Wir wussten, dass der Krieg noch nicht zu Ende war und die armen Kongolesen sicher Ermutigung von einem Weißen brauchten. Wir beteten eine lange Zeit um Klarheit und warteten, dass Gott zu uns spricht und uns Klarheit gibt, was wir tun sollten. Durch seinen Geist in unseren Herzen tat er das auch. Ich hatte Gelegenheit, mit drei anderen Missionaren mit dem Missionsflugzeug von Nairobi nach Bunia in den Kongo zu fliegen. Helga war bereit, mich gehen zu lassen. Sie würde mit den Kindern in Kijabe im Internat bei Vreneli bleiben. Ich bereitete mich auf den Flug vor und freute mich, dass noch andere Kongo-Missionare mitkamen, die alle an verschiedene Orte im Kongo gingen.

Der Flug mit der kleinen Maschine war schön. Wir flogen über Berge und das fruchtbare Hochland Kenias mit den vielen Farmen und afrikanischen Hütten. Dort unten lebten zum größten Teil Engländer mit großen Ländereien. Die meisten hatten große Viehherden und betrieben auch Ackerbau. Manchmal musste der Pilot zwischen riesigen Wolken hindurchfliegen, die sich zu hohen Türmen aufgebaut hatten. Das kleine Flugzeug wäre in den Wolken so sehr geschüttelt worden, dass dies eine Gefahr gewesen wäre. Weil wir manchmal auch tief flogen, sahen wir viele wilde Tiere grasen. Wir mussten den ganzen Viktoriasee überfliegen, der so groß wie ein Meer aussah. Unerwartet senkte der Pilot die Maschine steil nach unten. Ich dachte, wir würden im See landen, doch da setzte das Flugzeug am Ufer des Sees auf der Landepiste auf und rollte zum Flughafen Entebbe. Wir konnten zuerst nicht aussteigen, denn vor dem Gebäude rannten Soldaten der ugandischen Armee herum. Später bekamen wir den Befehl, so schnell wie möglich auszusteigen und uns im Flughafengebäude zu verstecken. Das taten wir und versteckten uns hinter großen Säulen. Wir wussten nicht, was los war. Das Gebäude war leer. Die großen Fenster der Abfertigungshalle waren größtenteils angeschossen. Hier warteten wir geduldig, bis das Gefecht der Soldaten zu Ende war. Es war zur Zeit des Herrschers Idi Amin von Uganda, und auch in Uganda war die Lage unsicher geworden.

Der Pilot hatte endlich seine Maschine auftanken können und holte uns aus dem Gebäude. Schnell stiegen wir wieder ein, und als wir endlich in der Luft waren, konnten wir aufatmen und Gott danken, dass wir heil davongekommen sind. Wir überflogen Uganda und stellten fest, dass das Land von oben gesehen bedeutend flacher war als das hügelige Kenia. Ich sah viel Weideland und Dörfer mit vielen Gärten und grünen Viehweiden. Immer näher kamen wir der Grenze des Kongo, und als ich Bogoro, unsere alte Missionsstation, weit unter mir erkannte, wusste ich, dass wir bald landen würden.

Ich war 2000 km von meiner Familie entfernt und fragte mich oft, wie es ihr wohl ging. Es war gut, dass Helga nichts von der Gefahr wusste, die wir in Entebbe erlebt hatten, sonst hätte sie sich Sorgen gemacht. Die Landung auf dem Flughafen in Bunia war gut, doch emotional hatte ich ein wenig Mühe. Die Zöllner begrüßten uns freundlich. Einige erkannte ich von früher wieder, denn sie waren damals in die Kirche von Bunia gegangen. Wir erzählten ihnen, was wir erlebt hatten und erfuhren viel über das Leid, das die Kongolesen erdulden mussten. Mir fiel auf, dass neben dem Landeplatz ein langer offener Graben war. Als ich hinschaute, erschrak ich, denn er war mit Leichen von Gefallenen der Gefechte der letzten Tage gefüllt. Er war noch nicht zugeschüttet. Es war ein trauriges Bild, das sich da bot. Man erzählte uns, dass in Kisangani 50 000 Menschen ermordet und an vielen anderen Orten Hunderte hingerichtet worden seien. Die Simbas wollten alle Gebildeten und die Weißen umbringen – das war ihr grausamer Plan.

Als die Formalitäten erledigt waren, wurde ich von einem Kongolesen begrüßt, der von Miss Love im Auftrag der Kirche Blukwa geschickt wurde und mich mit einem Auto abholte. Wir fuhren durch Bunia und passierten viele Dörfer, die ich kannte. Zuerst war die Gegend flach, dann fing die Straße zu steigen an und wir fuhren in vielen Kurven immer höher hinauf Richtung Norden. Die Leute in den Dörfern und am Straßenrand blieben stehen und winkten uns freundlich zu. Sie hatten lange keine Weißen mehr gesehen und freuten sich, als sie mich vorbeifahren sahen. Vor einem Jahr, als wir geflüchtet waren, war es das Gegenteil gewesen. Ich dachte bei mir selbst, dass die Leute sicher froh wären, wenn die Missionare wieder zurückkehren würden. Dennoch war ich voller Spannung und fragte mich, was ich wohl in Blukwa antreffen würde. Der Fahrer erzählte mir von viel schrecklichem Leid und Tod der Bevölkerung, und ich war schon ein wenig gefasst für das, was ich vorfinden würde. Immer näher kamen wir unserem Ziel. Wir waren schon auf 2 000 m über dem Meer, und es wurde merklich kühler und angenehmer.

Am späten Nachmittag erreichten wir Blukwa. Ich wurde von einer vor Freude jubelnden Menschenmenge fast aus dem Wagen herausgerissen. Jeder wollte mich umarmen und begrüßen. Sogar Frauen umarmten und küssten mich vor Freude. Es begann ein Durcheinander von Menschen, die reden wollten, und ich hörte einfach nur geduldig zu. Ich war erschrocken, als ich erfuhr, dass die Soldaten auf der Station Handgranaten gelegt hatten. Ein junger Mann zeigte mir seinen Arm, dem die Hand fehlte. Er hatte einen Gegenstand am Boden aufgenommen und nicht gewusst, was es war. Es war eine Granate gewesen, die explodierte und seine Hand wegriss. Da das Gras um die Häuser herum hochgewachsen war, passte ich gut auf und schaute vorsichtig wegen Schlangen und Granaten zu Boden. Es war für mich eine große Freude und ein Erlebnis, aber auch emotional hart, diese Freude und Liebe der Kongolesen zu erfahren. Ja, ich war wieder zu Hause bei meinen lieben schwarzen Geschwistern. Doch es machte mich traurig, wenn sie mir erzählten, wie viele ihrer Geschwister in diesem Jahr auf schreckliche Weise umgekommen waren.

Endlich brachten einige Frauen etwas zu Essen und Trinken, langsam wurde es dunkel und die Menschen gingen zurück in ihre Hütten. Ich machte mich auch auf und ging zu meinem ehemaligen Haus. Es war schon finster, als ich das Haus erreichte. Ich hatte eine Stangen-Taschenlampe bei mir und klemmte sie unter den Arm. Ich erschrak, als ich sah, dass keine Eingangstür mehr da war. Als ich ins Innere des Hauses kam, war ich noch mehr schockiert. Die Räume waren leer, die Fensterscheiben zerschlagen, die Decken heruntergerissen, nur im Büro lagen noch Bücher am Boden. Der Geruch war fürchterlich, denn die Rebellen hatten alle meine Bücher zerrissen und am Boden zerstreut und diesen Raum als WC gebraucht. Hier stand ich gegen Mitternacht, 2 000 km von meiner lieben Helga und den Kindern entfernt, in unserem total ausgeraubten und zerstörten Haus. Ich fühlte mich allein, sogar verlassen von Gott. Ich weinte lange und begann mit Gott zu hadern und ihm Vorwürfe zu machen: »Herr, wir haben unsere Heimat, unsere Lieben und alles verlassen, um dir hier zu dienen. Du hast es zugelassen, dass wir nun dastehen müssen und nichts mehr haben, nicht einmal einen Fetzen Vorhang, keine Bücher, Möbel und Geschirr mehr, nicht einmal Fenster und Türen im Haus.« Dieser Zustand, so allein und so weit weg von meiner Familie, war fast unerträglich. Der Gedanke, von Gott verlassen zu sein, machte mich verzweifelt und tieftraurig, und ich wusste nicht, was ich anderes tun sollte als unendlich zu schluchzen. Hätte ich nur mit jemandem sprechen können, wäre es vielleicht einfacher gewesen, doch die Afrikaner waren in ihren Hütten und schliefen, denn es war ja Mitternacht.

Plötzlich schien eine Stimme zu mir zu reden, doch ich sah niemanden. Ich hörte im Inneren die Worte: »Hans, was haderst du mit mir? Hast du nicht noch deine Frau, drei Kinder, drei Koffer voll Kleidung und dein Leben? Was willst du noch mehr?« Da wurde ich still und nach einer Weile antwortete ich laut: »Ja Herr, du hast recht: Meine Lieben habe ich noch. Herr, ich danke dir!« Was sind schon Möbel und Vorhänge, Bücher und ein Haus. Man kann auch ohne Bett schlafen. Ist das nicht alles nur irdische Bequemlichkeit? Was zählt, ist das, was Bestand hat. In dieser Mitternachtsstunde wurde mir das Wesentliche im Leben gezeigt, und ich versprach Gott: »Herr, solange ich lebe, will ich dir dienen!« Ich verweilte noch eine Zeit lang im Gebet, dann legte ich mich hin. Das Haus war ja leer, darum schlief ich auf dem harten Boden, doch ich war nicht allein, der Herr Jesus war mit mir, er gab mir Geborgenheit und Ruhe. Schlafen konnte ich nicht viel, doch ich hatte Zeit, über alles nachzudenken. Was mich am meisten beschäftigte, war die Frage, wer nach unserem Leben trachtete und unser Hab und Gut zerstört hatte.

Als der Morgen graute, stand ich müde vom harten Boden auf und wartete, bis mir einige Brüder das Frühstück brachten. Ich fragte sie, wer denn unser Leben zerstören wollte, indem er all unsere Habe raubte und das Haus zerstörte. Ja, man versuchte sogar uns zu töten. Doch Gott hatte unser Leben wunderbar bewahrt. Ich war ihm dafür dankbar. Auf meine Frage bekam ich die Antwort: »Das waren die Rebellen, die hier gehaust haben. Dein Haus war ihre Zentrale, hier hausten sie eine Zeit lang.« Ich wollte wissen, wo denn diese bösen Menschen wohl seien. »Warum willst du das unbedingt wissen?«, fragten sie mich. Als sie mir sagten, dass die meisten Rebellen im Bezirksgefängnis in Djugu eingesperrt seien, überlegte ich betend. Dann fragte ich sie, ob sie bereit wären, mit mir ins Gefängnis zu fahren. »Bwana, dort kannst du nicht hingehen, das ist doch viel zu gefährlich! Die könnten dich töten!« Ich war innerlich überzeugt, dass ich es dennoch tun musste. »Lasst uns gehen«, sagte ich, »Gott wird uns bewahren, denn er wird mit uns sein.« Wir beteten zu Gott um seinen Beistand, seine Bewahrung und Weisheit. Dann machte ich mich mit vier Kongolesen auf den Weg. Wir fuhren mit dem Auto, das eine Missionarin vor ihrer Flucht der Gemeinde überlassen hatte, in einer guten Stunde nach Djugu. Das war eine Distriktstadt, wo früher belgische Beamte gelebt hatten. Dort gab es früher auch kleinere Buden, in denen Griechen und Inder ihre Waren verkauften, doch diese waren alle geflüchtet, und die Rebellen hatten die Buden ausgeplündert. Der Ort sah zerstört und verwildert aus. In Djugu war auch eine Kirche mit einer großen Gemeinde und einem Pfarrer. Helga, die Kinder und ich waren oft dortgewesen und hatten am Sonntag zur Gemeinde gepredigt, und fast immer hatten wir auch die Gefangenen besucht. Als wir dort ankamen, gingen wir zuerst zum Pfarrer, und er begleitete uns zum Gefängnis. Der Wärter wollte uns zuerst nicht anhören. Er überlegte kurz und dann meinte er, wir sollen in einer Stunde wiederkommen. Unterdessen besuchte ich einige Familien der Gemeinde, und die Christen beteten anschließend für die Erlaubnis, ins Gefängnis gehen zu können, sowie dass Gott uns begleiten und bewahren möge.

Unterdessen hatte der Wärter alle Gefangenen im Innenhof versammelt. Jeder saß auf vier Backsteinen, die in Reih und Glied am Boden angebracht waren. Dadurch konnte ich die vielen versammelten Häftlinge gut überblicken. Man hatte mir einen Tisch als Rednerpult hingestellt. Als ich vor diesen jämmerlichen Gestalten stand, fragte ich mich: Was soll ich zu diesen Rebellen, die meine größten Feinde waren, sagen? Zuerst wäre ich fast versucht gewesen, sie so richtig auszuschimpfen, weil sie uns umbringen wollten und unser ganzes Hab und Gut gestohlen hatten. Es war mucksmäuschenstill. Ich stand da und schaute über die vielen Köpfe. Ich merkte, dass ich innerlich zitterte, und musste gegen die Angst ankämpfen, denn ich wusste ja nicht, ob nicht einer von ihnen aggressiv werden würde. Da ich keine Wachen neben mir hatte, wäre das schon möglich gewesen. Hinten saßen meine Begleiter und ein halbes Dutzend Polizisten. Doch ich überlegte mir: Wenn diese Rebellen mir etwas antun wollten, dann hätten Polizisten keine Chance. Denn es waren sehr viele Rebellen anwesend. Ich vertraute mich Gott an und rang innerlich um ein Wort, das ich der Menge predigen sollte. Da plötzlich hörte ich in mir eine Stimme, die mir klar den Bibeltext einflößte. Es war Johannes 3,16: »So sehr hat Gott die Welt geliebt, dass er seinen einzigen Sohn dahingab, auf dass alle, die an ihn glauben, nicht verloren gehen, sondern das ewige Leben haben«.

Eine innere Freude erfüllte mich, und ich sah auf einmal nicht mehr die Menschen in ihrer schmutzigen Kleidung und ihrem halbwilden Aussehen vor mir. Ich sah sie mit den Augen Gottes und hatte Erbarmen mit ihnen. Ich fing an, zu ihnen zu reden und sprach mit lauter Stimme in ihrer Sprache: »Als ich noch ein Kind war, durfte ich Gottes Erbarmen und Vergebung meiner Schuld erfahren und wurde ein ganz neuer Mensch, ein Christ, und bekam einen Sinn für mein Leben.« Dann sprach ich ganz persönlich zu den Gefangenen: »Weil Gott euch alle liebt und seinen Sohn Jesus Christus am Kreuz von Golgatha sterben ließ, darum habe ich meine Eltern, Geschwister und meine Heimat verlassen, um den Menschen im Kongo und auch euch heute von der Liebe Gottes zu erzählen. Ihr wolltet mich und meine Familie töten, ihr habt mein Haus zerstört und alles geraubt. Vor Gott seid ihr Diebe und Mörder. In der Bibel, dem Buch von Gott, steht geschrieben, dass alle, die an Jesus glauben und ihn um Vergebung der bösen Taten bitten und es wirklich von Herzen möchten, von Gott im Himmel erhört werden. Gott weiß um eure Sünden, doch er liebt euch alle dennoch und ist bereit jedem, der ihn reuig bittet, zu vergeben und ihm ein neues Leben zu schenken.« Es war eine Weile ganz still im Innenhof. Einige der Gefangenen schauten mit finsterem Blick auf den Boden. Andere hörten andächtig zu und schauten mich aufmerksam an. Ihre Gesichter waren nicht mehr so dunkel wie vorher. Gottes Geist wirkte in ihren Herzen. Eine innere Stimme bewog mich, den vielen Menschen vor mir eine

Frage zu stellen. Ich zögerte ein wenig, denn ich wusste, dass diese Menschen in der Vergangenheit geraubt und getötet hatten. *Würde Gott ihnen wirklich all das vergeben?*, dachte ich. Ich fasste Mut und stand ein wenig zitternd da. Mit lauter, bestimmter Stimme fragte ich die erbarmungswürdigen Gefangenen: »Ist jemand hier, der Gott bitten möchte, dass er ihm seine Sünden vergibt und der ein Christ werden möchte? Wenn du das tun möchtest, dann steh jetzt da, wo du bist, von den Backsteinen auf und bekunde deinen Willen, und Gott wird dich hören und nach deinem Willen tun.« Es entstand eine beklemmende Stille. Würde Gott wirklich dieses Wunder tun, war die Frage, die immer wieder wie ein Hammer in mir hämmerte. Langsam erhob sich einer ganz hinten, dann ein anderer in der Mitte und noch einer. Immer mehr Gefangene erhoben sich von ihren Bodensteinen, bis eine große Anzahl vor mir und in der Gegenwart Gottes stand. Es war ein überwältigender Anblick, der mich traurig, aber auch freudig machte. Diese Menschen hatte Satan gebraucht, um Verwüstung, Mord und Verderben zu verbreiten. Nun standen sie vor dem lebendigen Gott, nicht um mich zu töten, sondern um Reue zu zeigen und ein neues Leben zu beginnen. Mir kamen Freudentränen in die Augen, als vor mir zweihundert gefangene Rebellen dastanden, vor Gott Buße taten und um seine Vergebung baten. Ich betete laut für diese Menschen und dankte Gott, dass er ihre Entscheidung ernst genommen und sie aufgenommen hatte. Wir alle waren glücklich und dankten Gott miteinander im Gebet, dass er unseren Dienst so reich gesegnet hatte. Ich war froh, dass ich Gottes Stimme in mir wahrgenommen hatte und gehorsam gewesen war, auch wenn die Kongolesen mir abgeraten hatten, ins Gefängnis zu gehen. Mir wurde neu bewusst: Wenn Gott spricht, dann muss ich gehorchen, auch wenn es vielleicht unlogisch oder gefährlich ist. Das war ein langer Tag im Dienst des Höchsten, doch es war ein Tag des Sieges und der Freude für uns alle. Auch die Kongolesen freuten sich und priesen Gott, der dieses Wunder getan hatte.

Am nächsten Tag ging ich mit einigen Männern eine Matratze suchen. Die Männer führten mich zu einem Heiden, denn sie vermuteten, dass er eine Matratze in seinem Haus hatte, die sogar aus unserem Haus gestohlen worden war. Wir gingen in seine primitive Hütte hinein und suchten überall. Und da lag eine schmutzige Matratze; in einer Ecke auf dem Fußboden. Und tatsächlich glaubte ich, dass es eine der unseren war. Doch sie sah so aus, als hätten Ziegen darauf geschlafen. Sie war schmutzig und roch nach Urin und Dreck. Der Mann gab sie mir zurück, doch ich wagte aus hygienischen Gründen nicht, darauf zu liegen. Ich konnte Benzin auftreiben, übergoss sie damit und versuchte sie zu reinigen, aber den Geruch bekam ich nicht weg. Da war ein afrikanischer Straßenladen, der hatte noch einen Stoffrest, den ich kaufte, um die Matratze damit zu überziehen. Faden konnte ich finden, aber niemand hatte eine Nadel. Ich suchte einen Drahtrest, klopfte ein Ende zusammen und konnte mithilfe eines Nagels ein Loch hineinhämmern. Mit diesem »Instrument« nähte ich mit viel Mühe einen Überzug. Jetzt hatte ich wenigstens eine Schlafgelegenheit. Ich freute mich, dass ich nicht mehr auf dem Boden liegen musste. Doch mitten in der Nacht wachte ich auf, denn mein ganzer Körper begann zu brennen und zu jucken. Als ich mit der Taschenlampe Licht machte, sah ich, wie viele Wanzen wegrannten und sich in dünne Spalten in der Mauer verkrochen. Ich hatte nichts, womit ich die Bisse einreiben konnte. Die Bisse der Wanzen brannten, wie wenn ich nackt in Brennnesseln gefallen wäre.

Ich lebte fünf Wochen in Blukwa, besuchte Gläubige, tröstete Kinder, die ihre Eltern verloren hatten, und predigte an Sonntagen in der Kirche. Ich besuchte den alten Pfarrer Filipo, der schon bald 80 Jahre alt war. Er erzählte mir, dass die Rebellen ihn gefangen genommen hatten. Ein altes, großes Benzinfass, das auf der einen Seite offen war, hatten sie mit Wasser gefüllt. Sie befahlen ihm, Gott zu verleugnen, sonst würden sie ihn ins Wasser tauchen. Da er es nicht tat, steckten sie ihn Kopf voran ins mit Wasser gefüllte Fass. Er schilderte, wie das Wasser in ihn hineinfloss und er dachte, er müsse ertrinken. Nach einer Weile zogen sie ihn wieder heraus und stellten ihm die gleiche Frage. Er erwiderte den Rebellen, dass er lieber sterben werde, als seinen Gott zu verleugnen. Wieder steckten sie ihn ins Fass, und als er fast ertrunken war, zogen sie ihn wieder heraus. Die Rebellen wiederholten dies ein drittes Mal und sagten: »Willst du nicht endlich deinen Gott verleugnen?« Er tat es nicht, er war zwar schwach, doch lebte er noch. Er erzählte mir, wie die Rebellen beeindruckt waren von seinem Glauben, weil er lieber sterben wollte, als seinen Gott zu verleugnen. Dann ließen sie ihn wieder frei, und die Gemeinde wurde gestärkt durch das Zeugnis ihres Hirten. Viele solcher Erlebnisse bekam ich zu hören, aber die Kongolesen schilderten mir auch die schrecklichsten Gräueltaten. Mich beeindruckten die täglichen Gebetszusammenkünfte, zu denen bis zu zweitausend Christen zusammenkamen. Dieses tägliche Gebet gab den Menschen Kraft zum Durchhalten und dem Herrn treu zu bleiben.

Da meine Familie in Nairobi war und ich keine Möglichkeit hatte, mit Helga zu kommunizieren, fühlte ich immer mehr eine starke Sehnsucht, wieder zu ihr zurückzugehen. Als fünf Wochen vorbei waren, hatte ich die Gelegenheit, wieder von Bunia nach Nairobi zu fliegen. Das Flugzeug der Missionary Aviation Fellowship (MAF) verkehrte nur auf Anfrage auf der Strecke von Bunia nach Nairobi. Ein afrikanischer Geschäftsmann, zwei Missionare und ich waren bei der Mission für diesen Extraflug angemeldet. Meine Sachen waren schnell gepackt, doch der Abschied von meinen treuen einheimischen Christen in Blukwa war nicht einfach für mich, denn ich hatte sie lieb. Sie baten mich, doch bald wieder mit der Familie zu ihnen zurückzukehren, denn sie brauchten uns dringend. Ich konnte ihnen nichts versprechen, doch bewegte mich dieser Gedanke innerlich sehr. Ich wusste, dass auch Helgas Herz für diese armen Menschen schlug.

Der dreistündige Flug mit dem Missionsflugzeug war nicht erholsam. Der Himmel war bedeckt mit Gewitterwolken. Der Pilot musste oft zwischen riesigen Wolkentürmen steil nach oben fliegen, um über die Wolken hinwegzugleiten. Manchmal wurden wir stark durchgeschüttelt. Dann kurvte er durch Löcher in den Wolken. Man konnte die Erde nicht sehen, weil die Wolken sie verdeckten. Ich saß auf meinem Sitz und betete viel zu Gott um Bewahrung hier oben am Afrikahimmel. Dieses Mal musste der Pilot nicht in Entebbe zwischenlanden. Er hatte das kleine Flugzeug nicht so sehr beladen wie beim Hinflug. Wie dankbar war ich, als der Pilot zur Landung in Nairobi ansetzte. Ich war überglücklich, als ich am Flugplatz Helga und die Kinder erblickte und wir uns in die Arme fallen konnten. Nach diesen langen Wochen der Trennung waren wir endlich wieder vereint. Wir hatten uns sehr viel von all dem zu erzählen, was Gott in den letzten fünf Wochen getan hatte. Leider konnten wir nicht lange in Kijabe bleiben, denn wir mussten wieder nach Kessup zurück und unsere Arbeit tun. Vreneli hatte die Zeit mit Mama sehr geschätzt, doch der Abschied von ihr war unsagbar schwer. Sie musste wieder allein in der Schule zurückbleiben.

Wir fuhren über das Hochland Kenias, durch Dörfer und Weideland, durch Buschgegenden und hinauf bis auf 3 000 m über dem Meer, ostwärts nach Kessup. Die Einheimischen warteten schon auf uns, denn sie waren diesen Monat auf sich angewiesen gewesen. Wir hatten am Hügel hinter der Station eine Wasserquelle, doch das Wasser war nicht sauber. Ich überlegte, was ich tun könnte, damit das Wasser nicht einfach den Hügel hinunterfloss. Nun baute ich auf einem großen Felsen auf der Station einen großen Wassertrog aus Zement mit vier Kammern. Jede Kammer war oben durch ein Loch mit der anderen verbunden, sodass das Wasser oben in die andere überfließen konnte. Ich füllte die Kammern mit Sand, sodass das Wasser gereinigt wurde. Dieser Trog diente als Reservoir, damit das Wasser nicht einfach wegfließen konnte. Ich installierte vom Wassertank aus ein Röhrensystem in jedes Haus, sodass wir im Haus Wasser hatten, wenn wir den Hahn öffneten.

Der Herr ließ es zu, dass wir einige unangenehme Angelegenheiten hatten. Zum einen mussten wir sehr viel Geld für den kenianischen Zoll unseres Autos zahlen. Zum anderen hatten wir Bandwürmer, die wir fast nicht loswerden konnten. Dann platzten zwei Autoreifen, denn die Straßen waren voll spitzer Steine und zerschnitten sie. Ein andermal mussten wir zwei unserer Aufseher wegen Untreue und Diebstahl entlassen. Der Koch im Internat begann, Esswaren zu stehlen. Da ihre Frauen eins waren mit den Männern, entstanden zwischen der einen Gruppe und den treuen Christen Reibereien und sogar Spaltungen. Der Feind hatte sich eingeschlichen, und wir konnten nur beten, dass Gott uns wieder Ruhe und Frieden geben möge. Wegen langer Regenausfälle konnten wir nicht mehr genug Milch kaufen, und das Essen wurde immer teurer. Nun fingen die Mädchen im Internat an sich zu beschweren, denn Helga konnte ihnen auch nicht mehr genügend Butter geben.

Endlich fiel wieder Regen über das dürre Land. Das scheinbar vertrocknete Gras und die Büsche wurden wieder grün und die herrlichsten Blumen blühten. Doch das hatte auch Nachteile: Die Straßen waren schlüpfrig vom vielen Nass, und wir konnten nicht mehr so viel in die umliegenden Dörfer fahren und predigen. Es war nur noch mit »Schneeketten« möglich. Wir wagten es trotzdem, für längere Zeit in den Busch zu fahren. Doch nach drei Tagen mussten wir heimkehren, denn ich hatte 39 Grad Fieber und musste nach Eldoret ins Krankenhaus gebracht werden. Wir erlebten Höhen und Tiefen, doch immer führte der Herr uns wieder heraus, und wir durften seine Gnade erleben und seine Hilfe erfahren. Die Arbeit in Kenia war ganz anders als im Kongo. Hier waren die Menschen viel weiter in der Zivilisation. Das war allerdings kein Vorteil. Hier waren die Menschen reicher und lebten mit mehr Fortschritt. Das wirkte sich im geistlichen Leben aus, und das wiederum zeigte sich als ein Nachteil im kirchlichen Leben.

23. Rückkehr nach Blukwa im Kongo

Eines Tages meldete sich der Feldleiter bei uns zu einem Besuch an. Mr. Weiss war einige Wochen unterwegs im Kongo, besuchte alle Missionsstationen und machte sich ein Bild von der Lage dort. Er erzählte uns von den schrecklichen Situationen, die er gesehen hatte. Ganze Stationen waren niedergebrannt worden. Häuser waren zerstört worden. Und das Wellblech vom Dach nahmen sie mit und verkauften es. Rebellen hatten die Kirchen zerstört, die mit viel Aufwand gebaut worden waren. Es sah traurig aus. Aber er fand auch Stationen, die nicht ruiniert waren, und das gab ihm Mut. Er erwog, nach Kinshasa zu fliegen und auf der US-amerikanischen Botschaft eine Bewilligung einzuholen, dass Missionare auf vier Missionsstationen in den Kongo zurückkehren könnten, da keine unmittelbare Gefahr mehr bestand. Als er dort mit dem Botschafter sprach und ihm die Lage schildern konnte, war dieser mit seinem Vorschlag einverstanden. Einer der vier erwähnten Orte war Blukwa. Wir freuten uns, dass nun die Tür für uns offen stand und wir wieder zurückgehen konnten. Der Feldleiter brachte uns einige Briefe von unseren Kongolesen mit. Ein lieber, treuer Lehrer schrieb: »Ich ging mit dem Pfarrer in euer Büro und versteckte alle Schulbücher, die ihr hergestellt habt, denn diese durften auf keinen Fall vernichtet werden. Diese Bücher haben sehr viel gekostet und ihr habt zweieinhalb Jahre daran gearbeitet. Euer Haus ist ausgeraubt und ruiniert. Doch die Arbeit, die ihr getan habt, konnte niemand rauben. Keiner unserer Christen ist getötet worden, Gott hat uns alle bewahrt. Doch Tausende in der Umgebung mussten ihr Leben lassen. Oh ihr Lieben, was haben doch eure Gebete für uns vermocht. Der Stationsmotor und die Wasserpumpe sind gestohlen worden.« Ein anderer Lehrer aus Bunia schrieb in seinem Brief an uns: »Hier hat sich die Situation etwas gebessert. 2500 Weiße sind bis jetzt zurückgekehrt. Griechen, Inder, katholische Priester und Nonnen sind hier, nur noch keine protestantischen Missionare. Wann kommt ihr wieder zurück, wir brauchen euch dringend!« Wir sprachen lange mit Mr. Weiss, und er gab uns die Erlaubnis, wieder nach Blukwa zurückzukehren. Wir freuten uns über den Gedanken, wieder zu unseren Kongolesen zurückzugehen. Auf der einen Seite war es eine schwerere Entscheidung – menschlich gesehen ein großes Wagnis. Doch geistlich gesehen war es ein Glaubensschritt, denn wir wussten, dass dieser Gott, der uns bis heute bewahrt hatte, auch in Zukunft derselbe war und wir ihm vertrauen konnten. In diesen Tagen beteten wir viel, denn wir wollten nur seinen Willen tun und der Herr sprach zu uns durch sein Wort und seinen Geist.

Langsam packten wir unsere Sachen zusammen. Leider mussten wir Vreneli in Nairobi zurücklassen, was für beide Seiten viele Tränen kostete. Doch wir wussten, dass wir Diener Gottes waren, und wenn Gott von uns dieses Opfer verlangte, dann mussten wir es bringen, denn ich hatte ja in der Nacht, als ich allein in Blukwa war, Gott versprochen, dass ich bereit sei, ihm bis an mein Lebensende zu dienen. Der Abschied von Kessup fiel uns nicht allzu schwer, denn wir gingen in der Zeit, wo Schulferien waren und nicht viele Leute auf der Station verweilten. Unser Peugeot wurde mit unserem ganzen Hausrat samt Matratzen und Kleidung beladen. Auch unseren Schäferhund, der inzwischen groß geworden war, mussten wir mitnehmen, sodass kein leerer Platz mehr im Auto war. Sogar der Gepäckträger auf dem Dach war schwer beladen. Gisela und Mirjam mussten vorne am Boden neben Helgas Füßen sitzen. Wieder fuhren wir nach Kampala, der Hauptstadt Ugandas. Wir übernachteten dort im Gästehaus Namirembe. Kaufen konnten wir nicht mehr viel, denn wir hatten keinen Platz mehr. Frühmorgens, bevor die Tropensonne die Finsternis in strahlendes Licht verwandelte, fuhren wir in Richtung kongolesischer Grenze weiter. Die Straßen waren staubig, und schon bald erhitzte die Sonne die Luft. Es war kein Vergnügen, die lange Strecke von zwölf Stunden auf den schlechten Straßen unter der heißen Sonne zu fahren. Der Herr bewahrte uns vor Pannen und Unfällen. Die Straße war holprig, und wieder färbte der Straßenstaub langsam die Kleidung. Sogar die Nase wurde davon trocken und das Haar rötlich verstaubt. Auf der Straße und im Busch grasten viele Elefanten und einmal versperrten sie uns sogar den Weg, sodass wir warten mussten, bis die Dickhäuter vom Fahrweg wegschlenderten.

In dieser Gegend gab es viele große Felder, auf denen Baumwolle oder afrikanischer Mais angepflanzt waren. Hier arbeiteten Ugander, doch sie waren nicht so freundlich und winkten uns nicht beim Vorbeifahren. Vielleicht waren sie verärgert, weil wir beim Vorüberfahren roten Staub aufwirbelten. Wir sahen auch einen ugandischen »goldenen Kranich«, wie er im Wappen von Uganda abgebildet war. An einer Stelle wurde die Straße immer enger, und wir fuhren an der Stelle vorbei, an welcher sich der Nil durch eine enge Felsenspalte drängte. Hier war der berühmte Nilwasserfall. Das Getöse der riesigen Wassermassen war ohrenbetäubend. Noch viele Kilometer weiter hörte man das Getöse dieses Riesenwasserfalles. Von dort fließt der Nil bis nach Ägypten und ins Mittelmeer. Nach einigen Stunden Fahrt kamen wir wieder zum Nil und passierten ihn mit einer Fähre, die wir schon früher benutzt hatten. Wir kamen zu der Stelle, wo die Straße stets anstieg und zum Teil kurvig war. Endlich erreichten wir den ugandischen Zoll. Da gab es keine Probleme, doch drei Kilometer weiter am kongolesischen Zoll erlebten wir eine Enttäuschung. Der Zöllner war da, aber er hatte keine Lust zum Arbeiten, und darum mussten wir stundenlang in der brütenden Hitze im Auto warten. Die Geschäftsleute kamen meistens mit Kisten voll Bier und gaben sie den Beamten, was ihnen Beine machte, doch wir wollten sie nicht bestechen. Wir konnten nicht aussteigen oder unter einen Baum in den Schatten gehen, denn es gab keinen Schatten. Geduldig mussten wir warten, nur weil es dem Beamten nicht passte, uns abzufertigen. Nach einiger Zeit stieg ich aus dem Auto und sagte zu Helga, ich werde versuchen, ein paar Bananen aufzutreiben, denn wir hatten alle Hunger. Dies gelang mir tatsächlich, als eine Marktfrau daherkam. Ich kaufte ihr welche ab, und besonders die Kinder freuten sich und aßen sie mit Freuden.

Nicht nur für Helga und mich war das lange Warten am Zoll eine Geduldsprobe, auch die Kinder litten sehr unter der heißen Sonne und dem engen Raum bei Helgas Füßen und auch unser Hund Rex fühlte sich unwohl. Als wir endlich unsere Zollsachen erledigen konnten, waren wir dankbar und fuhren weiter. Die Straße stieg an und wir konnten nicht mehr schnell fahren, nur mit 30 km/h im Durchschnitt, doch das war in Afrika schon schnell. Da wir immer höher stiegen, wurde es auch zunehmend kühler. 25 Grad Celsius am Abend war für diese Gegend schon fast kalt, denn in der Sonne konnte es am Tag bis zu 40 Grad warm werden. Der Tag ging langsam zur Neige, als wir Blukwa erreichten. Gerne hätten wir uns nach der langen Fahrt hingelegt, doch das war unmöglich. Eine große, jubelnde Menschenmenge versammelte sich vor unserem Haus, um uns zu begrüßen. Viele kamen sogar ins Haus hinein, um uns zu danken, dass wir wieder da waren. Sie wollten hören, wie es uns ergangen war, und uns erzählen, was sie alles hatten erdulden müssen. Wir hörten geduldig zu und staunten, dass unsere Christen versucht hatten, dem Herrn treu zu sein. Die Mädchen waren schon längst eingeschlafen, als uns die letzten Besucher um Mitternacht verließen. Nun waren wir endlich allein und mit der Gewissheit erfüllt, einen großen, wunderbaren, allmächtigen Gott zu haben, der uns in all den Wirren und Prüfungen nicht verlassen und uns endlich wieder zu unseren Kongolesen zurückgebracht hatte. Wir dankten ihm im Gebet und sanken, müde von all den Ereignissen des Tages, endlich ins Bett. Noch vor Kurzem war die Lage im Kongo und hier in Blukwa so aussichtslos gewesen, dass wir kaum hoffen konnten, all die lieben Geschwister hier wiederzusehen. Jetzt war es nicht nur ein Traum, sondern Wirklichkeit. Wir dankten Gott von ganzem Herzen, dass er dieses Wunder getan hatte.

Am nächsten Morgen wurden wir früh geweckt. Freunde wollten uns besuchen. Einige brachten uns kleine Geschenke wie Maiskolben oder gar ein Hühnchen oder süße Kartoffeln und Avocados mit, um uns ihre Freude und Dankbarkeit zu zeigen, dass wir wieder zu ihnen zurückgekommen waren. Den ganzen Tag hatten wir Besuch von unseren schwarzen Geschwistern. Alle wollten wissen, wie es uns ging, und uns ihre Erlebnisse erzählen. Es dauerte zwei Wochen, bis uns die meisten Christen des Dorfes« besucht hatten und unser »normales« Leben endlich beginnen konnte. Zuerst musste ich nach Djugu und Bunia fahren, um unsere Aufenthaltsbewilligung zu erhalten und unser Auto anzumelden. Es fiel mir auf, dass alle kongolesischen Beamten so hilfreich und freundlich waren wie nie zuvor. Auch die Bevölkerung auf der Straße und in den Dörfern unterwegs winkte mir fröhlich zu – die Menschen waren anders geworden. In Bunia konnte ich einige Sachen kaufen, doch zu einem hohen Preis. Die meisten Waren mussten per Flugzeug nach Bunia eingeflogen werden. Die Stadt trug immer noch die Spuren des Krieges. Viele Häuser waren zerstört, andere waren voller Einschusslöcher. Ich hörte, dass ein griechisches Ehepaar, das wir gut kannten, vor das Lumumba-Denkmal gezerrt und massakriert worden war wie auch viele andere Ausländer. Tausende hatten ihr Leben verloren und ihre Häuser waren geplündert und verbrannt worden. Sogar Priester, Nonnen und Farmer waren brutal umgebracht worden.

Ich denke zurück an ein tragisches Schicksal, das damals in der ganzen Welt für Schlagzeilen sorgte. Ein amerikanischer Arzt, Carlson, kam in den Kongo auf eine Station im Urwald. Er wollte drei Monate dort mithelfen, die Not der Verletzten zu lindern. Er arbeitete nicht lange, da überfielen die Rebellen die Station und verschleppten den Arzt mit anderen Helfern nach Stanleyville. Dort wurde er in ein Gefängnis gesperrt. Es war überfüllt und die Insassen wurden misshandelt. Wir beteten viel für Carlson und die anderen Gefangenen. Immer wieder wurden Gefangene geholt und vor ein Gericht gestellt, das öffentlich auf einem großen Platz abgehalten wurde. Niemand kam lebend von diesem Schauprozess zurück. Wochen vergingen und immer noch war der Arzt hinter den grauenhaften Mauern. Eines Tages sandte die belgische Regierung Flugzeuge mit Fallschirmtruppen in die Gegend. Die Gefangenen freuten sich und dachten, das sei ihre Befreiung. Dr. Carlson und viele andere Männer versuchten, die Gefängnismauern hochzuklettern. Einigen gelang so die Flucht. Carlson hatte es fast geschafft – er konnte schon mit dem Kopf über die Mauer sehen und freute sich, doch da fiel ein Schuss. Er wurde getroffen und sank tot wieder ins Gefängnis zurück. Was hatte er Böses getan? Nichts, er war gekommen, um Gutes zu tun und bezahlte dafür mit seinem Leben. Wie dankbar war ich, dass wir noch im allerletzten Augenblick über die Grenze hatten fliehen können und noch lebten. Wieder in Blukwa angekommen, begann eine Zeit des Aufräumens und Reparierens. Das Unkraut um das Haus herum war meterhoch gewachsen. Vieles, was wir dringend brauchten, musste hergestellt werden. Die Wasserleitung und die Pumpe im Tal funktionierten nicht mehr. Türen und Fenster reparierten wir notdürftig. Einige Möbel und Matratzen brachten Kongolesen wieder zu uns zurück, welche sie von den Rebellen kaufen mussten. Doch die Matratzen sahen aus, als wenn sie von Ziegen oder Hühnern benutzt worden wären. Weil wir nichts kaufen konnten, reinigten wir die Gegenstände und benutzten sie wieder.

Fast jeden Sonntag fuhren wir in die Dörfer hinaus, um den Leuten das Evangelium von der Liebe Gottes zu verkünden. Es war rührend, wie freundlich uns die Menschen begrüßten und uns dankten, dass wir wieder zurückgekommen waren und ihnen durch die Besuche in ihren Dörfern Freude und Mut brachten. Obwohl die Menschen arm waren und durch den ständigen Krieg nicht nur ihre Habe, sondern auch Angehörige verloren hatten, versuchten sie, uns nach dem Gottesdienst ein gutes afrikanisches Essen zu servieren und Gemeinschaft mit uns zu haben – das genossen wir sehr. Langsam war unser Haushalt wieder notdürftig eingerichtet. Die Arbeit machte uns Freude und Gott segnete sie.

Da wir so oft wegen Wirren und Stammeskriegen den Kongo hatten verlassen müssen, beschloss die Mission, dass wir Missionare nur auf den Stationen bleiben durften, wenn dort aus Sicherheitsgründen eine Landebahn gebaut war, auf dem ein Missionsflugzeug landen konnte. Da wir keinen solchen Landeplatz hatten, mussten wir entweder gehen oder einen bauen. Nach vielen Überlegungen mit den Gemeindeverantwortlichen über die Machbarkeit und viel Gebet entschlossen wir uns zum Bau. Ich ging eines Tages zum Häuptling im Afrikanerdorf und besprach mit ihm diese Notwendigkeit. Ich sagte zu ihm, wenn er uns Missionare in seinem Gebiet haben wolle, so müsse er uns beim Bau dieser Landebahn helfen. Er willigte ein, und wir sprachen die Vorgehensweise ab. Zuerst brauchte ich ein Landstück von tausend Metern Länge, das er mir zuteilen musste. Zudem musste er mir versprechen, dass er mir täglich fünfhundert bis tausend Afrikaner aus der Umgebung zur Verfügung stellen würde, die täglich zur Arbeit kämen, denen wir aber keinen Lohn bezahlen könnten, bis der Streifen fertig sei. Der Häuptling willigte auch dazu ein. Nun musste ich noch warten, bis ein Missionspilot kam, um mir zu zeigen, wo er den Landestreifen haben wollte, denn das ganze Gebiet rund um die Station war sehr hügelig. Nirgends befand sich ein Ort, der sich für eine Landebahn geeignet hätte. Was nun? Dennoch entschieden wir uns für einen Hügelzug, der etwa fünf Kilometer entfernt war, gegenüber dem Hügel der Station, doch durch ein Tal getrennt. Auf dem Grat dieses Hügelzuges war der einzige Platz, auf dem sich eine Piste bauen ließ. Da der Streifen an einem seitlich abfallenden Gelände gebaut werden musste, würde die Arbeit nicht einfach sein. Ich ernannte einen gläubigen Vorarbeiter, den ich gut kannte. Wir besprachen miteinander, wie wir vorgehen wollten, weil das Gelände nicht eben war, sondern an einem Abhang. Die Piste musste mindestens 15 m breit und 750 m lang werden. Wir planten, auf der einen Hälfte des Abhanges, Erde abzutragen und sie auf der anderen Seite aufzuschütten, sodass ein ebener Streifen entstand. Das war eine langwierige und schwere Arbeit, doch es blieb uns keine andere Wahl.

Als der Tag kam, an dem wir mit der Arbeit begannen, waren wir erstaunt, dass so viele Leute mit ihren zum Teil abgetragenen Hacken gruppenweise antraten. Es waren Leute aus verschiedenen Dörfern, die der Häuptling aufgeboten hatte. Es war nicht einfach, so vielen Leuten, die keine Ahnung von dem hatten, was ich von ihnen verlangte, zu erklären, was sie tun sollten. Ich wählte noch ein paar Vorarbeiter, welche den verschiedenen Gruppen zeigten, was sie tun mussten. Die einen hackten die Erde locker, die anderen mussten die Erde mit geteilten Schaufeln auf die abfallende Seite befördern, bis eine ebene Straße entstand. Die Vorarbeiter mussten aufpassen, dass nicht zu tief gegraben wurde, denn der Streifen musste in der Länge und Breite eben sein. Ich musste viel herumrennen, nach vorne und dann wieder nach hinten. Auch musste ich auf der Hut sein, dass die vielen Menschen, wenn sie nicht beobachtet wurden, nicht auf dem Boden saßen und sich ausruhten. Die Menschen in Afrika sind nicht gewöhnt, einen ganzen Morgen ohne Unterbrechung zu arbeiten. Da die Bewohner der einzelnen Dörfer nur eine Woche aufgeboten wurden, hatten wir jede Woche wieder neue Leute, was die Arbeit sehr mühevoll machte.

Woche um Woche verging und das Flugfeld wurde immer länger. Die Station war auf einer anderen, lang gezogenen Hügelkette parallel zu der entstehenden Landebahn, doch dazwischen war ein kleines Tal. Deshalb musste ich jeden Morgen einen großen Umweg machen, um auf den anderen Hügelzug zu kommen. Weil das Tal breit und sumpfig war, konnte ich es nicht zu Fuß überqueren.

Das wäre ein Zeitgewinn gewesen. Ich dachte oft darüber nach, ob man nicht einen Graben ausheben und das Land trockenlegen könnte. Eines Morgens, als ich wieder hinüberfuhr, sprach ich mit dem Vorarbeiter und fragte ihn, ob wir nicht für das sumpfige Tal eine Drainage und eine Brücke über das Wasser bauen könnten. Er antwortete mir, dass das monatelange Arbeit wäre und viel kosten würde. Ich ließ diesen Gedanken nicht fallen und fragte Gott im Gebet, was ich tun sollte. Die Zeit verging. Doch als ich eines Morgens wieder zur Baustelle hinüberfuhr, kam der Vorarbeiter aufgeregt zu mir und sagte: »Bwana, njoka anakate Trace chini.« Das heißt: »Herr, die Schlange hat im Tal einen Graben gemacht.« Ich verstand nicht, was dieser Graben mit einer Schlange zu tun hatte und begleitete ihn ins Tal hinunter. Was ich da sah, war für mich unerklärlich. Der Blitz hatte in der Nacht stark gewütet und im Tal eingeschlagen und einen tiefen und breiten Graben ausgehoben. Er verlief mitten durch das Tal. Große und kleine Steine und Erde waren weit über den Graben hinausgeschleudert worden und im »Bachbett« floss Wasser. Ich konnte nur staunen über die Gewalt, die der Blitz entwickelte, um so etwas zu schaffen. In Sekunden entstand ein fast perfektes Bachbett, und wir konnten nach einiger Zeit, als das Sumpfgebiet ausgetrocknet war und das Wasser im Graben floss, einen Steg über den Graben legen. Wir alle konnten nur immer wieder staunen und sagen: »Das hat unser Gott und Vater im Himmel getan. Wie groß ist er!« Dafür priesen wir ihn, der uns wunderbar geholfen hatte. Die vielen Afrikaner, die arbeiteten und erfuhren, was geschehen war, waren beeindruckt, dass unser Gott so etwas Großes tun konnte. Ja, es war ein Wunder, das sich bald weit herumgesprochen hatte.

Unsere Landepiste wurde immer länger, und als sie 750 m lang war, konnte ich dem Häuptling mitteilen, dass wir keine Leute mehr brauchten. Ich bedankte mich bei ihm und versprach dem großzügigen Mann, dass er als Dank für seine Hilfsbereitschaft einer der Ersten sein werde, der mit dem Flugzeug über sein Gebiet fliegen dürfe. Darauf war er stolz. Für mich stand eine schwierige Aufgabe bevor: Ich musste die Landebahn planieren. Ich holte drei schwere Baumstämme von je vier Metern Länge und zimmerte daraus ein Dreieck, das aussah wie in Europa ein Schneepflug im Winter. An der Spitze befestigte ich ein dickes Seil und band dieses hinten am Auto fest. Diesen »Schneepflug« zog ich einige Tage lang über die Piste hin und her und so entstand eine ebene Oberfläche. Da die Landebahn in einem Gebiet war, in dem Kühe weideten, musste ich noch einen Stacheldrahtzaun bauen, der die Landebahn umzäunte. Dies war wegen der Sicherheit des Piloten und der Gefahr, dass bei der Landung Kühe auf der Bahn wären, oder dass die Bahn mit Kuhfladen übersät wäre, nötig.

Als wir mit allen Arbeiten fertig waren, kam der Pilot mit seinem Flugzeug, das sechs Personen aufnehmen konnte, kreiste über der Station und landete auf der neuen Landebahn. Hunderte Afrikaner strömten zur Landebahn oder schauten in der Ferne dem großen Vogel zu, der über ihren Köpfen kreiste und dann landete. Sie hatten noch nie ein Flugzeug so nahe gesehen und staunten über das, was sie sahen. Nun machte der Pilot einige Testflüge. Verschiedene Kongolesen durften mit ihm einige Runden fliegen, auch der Häuptling hatte das Vorrecht, denn ich hatte es ihm ja versprochen. Es war ein großer Tag für die Bevölkerung rund um die Station, als die vielen Kongolesen sahen, wie ein Flugzeug in ihrem Dorf landete und wieder in die Lüfte flog. Diese Möglichkeit, mit einem Flugzeug schnell evakuiert zu werden, oder einen kranken oder verunglückten Menschen schnell ins Krankenhaus zu fliegen, war eine große Erleichterung und Beruhigung für uns. Denn nun waren die meisten Missionare auch wieder nach Blukwa zurückgekehrt. Fortan kam das MAF-Flugzeug fast jede Woche mit einem Arzt oder einer Krankenschwester, um die Kranken in unserer Erste-Hilfe-Station zu besuchen. Auch Gäste konnten uns auf diesem Weg besuchen, oder der Pilot brachte uns die Post, wenn er ohnehin auf seiner Strecke schnell eine Zwischenlandung machte.

24. Der Kirchenbau in Blukwa

Schon lange hätte man die alt gewordene und viel zu kleine Kirche in Blukwa renovieren sollen. Doch niemand hatte bisher den Mut gehabt, denn sie war hoch und hatte ein steiles, grasbedecktes Dach. Da hinaufzusteigen und das alte Gras zu entfernen, war gefährlich. Ich sprach mit den Missionskollegen und den Ältesten der Gemeinde, wie wir diese schwierige Aufgabe bewältigen könnten. Wir beschlossen, als Erstes genügend Backsteine herzustellen und sie zu brennen, denn wir wollten die Kirche um zehn Meter verlängern und am Eingang einen Turm bauen. Dazu benötigten wir 40 000 neue Backsteine. Die alte Kirche war auch mit diesem Material gebaut. Die alten Backsteinmauern konnte man stehen lassen, nur die Vorder- und die Hinterseite musste abgerissen und vergrößert werden.

Im Tal unterhalb der Station gruben wir ein großes, tiefes Loch in die Erde, denn da unten war der Boden lehmig. Die Gemeindeleitung organisierte Männer, die mit einer alten Backsteinpresse die vielen Steine pressten. Die Backsteinpresse hatte zwei backsteinförmige Vertiefungen, die man mit Lehm füllen konnte. Mit einem vier Meter langen, starken Baumstamm, an dem das Gegenstück zur Vertiefung befestigt war, drückten drei starke Männer mit aller Kraft das Gegenstück auf die eingefüllte Erde und pressten so die Lehmerde zusammen. Jedes Mal entstanden zwei Backsteine. Da die brauchbare Erde erst etwa in einer Tiefe von sechs Metern war, mussten ein halbes Dutzend Männer mit Schaufeln die Oberschicht abheben und in diesem tiefen Loch das Material ausgraben. Da unten war die Erde noch feucht und konnte gut bearbeitet werden. Viele Männer waren nötig, die täglich hier arbeiteten. Nun hatten wir ein Problem: Wie sollten wir die Erde aus der Tiefe von sechs Metern heraufholen? Wir mussten drei Plattformen herstellen, die zwei Meter übereinander lagen. Drei Männer waren in der Tiefe und schaufelten die Erde auf die erste Plattform, dann warfen drei weitere Männer die Erde auf die zweite Plattform, und zuletzt erreichte die Erde die Männer bei der Presse. Jetzt erst konnte das Press-Team mit der Herstellung der Steine beginnen. Wenn sie gepresst waren, trug eine vierte Gruppe die gepressten Steine in einen Schuppen. Dort mussten sie schön sorgfältig gestapelt werden – immer zwei Millimeter Abstand voneinander. Die zweite Reihe wurde quer darüber gestapelt. So entstand ein großer Berg von Backsteinen, die sechs Monate lang getrocknet werden mussten, bevor man sie brennen konnte.

Unterdessen hatten wir in der Stadt gewellte Asbestplatten bestellt. Wir wollten das Dach nicht mehr mit Gras, sondern mit diesen Platten bedecken. Außerdem bestellten wir bei einem Holzhändler Bretter für die Dachkonstruktion, auf der die Platten befestigt werden sollten. Das alte Grasdach war auf Bambusstäben befestigt, die schon sehr alt waren. Darauf zu steigen, war gefährlich. Eine der schwierigsten Arbeiten war, auf dem steilen Dach das Gras zu entfernen. Helga und ich hatten Gott viel um Hilfe und Bewahrung gebeten, denn wir wussten, dass die Arbeit gefährlich war. Ich stieg vorsichtig auf das Dach, und einige Kongolesen taten dasselbe. Wir zerschnitten mit Buschmessern Meter um Meter die alten Baumrindenschnüre, mit denen das Gras an den Bambusstäben festgebunden war. Dann warfen wir das Gras vom Dach herunter. Es dauerte viele Tage, bis alles Gras unten war und wir noch die Bambusstäbe von den alten morschen Balken lösen und herunterwerfen konnten. Ich hatte ein wenig Angst, so hoch oben auf dem morschen Holz stehen zu müssen, aber ohne mein Vorbild wäre kein Kongolese auf das Dach gestiegen. Als wir mit dem Abbruch des Daches fertig waren, dankten wir Gott, der seine Hand unter uns gehalten und uns vor einem Absturz bewahrt hatte. Jetzt mussten wir noch die Hinter- und Vordermauer der Kirche abbrechen, denn diese sollten ja verlängert werden. Zudem wollten wir vorne einen Turm bauen, und eine Glocke sollte die Leute zum Gottesdienst rufen können. Da wir an verschiedenen Aufgaben gleichzeitig arbeiteten, waren wir früher als geplant bereit, mit dem Wiederaufbau zu beginnen. Auf beiden Seiten der Kirchenmauer lag noch immer das Gras vom Dach. Die Christenfrauen trugen einige Tage lang das Gras auf ihren Köpfen weg. Auch meine drei Mädchen halfen tüchtig mit, Gras auf ihren Köpfen wegzutragen. Vreneli war für die Sommerferien zu uns gekommen und wollte auch mithelfen und lernen, wie man Gras auf dem Kopf tragen kann. Helga hatte als Stations-Gastgeberin und Mutter viel zu tun und war täglich dankbar, wenn wir heil wieder nach Hause kamen.

Vor lauter Arbeit ging die Zeit vorbei wie im Flug. Nun war der Moment gekommen, um die getrockneten Backsteine zu brennen. Wir benötigten 30 Stehr Brennholz. Die Baumstämme waren mindestens vier Meter lang, dick und schwer. Zuerst bauten wir mit den neuen Backsteinen einen Ofen mit fünf Kanälen, je 60 cm breit, einen Meter hoch und fünf Meter tief. Oben war er gewölbt, sodass über den Feuerkanälen eine Plattform von sieben Metern Breite und fünf Metern Tiefe entstand. Auf diese Plattform legten wir die Backsteine Reihe an Reihe mit genau zwei Millimetern Zwischenraum. Die zweite Reihe legten wir quer darüber und immer weiter wuchs der Backsteinberg, bis er fünf Meter hoch war. Dann schoben wir die Baumstämme in die fünf Feuerkanäle und zündeten das Holz an. Drei Tage und Nächte musste ich das Feuer auf Hochtouren brennen lassen und es überwachen. Die Kongolesen halfen mir tapfer, doch sie hatten wegen der großen Hitze, die aus den Feuerkanälen schoss, Angst zu nahe an das Feuer zu gehen. Es war schwer, wieder neue Baumstämme nachzuschieben, denn die Hitze war enorm. Ich musste einen belaubten Baumzweig in Wasser tauchen und ihn vor den Kopf halten, um wieder neu Holz in die Feuerkanäle zu schieben, sonst hätte ich meine Haut verbrannt. Nach drei Tagen glühten die Steine sogar an der Oberfläche. Nun konnten wir die Öffnung der Kanäle zumauern und die Steine vier Wochen lang abkühlen lassen. Selbst nach vier Wochen musste man Holzbretter unter den Schuhen befestigen, weil man die Backsteine brauchte, die noch sehr heiß waren.

Erst jetzt konnte die Arbeit an der Kirchenmauer beginnen. Zuerst nahmen wir Baumstämme, die als Baugerüst dienten, und legten immer zwei Stück einen Meter auseinander. Dann rissen wir von grünen Sträuchern Rindenstücke ab, die als Schnüre zum Binden der Querstreben der beiden aufrecht stehenden Bäume dienten. So entstanden leiterähnliche Gerüstteile, auf die wir Bretter legten. Darauf konnten die Maurer stehen und die Mauer bauen. Die Gefahr der Baumrinde zur Befestigung war, dass sie dürr wurde und manchmal bei großer Belastung samt den Brettern absackte. Doch Nägel zur Befestigung konnten wir uns nicht leisten. Ich berief zehn gelernte Maurer. Jeder musste täglich eine vorgeschriebene Anzahl Backsteine legen. Er hatte zwei Gehilfen, die ihm die Steine und den Mörtel brachten, den sie anstelle von Zement verwendeten. Wenn er sein Pensum fertig hatte, konnte er heimgehen. Ich konzentrierte mich auf den Turmbau. Ich legte immer eine Reihe Backsteine in Mörtel, darauf legte ich Stacheldraht, der die Mauer zusammenhielt. Auf den Stacheldraht legte ich eine Reihe Backsteine in Zement und darauf wiederum kamen dann vier Reihen Backsteine, die nur mit Mörtel aus Erde gemauert wurden, weil der Zement sehr teuer war. So bauten wir die Mauer bis oben hin. Beide Eingänge des Turmes waren oben bogenförmig. Der Grundriss war sieben mal sieben Meter, die Höhe war 15 m. Als der Turm fertig war und die neuen verlängerten Mauern dastanden, begann ich mit der Herstellung der Dreieckträger für das Dach. Wir konnten keine Balken kaufen. Deshalb musste ich diese mit viel Mühe selbst herstellen. Da ich nur Bretter von viereinhalb Metern Länge und zweieinhalb Zentimetern Stärke hatte, musste ich immer drei Bretter verschränkt zusammennageln, bis ich einen Balken von 13 m Länge hatte. Darauf konstruierte ich die dreieckige Dachschräge mit den nötigen Verstrebungen. Man brauchte für das ganze Dach zwölf solcher Dreiecksträger. Dann wurden sie mit Dachlatten verbunden, auf denen wir die Wellplatten festnageln konnten. Die Arbeit ging langsam voran, doch es kam der Tag, an dem das Dach fertig war. Nun war die Kirche 13 m breit, 30 m lang und fasste zweitausend Menschen. Helga half mir, eine schöne Kanzel aus zwei verschiedenfarbigen Mahagonihölzern zu fertigen. Auch ein Taufbecken baute ich vorne in der Plattform, damit wir nicht mehr in einem selbst gebauten Teich im schmutzigen Wasser taufen mussten. Die Ersten, die dann schließlich in diesem Taufbecken getauft wurden, sollten Vreneli und Gisela sein, zusammen mit vierhundert Kongolesen.

Am Tag nach der Fertigstellung der Kirche hatten wir die Einweihung geplant, zu der viele geladene Gäste erwartet wurden. Natürlich wollten auch alle Einheimischen dabei sein. Am Vorabend war ich immer noch auf dem Dach, um einige Arbeiten abzuschließen. Als ich wieder herabsteigen wollte, hielt ich mich an einem Stirnbrett fest, von dem ich dachte, es wäre festgenagelt. Doch das war nicht so, und als ich mich daran festhalten wollte, bog es sich mit mir über das Dach hinaus, sodass ich vom Kirchendach herunterstürzte und regungslos unten liegen blieb. Ich konnte nicht mehr aufstehen. Die Arbeiter trugen mich in unser Haus. Helga war schockiert, als man mich im Haus niederlegte und feststellte, dass mein Sprunggelenk am rechten Fuß zusammengestaucht war. Zudem hatte ich einen Bluterguss, der von den Fersen bis zum Knie grün und blau gefärbt war. Ich konnte nicht mehr gehen und hatte fast unerträgliche Schmerzen, obwohl mir die Krankenschwester der Station Umschläge machte. Nach einer Konsultation mit Dr. Becker über Kurzwellenfunk spritzte sie mir Morphium, um die Schmerzen zu lindern. Nun war ich monatelang ans Bett gebunden und konnte nur mit Krücken ein wenig umherhumpeln. Da im Krankenhaus in Rethy kein funktionierender Röntgenapparat war, wusste man am Anfang nicht, was im Fuß geschehen war. Deshalb wurde mein Fuß nicht richtig behandelt. Mein Sprunggelenk wurde steif und sollte für den Rest meines Lebens so bleiben. Die Monate, die ich vorwiegend liegend verbrachte, nutzte ich trotz Schmerzen am Fuß, um Gisela jeden Tag einige Stunden Erstklässlerunterricht zu erteilen. Sie setzte sich neben mein Lager und lernte lesen, rechnen und andere Fächer. Sie gab sich Mühe, und als wir später in die Schweiz kamen, konnte sie sofort in die zweite Klasse eintreten. Die Kircheneinweihung wurde übrigens abgesagt; sie wurde verschoben, um dann etwa drei Monate später nachgeholt zu werden, bis ich mit den Krücken gehen konnte. Es war ein heißer Sonntag. Viele Gäste waren angereist, und eine große Menge Kongolesen kam aus den umliegenden Dörfern. Bald war der letzte Platz in der Kirche besetzt. Die Leute saßen dicht gedrängt nebeneinander, während rund um das Gotteshaus herum noch mehr als tausend Kongolesen lagerten und andächtig zuhörten. Es war gut, dass wir eine Lautsprecheranlage installiert hatten. Gestützt von den Krücken unter den Armen stand ich an die Kanzel gelehnt und predigte über den Bibelvers: »Lass dir an meiner Gnade genügen; denn meine Kraft ist in den Schwachen mächtig« (2. Korinther 12,9). Der Pfarrer pries Gott vor der anwesenden Gemeinde und dankte ihm, dass die Gemeinde nun eine schöne Kirche hatte. Die verschiedenen Schulklassen sangen Lieder und geladene Gäste bekundeten vor der Gemeinde ihren Dank. Eine Gruppe Trompeter spielte zur Ehre Gottes – aus allem war Dankbarkeit, Freude und Anbetung zu spüren. Nun hatten wir unser Gotteshaus, in dem jeden Sonntag die frohe Botschaft der Liebe Jesu Christi verkündigt wurde. Auch von der Schule wurde die Kirche gebraucht, und zu den wöchentlichen Gebetsstunden waren fast alle Plätze voll Menschen. Es war eine Zeit, in der im ganzen Distrikt die Einheimischen für das Evangelium offen waren. Nicht nur in Blukwa war die Kirche zu klein geworden. Auch kleine Dorfkirchen mussten vergrößert werden, weil die Besucherzahlen stetig zunahmen. Wir durften ungehindert in die Dörfer gehen und hatten keine Angst mehr.

Die Menschen waren sehr freundlich und freuten sich über unsere Besuche. Wie dankbar waren wir für diese positive Wende und den Segen, den Gott dieser Region gab – nach den jahrelangen Ängsten, Verfolgungen und Kriegen.

Die Weihnachtszeit war für uns im Kongo emotional immer etwas schwierig. Auch dieses Jahr war es zu dieser Zeit am Tag sehr heiß. Es hatte schon Monate lang nicht geregnet und das Gras war dürr geworden. Die Blumen im Garten hatten wir mit dem gebrauchten Badewasser gegossen, weshalb sie schön blühten. Auch die Bäume entlang der Straße waren grün und einige hatten sogar große rote Blüten. Dieses Jahr suchte ich im Busch nach einem Bäumchen und fand ein kleines mit grünen Blättern, das wir im Haus aufstellten. Es hatte so dünne Zweige, dass wir nichts daran hängen konnten. Dennoch erinnerte es uns an den schönen Baum zu Hause. Die Kerzen stellten wir auf die Fenstersimse und auf den Tisch, und so kam dennoch etwas Stimmung auf. Süßigkeiten für die Kinder konnten wir nicht kaufen. Darum waren wir dankbar, dass die Oma aus Wien zur rechten Zeit ein »Päckli« abgeschickt hatte, das sogar früh genug hier ankam. Die Kinder freuten sich sehr über die Geschenke. Wieder einmal brachte uns jemand Äpfel aus Kampala, diesmal war es ein ganzes Kilogramm, sodass jedes der Kinder einen ganzen Apfel erhielt. Sie aßen sie fast andachtsvoll, denn Äpfel waren hier eine große Seltenheit. Der Pfarrer hatte mich gebeten, die Weihnachtspredigt zu halten, und so predigte ich in der voll besetzten Kirche vor über zweitausend Zuhörern: »Christus der Retter ist da.« Die Anwesenden hörten mit offenen Herzen zu. Obwohl Frauen während der Predigt ihre Kinder säugten und wickelten, störte sich deswegen niemand. In diesem Land war das doch eine Selbstverständlichkeit. Mit all den verschiedenen Gruppen, die ihre Lieder sangen, war das Programm ausgefüllt. Auch die Gemeinde sang laut und fröhlich die schönen Swahili-Lieder. Der Gottesdienst dauerte gut drei Stunden. Jedermann freute sich an der Gemeinschaft miteinander und ging am Ende dankerfüllt wieder nach Hause. Am 1. Januar kamen verschiedene Gemeindeglieder, um uns ein gutes Jahr zu wünschen. Sie gaben uns schöne Blumen. Wir freuten uns darüber, obwohl wir wussten, dass diese Blumen aus unserem Garten stammten. Dennoch war es wertvoll, denn sie wollten uns damit erfreuen.

Im Januar hatten wir in Rethy eine Missionskonferenz. Aus allen Landesteilen kamen die Missionare. Wir waren einhundert Erwachsene und dazu kam noch eine große Schar Kinder. Da nach der Unabhängigkeit des Kongos die Belgier vertrieben worden waren und die Kongolesen das Land fast in den Ruin getrieben hatten, musste sich auch die Mission den veränderten Verhältnissen anpassen. Nun hatten die Einheimischen das Sagen, und wir mussten uns ihrem Denken anpassen. Einige ältere Missionare waren nicht bereit, das zu tun, und gingen in ihre Heimat zurück. Wir versuchten, Wege zu finden, wie wir mit den Kongolesen zusammenarbeiten konnten. Die afrikanischen Verantwortlichen baten uns dringend, weiter unsere Arbeit zu tun und ihnen zu helfen. Es war schön, mit Gleichgesinnten eine Woche lang Austausch zu haben, miteinander zu singen und zu beten. Auch die Vorträge waren erbauend. Zudem lernte man auch neue Gesichter kennen. Die Kinder hatten ihr eigenes Kinderprogramm. Sie sangen, spielten im Freien, hörten biblische Geschichten und fühlten sich wohl. Auch wir Missionare hatten einen Spielnachmittag im Freien und maßen unsere Kräfte miteinander. Neu gestärkt und gesegnet kehrten wir eine Woche später wieder auf unsere Stationen zurück. Jeder hatte seinen Auftrag, und den wollte er mit Gottes Hilfe ausführen.

25. Endlich wieder Heimaturlaub

Da wir unseren Heimaturlaub wegen meines Sturzes vom Kirchendach um sieben Monate nach hinten verschieben mussten, freuten wir uns umso mehr, als die Zeit näherrückte und wir mit den Vorbereitungen beginnen konnten. Unseren Hausrat verpackten wir und deponierten ihn in einem kleinen Nebenhäuschen, denn wir planten, wieder in den Kongo zurückzukehren. Unsere Kinder hatten ein Alter erreicht, bei dem wir davon ausgehen konnten, nach einem Urlaubsjahr noch einmal vier Jahre im Kongo wirken zu können. Nach dieser Zeit müssten dann die Kinder in der Heimat eine höhere Schule besuchen. Unser Auto verkauften wir einer Missionarin, denn wir wollten es nicht ein Jahr ungebraucht stehen lassen. Unseren Schäferhund Rex brachten wir nach Rethy, er durfte bis zu unserer Rückkehr im Internat bleiben.

Nach der großen Verabschiedung brachte uns die Missionarin nach Kampala, wo wir noch einige Tage im Gästehaus Namirembe blieben. Eines Abends kamen die Kinder zu Helga und beklagten sich über Jucken am Kopf. Helga stellte fest, dass alle Mädchen Läuse hatten. Was sollten wir tun? Wir hatten nichts dabei, mit dem wir diesen Viechern den Garaus machen konnten. Nach langem Überlegen versuchten wir, Petroleum aufzutreiben und wuschen ihnen die Haare damit. Es war nicht gerade angenehm, doch das Jucken hörte auf. Die Fahrt von Kampala nach Entebbe am Viktoriasee dauerte nur eine Stunde. Von dort flogen wir zehn Stunden mit der »Eastafrican Airline« nach Zürich und waren endlich wieder in der Schweiz! Mein Bruder holte uns mit seinem VW Käfer am Flughafen ab, und zu Hause in Staffelbach wurden wir von unseren Eltern herzlich willkommen geheißen. Es war kalt in der Schweiz, denn der Frühling war noch nicht gekommen. Meine Eltern hatten die zweite Etage ihres Hauses schön eingerichtet und die Stube geheizt, sodass wir uns wohl fühlten. Vreneli und Gisela mussten in die Schule gehen. Die ältere Tochter war enttäuscht, dass sie in die dritte Klasse gehen musste, denn im Kongo besuchte sie die vierte. Doch im Kongo begann die Schule im Herbst und in der Schweiz im Frühling. Gisela dagegen durfte in die zweite Klasse eintreten, denn ich hatte ihr im Kongo das Pensum der ersten Klasse bereits beigebracht. Da die Kinder in die Schule gehen mussten, konnten wir nicht sehr viel reisen. Dennoch erhielten wir viele Einladungen von Kirchen und Gemeinden, sodass wir die Kinder bei den Eltern lassen mussten, um die Vorträge zu halten. Wir legten in diesen zehn Monaten ungefähr 2 000 km zurück und waren dankbar, dass Gott uns auf den Autobahnen bewahrte. Wir sahen viele Autounfälle, teils mit tödlichen Folgen, und dankten jedes Mal, dass wir bewahrt blieben. Wir erlebten viel Liebe und Freundlichkeit von den vielen Geschwistern und dankten Gott für alle Gaben, die man uns anvertraute. Diese brauchten wir, um uns wieder für Afrika und die Wiederausreise auszurüsten. Ich freute mich sehr, dass Helga immer mit mir zu den Vorträgen mitkam und auch erzählen konnte, was sie als Frau auf dem Missionsfeld erlebt hatte. Auch die Eltern von Helga konnten wir als Familie besuchen, und ein paar Mal besuchten sie uns in der Schweiz. Die Freude unserer Eltern und Geschwister war sehr groß, dass wir wieder daheim waren. Doch sie wussten, dass wir nicht für immer bei ihnen bleiben konnten, sondern dass wir wieder ausreisen würden. Dieser Gedanke war für sie nicht einfach zu verarbeiten.

Auf unseren Besuchen begegneten wir Menschen, die nicht verstehen konnten, dass wir wieder in den Kongo zurückgehen wollten. Sie wussten um die politische Lage in diesem von Krieg und Not geplagten Land. Sie wussten auch, was wir alles in den vergangenen Jahren erduldet hatten. Wir versuchten ihnen zu verdeutlichen, dass es nicht unser Wunsch war, wieder zurückzugehen, sondern dass wir überzeugt waren, dass es Gottes Wille für uns war – und dem konnten wir uns nicht widersetzen. Wir erhielten Briefe vom Kongofeldleiter, der uns schilderte, dass momentan die Möglichkeiten in diesem Land sehr groß seien, und er sagte: »Kommt doch bald wieder zurück, wir warten auf euch! Die Kongolesen sind freundlich und freuen sich, wenn ihr wieder da seid, um ihnen zu helfen!« Wir erfuhren, dass wir nicht mehr nach Blukwa zurückgehen sollten. Vielmehr war ich vom Feldrat berufen worden, als Leiter der Pfarrerschule in Linga zu arbeiten.

Mein Fuß schmerzte immer noch. Wenn ich einen Vortrag oder eine Predigt hielt, stand ich meistens nur auf dem gesunden Fuß und hielt mich an der Kanzel fest oder an einem Tisch vor mir und zog den anderen Fuß etwas hoch. Auch in der Nacht drückte die Decke auf den Fuß und schmerzte mich. Ich besuchte drei verschiedene Orthopäden, doch keiner konnte mir helfen, denn das Sprunggelenk war inzwischen steif geworden. Sie wollten meinen Fuß versteifen, doch dazu war ich nicht bereit.

Das Jahr in der Heimat war bald zu Ende und wir organisierten die Wiederausreise. Da der Suezkanal gesperrt war, sollten wir um ganz Afrika herum bis nach Kenia fahren. Wir hatten unser Gepäck für den Transport mit Kuoni nach Venedig vorbereitet. Geplant war die Reise mit dem großen Schiff Lloyd Triestino. Mit etwas gemischten Gefühlen näherten wir uns dem Tag des Abschiedes. Wir hätten nie daran gedacht, dass im letzten Moment noch große Probleme auftauchen würden. Zwei Wochen vor unserer Abreise erkrankte Gisela an Windpocken. Helga pflegte sie gut, und der Herr heilte sie wieder. Doch zwei Tage vor dem Termin erkrankte Vreneli und wir wussten nicht, was wir tun sollten. Der Arzt sagte, wir sollten versuchen, sie mitzunehmen. Doch als sie zu erbrechen begann, fragten wir uns ernsthaft, ob wir die Verantwortung wirklich übernehmen durften. Ein Freund von uns machte den Vorschlag, dass wir das Kind noch zwei Tage im Bett ruhen lassen sollten. Er war bereit, dann mit Helga und unserer Tochter nach Venedig nachzukommen. Ich hatte das neue Auto gepackt, musste die Sachen in Venedig aufs Schiff bringen, alle nötigen Formalitäten erledigen und das Auto, das wir mitnahmen, einschiffen, was viel Zeit beanspruchen würde. Mein Vater und meine Schwiegermutter aus Wien wollten auch mit nach Venedig fahren, und so war das Auto zum Bersten voll. Sogar der Dachgepäckträger war voll beladen. Wir verabschiedeten uns von unseren Lieben. Der Abschied von Helga und Vreneli schmerzte besonders. Wir wussten ja nicht, ob sie noch rechtzeitig nach Venedig kommen würden. Zum Glück schien die Sonne, als wir über Zürich, Chur und Pontresina fuhren. Dort telefonierte ich mit meiner Mutter. Sie gab mir die traurige Nachricht, dass Vreneli im Spital in Aarau liege mit Masern, Mumps und Hirnhautentzündung. Das machte mich sehr besorgt und traurig. Später konnte ich noch mit Helga reden, und sie sagte, dass Vreneli mindestens einen Monat im Spital bleiben müsse. Helga war sehr traurig und gab mir zu verstehen, dass sie nicht mit mir fahren könne, weil sie bei unserer Tochter bleiben müsse. Sie hatte ihre Handtasche und alle Papiere schon ins Auto gelegt, und nun fehlte ihr der Pass. Sie überlegte, wie sie wenigstens zu unserem Abschied nach Venedig kommen könnte. Ich war sehr enttäuscht über diesen Bericht. Warum ließ Gott das zu, er hatte uns doch den Auftrag gegeben, ihm im Kongo zu dienen? Er hätte doch verhindern können, dass meine Tochter so krank wurde. Ich konnte Gottes Führung nicht mehr recht nachvollziehen. Sollte ich diese lange Schifffahrt ohne Helga und meine älteste Tochter machen? Und was, wenn Vreneli nicht wieder gesund würde? Die größte Versuchung verursachte mir meine Schwiegermutter. Ihr war klar, dass dies ein Zeichen Gottes war, dass wir nicht mehr nach Afrika gehen sollten. Sie wollte mich überzeugen, dass ich umkehren müsse, um einer Arbeit in Europa nachzugehen. Mein Vater sah alles schon ein wenig anders und verstand mich, als ich mich entschied, weiterzufahren. Schließlich waren unsere Überseekoffer schon auf dem Schiff und unsere Kabinen reserviert. In meinem Herzen wusste ich, dass Gott uns den Auftrag gegeben hatte, wieder nach Afrika zu gehen, denn dort hatte er eine Aufgabe für uns bereit. Warum er die Krankheit von Vreneli zugelassen hatte, wusste ich nicht. Doch ich wusste, dass er keine Fehler macht, und darum hörte ich nicht auf meine Schwiegermutter, sondern auf Gott, der mir den Auftrag zum Gehen gegeben hatte.

An der italienisch-schweizerischen Grenze blieben wir über Nacht und fuhren am zweiten Tag weiter nach Venedig. Da Helgas Pass in ihrer Tasche im Auto war, musste sie schnell von der Polizei eine provisorische Bewilligung bekommen, und ein Freund von uns kaufte ihr ein Flugticket nach Venedig. Als wir in Venedig ankamen, hörten wir von ihr, dass sie bald auch dort ankommen würde. Wie dankbar waren wir, als sie wieder bei uns war. Sie begleitete uns auf das Schiffsbüro, denn wir mussten sie und Vreneli abmelden. Der Beamte überlegte lange und beschloss, Gisela und Mirjam in einer Kabine mit anderen Frauen, und mich in eine Kabine mit Männern zu verlegen. Diese Entscheidung wies Helga entschieden zurück. Das würde sie nie erlauben. »Wenn ihr nicht in derselben Kabine fahren könnt«, sagte sie, »dann fahrt ihr überhaupt nicht!« Das machte dem Beamten Eindruck, und er ging noch einmal über die Bücher. Nun bot er uns eine Erste-Klasse-Kabine an, ohne von uns einen Aufschlag zu verlangen. Damit war meine Frau zufrieden, und wir machten uns auf, um unser Zimmer auf dem Schiff zu besichtigen. Es war prächtig, hell, groß und luxuriös. Wir freuten uns und dankten Gott, dass er uns dieses schöne Zimmer ermöglichte. Nie hätten wir uns einen solchen Luxus leisten können. Es waren schöne Stunden, die wir noch mit unseren Lieben verbringen konnten. Als die Schiffssirene ertönte, wussten wir, dass wir Abschied nehmen mussten. Wir waren traurig, umarmten einander und schluchzten laut, doch es gab keine andere Alternative. Helga und die Eltern standen unten am Hafengeländer und schauten zu uns hinauf, und wir winkten ihnen lange zu. Das Abdocken des Riesenschiffes und das langsame Auslaufen, das eine halbe Stunde dauerte, waren sehr hart. Wir schluchzten laut auf der Brücke, als wir den Lieben noch einmal winkten, denn wir wussten, dass wir uns eine lange Zeit nicht wiedersehen würden. Immer kleiner wurden die Zurückgebliebenen, und schließlich sahen wir sie gar nicht mehr.

26. Eine traurige Ausreise

Meine Kinder und ich versuchten, den Weg in unsere Kabine zu finden. Fast brauchte man einen Führer, der den Weg zeigte – so groß war das Riesenschiff! Über tausend Passagiere reisten mit. Die Mahlzeiten wurden in verschiedenen Schichten serviert. Die Kinder versuchten, alle drei Menüs, die jeden Tag serviert wurden, zu essen. Besonders die Nachspeise genossen sie. Am Tag konnten sie auf Deck mit anderen Kindern spielen oder im Schwimmbecken herumtoben. Ich überlegte, ob Gott nicht eine Absicht hatte, dass er uns die Möglichkeit gab, in dieser schönen, geräumigen Kabine zu sein. Mir wurde bald klar, was ich tun sollte. Ich ging in den Speisesaal und bat den Verantwortlichen um Erlaubnis, eine Meldung am Informationsbrett im Saal aufzuhängen. Darauf schrieb ich: »Jeden Tag um 11 Uhr findet im Zimmer X eine Gebetsstunde statt. Jedermann ist eingeladen!« Ich war am nächsten Tag gespannt, ob überhaupt jemand kommen würde. Und es kamen sogar viele Passagiere: Priester, Nonnen, Frauen und Männer. Es war schwierig für alle, in meiner Kabine eine Sitzgelegenheit zu finden. Wir lernten uns kennen, und jedermann nannte seine Anliegen. Ich erzählte ihnen von meinem Erlebnis mit Helga und Vreneli und wie traurig ich sei, dass ich sie zu Hause lassen musste. Mein Vorschlag war, für Helga und meine Tochter zu beten. Zuerst machten nicht alle vom Gebet Gebrauch. Besonders für die Priester und Nonnen schien das freie Gebet etwas ungewohnt zu sein. Doch mit der Zeit beteten sie auch mit, und wir freuten uns über die Gemeinschaft miteinander. Es kam auch jeden Tag eine deutsche Ärztin. Nach der Stunde blieb sie noch zurück und sprach ernst mit mir. Sie wollte mir erklären, dass die meisten Patienten mit Hirnhautentzündung einen Schaden in Form einer Behinderung davontragen würden. Sie wollte mich warnen, dass ich mich damit abfinden müsse. Ich hörte ihr zu, doch ich glaubte, dass Gott meine Tochter heilen würde, denn ihm ist alles möglich, er hat Macht über Leben und Tod. Ich freute mich, dass die meisten Besucher täglich kamen und fest für Vreneli und Helga beteten. Ich hatte auch viele Gespräche mit Gästen und so verging die Zeit schnell. Schon fuhren wir an Sizilien vorbei durch die Straße von Messina und ich dachte an meine Schwester, die in Messina in der Kinderarbeit diente. Meine Kinder waren brav, und wir erkundeten jeden Tag einen anderen Teil des großen Schiffes. Ein Erlebnis hatten wir täglich, wenn die Sonne langsam am Horizont niederging und das Meer rot färbte. Ich hatte mit den Kindern verhandelt, dass wir auf dem Schiff keine Coca-Cola-Drinks oder Schleckereien kaufen wollten, sondern das Geld zusammenlegten, damit wir für Mama in Kapstadt eine Brosche kaufen könnten. Sie waren einverstanden, und so sparten wir Geld für unser Vorhaben.

Das Schiff machte in Gran Canaria den ersten Halt. Ich hatte noch keine Nachricht, wie es Vreneli ging. Ich wusste nicht, ob sie noch lebte und wartete geduldig auf Post oder ein Telegramm, doch kein Lebenszeichen von zu Hause kam. Meine zwei Töchter und ich gingen von Bord und erkundeten die Gegend. Das Meer war für die beiden so verlockend. Sie wollten unbedingt baden gehen, doch wir hatten keine Badeanzüge dabei. Immer wieder bestürmten sie mich, bis ich ihnen endlich die Erlaubnis gab, in der Unterwäsche ins Meer zu gehen und sich abzukühlen. Welche Freude die beiden hatten, über den weißen Strand in das warme Meer baden zu gehen! Wir sahen uns auch die Gegend an. Große Hotels standen Reihe an Reihe. Die vielen Touristen vergnügten sich auf ihren Liegen oder im Meer. Es wäre sogar verlockend gewesen, hierzubleiben und Ferien zu machen, doch wir mussten weiterreisen, wir hatten einen anderen Auftrag. Wir kehrten wieder auf unser Schiff zurück, und bald fuhr es ohne Halt weiter bis Kapstadt. Es war eine lange Fahrt, und wir konnten uns nicht so recht freuen, weil Helga und Vreneli fehlten.

Zwei Wochen waren vergangen, seitdem wir von Helga Abschied genommen hatten. Ich erkundigte mich am Informationsstand am

Eingang des Schiffes nach Post oder einem Telegramm, doch es war keine Nachricht von meinen Lieben da. Warum hatte Helga mir nichts geschrieben? War vielleicht etwas Schlimmes passiert, oder hatte sie keine Zeit, was mir unrealistisch vorkam? Ich war schon sehr besorgt und unruhig wegen den beiden. Normalerweise hielt mich Helga auf dem Laufenden und das beruhigte mich. Während der langen Fahrt bis zum nächsten Halt beteten wir täglich weiter und die Gemeinschaft war sehr gut. Wir kannten einander schon gut. So manches Gespräch ergab sich mit den Mitreisenden. Die einen hatten Freudiges erlebt und die anderen schleppten sich mit Problemen umher. Es war schön, dass wir einander beraten, trösten und helfen konnten.

Für Gisela und Mirjam war immer etwas los. Manchmal gingen wir zusammen auf dem großen Schiff herum, ein anderes Mal wollten sie allein spielen oder baden gehen. Sie kannten sich schon gut auf dem Schiff aus. Manchmal verirrten sie sich zwar, doch sie fanden immer wieder zu mir zurück. Vor Kapstadt hatte ich um Erlaubnis gebeten, im Speisesaal eine Abschiedsfeier durchführen zu dürfen, denn die meisten Leute stiegen dort aus. Ich werde nie vergessen, wie viele Leute anwesend waren. Es bewegte mich sehr, als die holländischen Priester und einige Nonnen in ihren Zeugnissen dankten, dass sie auf dieser Reise gelernt hatten, frei mit Gott im Gebet zu reden. Auch dankten wir Gott, dass er uns in mehr als zwei Wochen eine so gute Gemeinschaft gegeben hatte. Wir verabschiedeten uns voneinander und wünschten einander viel Glück und Gottes Segen. Trotz meiner Trauer wegen Helga und Vreneli musste ich mit Dankbarkeit daran denken, dass wir eine schöne Zeit mit unseren Gebetsfreunden hatten. Es war schade, dass viele uns verlassen mussten. Da das Schiff ein paar Tage im Hafen vor Anker lag, erkundeten meine Kinder und ich die Stadt am Kap der Guten Hoffnung. Mich erinnerte der Berg neben dem Tafelberg an das Matterhorn im Wallis. Die Anschriften »Nur für Weiße« an Hotels und öffentlichen Plätzen befremdeten mich sehr. Die Apartheid war überall zu erkennen. Zwar waren viele Afrikaner in der Stadt, doch hatten sie nicht überall Zugang. Wir marschierten durch die Stadt auf der Suche nach einer Brosche für Helga. Endlich fanden wir eine schöne mit vielen geschliffenen Steinen. Sie war für uns erschwinglich, und wir entschlossen uns, sie zu kaufen. Wir freuten uns auf den Tag, an dem wir Helga damit überraschen konnten. Wir konnten die Zeit des Aufenthaltes in Kapstadt gar nicht so richtig genießen, denn immer mussten wir an die zwei Lieben zu Hause denken, denn wir wussten nicht, was los war. Warum hatte uns Helga bis jetzt keine Nachricht zukommen lassen? Ich betete aus tiefem Herzen: »Herr Jesus, gib mir doch mein geliebtes Kind gesund wieder und auch meine über alles geliebte Helga! Lass uns bald wieder zusammen sein, um dir zu dienen.«

Nach diesem mehrtägigen Aufenthalt in Kapstadt war das Schiff bereit zum Weiterfahren. In der ersten Nacht im Indischen Ozean kam ein gewaltiger Sturm auf. Das Schiff schwankte hin und her, auf und ab. Ich musste die Kinder mit einem Gürtel im Bett festbinden, damit sie nicht hinausfielen. Der Sturm dauerte einige Tage. Der Speisesaal war leer, denn die meisten Passagiere waren seekrank. Meine Mädchen wollten auch nicht mehr aufstehen, und wir hatten fast Angst, das Schiff könnte untergehen. Mitten im Sturm um Mitternacht klopfte jemand an unsere Tür. Wer mochte das sein, fragte ich mich und öffnete. Auf der anderen Seite stand ein Schiffsoffizier und übergab mir ein Telegramm. Mein Herz klopfte vor Spannung, und ich fragte mich, was drinstehen würde. Schnell öffnete ich den Umschlag und las mit Spannung die Worte: »Ein wenig Besserung. Gruß, Helga.« Ich warf mich aufs Bett und weinte vor Freude und dankte Gott für diese gute Nachricht, auf die ich so lange gewartet hatte. Jetzt wusste ich, dass es mit meinen Lieben in der Schweiz aufwärts ging. Doch mussten wir noch einige Wochen warten und hoffen, dass wir uns irgendwann wiedersehen würden.

Unsere Fahrt im Indischen Ozean dauerte noch eine Woche. Wir fuhren an der Ostseite Afrikas entlang, Kenia entgegen. Nun wurde auch ich zum ersten Mal seekrank und musste im Bett bleiben. Der Arzt sagte, es sei die Amöbenruhr und gab mir Medikamente. Trotz des Unwohlseins musste ich mich aufraffen und für meine Kinder sorgen, denn ich konnte sie nicht allein lassen.

Langsam näherten wir uns der Insel Madagaskar. Wir waren der Eintönigkeit des Meeres schon ein wenig überdrüssig. Immer schaukeln, immer nur Wasser, immer das Gleiche, immer auf dem Schiff auf- und abgehen. Nur hier und da tauchten Delfine aus dem Wasser auf oder große Fische schnappten nach Luft. Wir kreuzten mit anderen großen Schiffen, die in entgegengesetzter Richtung fuhren und winkten den Passagieren. Der Sonnenuntergang blieb faszinierend, auch wenn wir ihn nun nicht mehr über dem Heck des Schiffes sahen, sondern über dem Bug. Zwischen Kapstadt und Mombasa gab es eine Party für die Kinder. Sie bekamen bunte Kleider zum Anziehen und erfreuten sich an den guten Schleckereien und dem bunten Programm. Wir waren schon drei Wochen auf dem Meer und mussten uns so langsam mit dem Gedanken beschäftigen, bald am Ziel in Mombasa in Kenia anzukommen. Die Kinder halfen mir, unsere Sachen in die Koffer zu packen und alles für das Aussteigen bereitzustellen. Eines Morgens bemerkten wir, dass viele Leute aufs Meer hinausschauten. Wir gesellten uns auch zu ihnen, und da entdeckten wir in der Ferne Land. Die Leute riefen: »Das ist Mombasa! Wir sind da!« Immer näher kamen wir unserem Ziel. Nun mussten wir uns aufmachen und die Koffer nochmals kontrollieren, damit wir bereit waren, wenn das Schiff im Hafen anlegte. Das Schiff wurde langsamer, doch es dauerte noch lange, bis es angedockt und mit dicken Seilen festgebunden war.

Es entstand ein Gedränge auf dem Schiff. Jeder wollte so schnell wie möglich bei der kenianischen Zollabfertigung sein, um möglichst als Erster abgefertigt zu werden. Da wir ein Auto, einen Peugeot 403, den uns wieder die Firma Peugeot für den Missionseinsatz geschenkt hatte, mitgebracht hatten, mussten wir ohnehin auf den nächsten Tag warten, bis es ausgeladen wurde. Nach Stunden harter Arbeit waren unsere Koffer und Kisten ausgeladen und standen am Zoll, wo ich die vielen Formalitäten ausfüllte und das Gepäck verzollte. Es war bereits 22 Uhr, als wir bei Bekannten vor Ort die Nacht verbringen durften. Am Morgen wartete eine neue Herausforderung auf uns. Wir mussten zum Hafen zurückkehren, um das mitgebrachte Auto am Zoll abfertigen zu können. Wie war ich enttäuscht, als ich den Wagen sah: Die Kühlerhaube war eingedrückt. Ein schweres Gepäckstück war beim Ausladen vom Kran heruntergefallen und hatte die Motorhaube eingedrückt. Niemand wollte für den Schaden aufkommen. Ich hatte in Venedig leider keine Zeit mehr gehabt, den Wagen versichern zu lassen, und so musste ich in den sauren Apfel beißen und alles selbst berappen. Ich musste das Auto in die Autowerkstatt fahren und drei Tage warten, bis es repariert war. Das hieß, dass wir die ganze Zeit in Mombasa, am Meer, warten mussten – das war nicht vorgesehen gewesen.

Die Kinder hatten eine gute Idee: Da wir schon hier waren, wollten sie noch im Meer baden, denn im Kongo würden sie dazu keine Gelegenheit mehr haben. So fuhr ich mit unseren Gastgebern und den Kindern an den Strand, wo wir das warme Meerwasser genossen. Die Kinder tummelten sich in der Nähe des Ufers, und ich schwamm ein wenig im tieferen Wasser. Wie schön war es, nach einer so langen Schifffahrt wieder im Freien zu sein und sich vergnügen zu können. Ich beobachtete meine Kinder die ganze Zeit, doch als ich wieder einmal hinblickte, sah ich sie nirgends mehr. *Wo waren sie so schnell hingegangen?*, fragte ich mich. In Panik eilte ich zu der Stelle, an welcher sie zuletzt gewesen waren und siehe da, sie waren in eine Vertiefung am Meeresboden gerutscht, und ich konnte sie noch zur rechten Zeit herausheben. Das war ein Schreck für uns drei! Wie dankbar war ich, dass Gott die beiden nicht ertrinken ließ und ich sie wiederhaben durfte. Ich musste noch lange daran denken, was gewesen wäre, wenn meine beiden lieben Kinder im Indischen Ozean ertrunken wären.

An einem anderen Tag besichtigten wir die Hafenstadt. Es gab so viele Kenianer und Touristen, dass man sich kaum bewegen konnte. Sie tummelten sich vor den vielen kleinen Geschäften, in denen Inder ihre Waren anboten. Schöne Andenken konnte man kaufen, sogar verschiedene kleine Tiere. Ich war erstaunt, dass sogar Schlangen, Eidechsen und Skorpione angeboten wurden. Die Sonne brannte heiß vom Himmel herunter und bald waren wir müde und ruhten uns unter dem Schatten einer Palme aus. Am nächsten Morgen holten wir unser Auto, das inzwischen wiederhergestellt war. Wir luden unser Gepäck ein und machten uns auf den weiten Weg vom Meer hinauf nach Nairobi. Ich dachte oft an Helga und Vreneli, wie es ihnen wohl erging, ob meine Tochter bald gesund und stark genug sein würde und wann sie die Erlaubnis von den Ärzten erhalten würden, den langen Flug von Europa nach Afrika anzutreten. Diese wochenlange innere Unruhe, Unsicherheit und das Bangen brachten mich manchmal fast zur Verzweiflung und ich fragte mich, was Gott damit vorhatte. Ich musste an den Bibelvers in Römer 8,28 denken: »Wir wissen aber, dass denen die Gott lieben, alle Dinge zum Besten dienen ...«. Daran zu glauben war nicht immer einfach.

27. Von Kenia in den Kongo

Die Fahrt von der Küste auf über 1 500 m über dem Meer in die Hauptstadt von Kenia dauerte den ganzen Tag. Vor fünf Jahren waren wir dieselbe Strecke schon einmal mit dem Auto gefahren. Wieder sahen wir viele Tiere im Busch und manchmal sogar auf der Straße. Erneut waren wir beeindruckt vom Anblick des Kilimandscharo, dem höchsten Berg Afrikas, mit seinem schneebedeckten Haupt. Wie majestätisch stand er da. Viele Touristen hatten ihn schon bestiegen und waren begeistert von seiner Höhe und Schönheit. Es wurde immer kühler, je näher wir Nairobi kamen. Wir fuhren an Dörfern vorbei, die viel moderner als diejenigen waren, die wir im Kongo kannten. Die Gegend war abwechslungsreich. Einmal war sie mit buschartigen Bäumen und Sträuchern bewachsen, dann dehnte sich grünes Weideland aus, auf dem Kühe und Schafe grasten. Kenianer arbeiteten neben ihren Häusern oder verkauften Früchte am Straßenrand. Die Straße wurde immer besser und die Afrikaner und Inder fuhren mit ihren Autos so schnell, dass ich fast Angst bekam und vorsichtig den Wagen mit der kostbaren Fracht steuerte. Ich musste stets gut aufpassen und daran denken, dass wir nicht mehr in der Schweiz waren, sondern in Ostafrika, wo man links fahren muss. Besonders an Kreuzungen oder beim Kreisverkehr durfte man sich nicht irreführen lassen. Nach zwölf Stunden Fahrt mit nur wenigen Ruhepausen sahen wir endlich in der Ferne die vielen Häuser von Nairobi. Wir freuten uns, denn bald würden wir das Ziel erreicht haben. Angemeldet waren wir im Missionsgästehaus Mayfield für eine Woche, denn wir wollten noch einiges für den Kongo kaufen. An diesem ruhigen Ort konnten wir uns von der strapaziösen Fahrt ausruhen. Wir lernten andere Missionare kennen und hatten die Gelegenheit, Fragen zu klären. Eines Morgens, als wir in die Stadt gehen wollten, sah ich auf dem Tisch, auf dem die angekommenen Briefe ausgelegt waren, einen Brief mit meinem Namen. *Wer hatte uns wohl einen Brief geschickt?*, dachte ich. Ich erkannte die Handschrift von Helga und öffnete ihn schnell. Was Helga uns schrieb, war eine große, riesige Überraschung und ein Wunder. Vreni, so nannten wir inzwischen unsere größer werdende Tochter, hatte Fortschritte gemacht, und die Ärzte gaben grünes Licht, dass Helga mit ihr nach Entebbe in Uganda fliegen konnte, vorausgesetzt das Kind konnte während des Fluges liegen. Der Termin der Ankunft mit der SAS, einer skandinavischen Fluggesellschaft, war schon in einer Woche. Wir konnten unsere Freudentränen nicht zurückhalten. Auf einmal wurde unser Traum wahr, und wir mussten uns beeilen, denn die Fahrt von Nairobi nach Kampala, der Hauptstadt Ugandas, dauerte zwei Tage. Entebbe war der Flughafen Ugandas. Wir erledigten unsere Geschäfte in der kenianischen Hauptstadt und traten voller Freude und mit dankbarem Herzen die Fahrt an.

Viele Fragen gingen durch unsere Köpfe: *Wie werden wir die beiden Lieben antreffen? Wie werden wir alle fünf im Auto Platz haben? Was wird im Kongo auf uns warten?* Aber zuerst wollten wir unsere beiden Lieben in die Arme schließen und wieder vereint sein. Schon träumten wir vom bevorstehenden Glück. Wir dankten dem himmlischen Vater, denn er hatte alles wunderbar gemacht. Wir fuhren durch unbewohnte Ebenen Kenias, in denen die Kinder nach wilden Tieren Ausschau hielten. Hier und da begegneten wir großen Viehherden, die Gras fraßen. Dann passierten wir Wälder mit hohen, mächtigen Bäumen. Bunte Vögel und schöne Schmetterlinge flogen umher. Mirjam wäre am liebsten ausgestiegen und hätte versucht, Schmetterlinge zu fangen, denn das war eines ihrer Hobbys. Ich hatte keine Zeit anzuhalten, denn wir mussten vorankommen. Nun fuhren wir ins Hochland von Kenia hinauf, wo sich grüne Weiden ausbreiteten und große Viehherden grasten. Diese Gegend war dichter bevölkert und englische Farmer wohnten dort. Wir mussten einen Berg erklimmen, der 3 000 m hoch ist und auf dem Äquator liegt. Die Landschaft war sehr abwechslungsreich. Unterwegs machten wir Halt und aßen unsere mitgebrachten belegten Brote und auch für den Durst hatten wir vorgesorgt. Wir konnten uns ein wenig unter einem Schatten spendenden Baum ausruhen. Doch schon bald hieß es weiterfahren.

Als es Abend wurde, waren besonders die Kinder sehr müde und wir übernachteten in einer Herberge am Straßenrand, an der Grenze zu Uganda. Wie herrlich war es, in einem Bett die müden Glieder auszuruhen und einen tiefen Schlaf zu erleben – nach einem langen, heißen Tag unter der Tropensonne. Am Morgen des zweiten Tages überquerten wir die Grenze, die wir ohne Kontrolle passieren konnten. Die Naturstraßen wirbelten hinter uns Staubwolken in die Luft, denn die Straßen hatten keinen Belag, wie unsere schönen, gepflegten Autobahnen in Europa. Wir waren dankbar, dass wir nicht oft hinter einem anderen Auto herfahren mussten, denn manchmal schleuderten Autos Steine in die Frontscheibe des nachfolgenden Wagens, und das war sehr unangenehm. Am Himmel schwebten große Wolkengebilde, doch es war keine Gefahr, dass Regen fallen würde. In Uganda gab es Gegenden, wo viele Elefanten lebten. Manchmal standen sie auf der Straße und versperrten den Weg. In dieser Gegend haben sie Vortritt – das musste man sich gut merken.

Wir erreichten Kampala am späten Abend und dankten Gott für die Bewahrung auf der langen Fahrt und dass wir im Gästehaus Namirembe auf einem der sieben Hügel der Stadt wohnen konnten. Ich musste mich nicht lange nach dem Weg dorthin erkundigen, denn in diesem Gästehaus waren wir schon oft gewesen, wenn wir vom Kongo aus in Kampala einkaufen gingen. Das Essen schmeckte ausgezeichnet, die Kinder legten sich gerne ins Bett und schliefen sofort ein. Ich traf noch Missionare, die ich kannte, und wir hatten einander viel aus der Vergangenheit zu erzählen. Ich konnte trotz der Müdigkeit nicht gut schlafen, denn ich war zu aufgeregt wegen der bevorstehenden Ankunft von Helga und Vreni.

Der Flughafen von Entebbe war eine Stunde von der Hauptstadt entfernt. Er lag direkt am Ufer des Viktoriasees. Gespannt warteten wir auf die Ankunft der SAS. Viele Leute waren auch dort und konnten kaum erwarten, dass die Maschine am Himmel ganz klein sichtbar wurde, immer größer erschien und endlich landete. Noch immer schwirrten viele Fragen durch meinen Kopf, doch bald sollten sie geklärt werden. Als der Riesenvogel vor der Ankunftshalle stillstand und die ersten Passagiere aus der Tür kamen, erblickten wir auch Helga, die Vreni stützend die Treppe hinunterführte. Freudentränen rollten über meine Wangen, doch wir mussten noch warten, bis die beiden durch die Passkontrolle und den Zoll kamen. Welch ein Willkommen, welch großer Augenblick, welche Freude! Nun konnten wir unsere Lieben nach vier Wochen Trennung und Sorge wieder in die Arme schließen, fest drücken und lieben. So lange hatten wir auf diesen Moment gewartet, und nun war das bange Sehnen zu Ende. Meine Tochter sah noch blass, schwach und sehr müde aus. Wir brachten sie schnell ins Auto, damit sie sich bald im Gästehaus niederlegen und ausruhen konnte. Helga und ich waren uns einig, dass wir wenigstens eine Woche hier im Gästehaus bleiben müssten, damit das Kind sich etwas erholen konnte.

Die Zeit verging so schnell, denn wir hatten uns gegenseitig so viel zu erzählen. In den folgenden Tagen machten wir kurze Einkaufsbesuche in der Stadt, denn wir wussten, dass wir im Kongo praktisch nichts kaufen konnten. Vreni erholte sich langsam und gewöhnte sich wieder an das afrikanische Klima. In der Schweiz war es noch sehr kalt gewesen und hier war das Gegenteil der Fall. Zu bald mussten wir wieder packen, es war nicht einfach, denn wir mussten für die neuen Passagiere mit ihrem Gepäck noch Platz im Auto finden. Es war gut, dass wir einen Gepäckträger hatten, denn dort konnten wir noch höher laden – fast so, wie die Afrikaner es tun.

Wir beschlossen, die Fahrt in den Kongo in zwei Tagen zu machen. Vreni musste im Auto liegen können und Gisela und

Mirjam sollten vorne bei Helgas Füßen am Boden sitzen. Das war nicht angenehm für alle drei, doch es war die einzige Möglichkeit für die lange Fahrt in den Kongo. Wir waren schon ein paar Mal diese Strecke gefahren und brauchten immer zwölf Stunden. Doch dieses Mal fuhren wir nur bis Masindi, das war die halbe Strecke. Über Nacht blieben wir in einer Herberge. Wir freuten uns über die schönen tropischen Blumen und Sträucher und die bunten Vögel im Garten. Auch die Schlafzimmer waren modern, und das Essen schmeckte uns allen. Am liebsten wären wir einige Tage dortgeblieben und hätten Ferien gemacht. Doch es war Zeit, dass wir in den Kongo gingen, denn die Missionare und Kongolesen warteten auf unsere Ankunft. Die Schlafzimmer waren klimatisiert. Darum konnten wir auch gut schlafen. Draußen war es heiß und unangenehm. Früh am Morgen packten wir unser Auto erneut und machten uns auf den letzten Abschnitt unserer Fahrt. Die Sonne ging auf und brannte besonders heiß vom Himmel. Diese Gegend in der Nähe des Nils lag nicht sehr hoch über dem Meer. Überall begegneten wir Elefanten, und einmal mussten wir lange warten, weil ein großer Dickhäuter mit seiner Familie die Straße blockierte. Es war zwar ein guter Abstand zwischen uns und den Tieren, doch hatten wir ein ungutes Gefühl. Man wusste ja nie, wie diese Tiere reagierten. Am Nilufer mussten wir warten, bis die Fähre vom anderen Ufer herüberkam. Viele Afrikaner warteten ebenfalls auf die Fähre, und auch einige Autos standen bereits vor uns. Der Nil war mehr als hundert Meter breit, und es dauerte lange, bis wir alle auf der Fähre waren und sie uns hinüberbrachte. Nun war es nicht mehr sehr weit bis zur Grenze. Wir freuten uns, dass die anstrengende Fahrt bald zu Ende war. Beim ugandischen Zoll hatten wir keine Probleme, der Zollbeamte war freundlich und hieß uns willkommen. Doch an der kongolesischen Grenze erlebten wir erneut große Schwierigkeiten.

Wir mussten erfahren, dass es den alten Kongo nicht mehr gab. Er war ein Militärstaat geworden, und wenn man die Beamten nicht mit großen Geschenken bestach – zum Beispiel mit einer Kiste Bier, Zigaretten oder einer Schweizer Uhr – dann konnten sie sehr unangenehm werden. Wir mussten alle Koffer und Taschen vor ihnen auspacken. Sogar in der Bibel suchten sie nach versteckten Geld. Sie hatten ihren Spaß daran, uns auf die Folter zu spannen und zu demütigen. Auch wegen des Autos machten sie uns Schwierigkeiten. Erst als wir ihnen 2 500 Schweizer Franken bezahlten, durften wir das Durcheinander wieder in die Koffer packen. Ja, der Kongo hatte sich total verändert. Wir hörten, dass man manchmal von Passanten am Zoll verlangte, dass sie vor den Beamten Liegestütze machen mussten, bevor man sie abfertigte. Für unsere Kinder war das lange Warten und gedemütigt werden an der Grenze des Ertragbaren und eine wahre Geduldsprobe, und sie entwickelten eine gewisse Antipathie gegen diese Afrikaner. Als wir dachten, wir könnten endlich weiterfahren, mussten wir noch in einen halbdunklen Raum hineingehen. Da saß ein Beamter mit dunkler Sonnenbrille und ernster Miene. Er verlangte unsere Reisepässe und durchblätterte sie. Gereizt sagte er: »Ihr könnt nicht weiterfahren! Ihr müsst wieder in die Schweiz zurückkehren!« »Was? In die Schweiz zurückkehren!?«, sagte ich enttäuscht. »Warum denn?« »Die Pässe sind nicht in Ordnung!«, gab er unhöflich zurück. »Das kann nicht sein! Wir waren in Bern auf dem Konsulat des Kongo, und da hat man uns die nötigen Einreisepapiere ausgestellt, für die wir viel Geld bezahlt haben!«, entgegnete ich. »Die wissen doch dort nicht, was nötig ist. Aber du hättest es wissen müssen!«, sagte er. Ich versuchte dem Sonnenbrillenträger zu erklären, dass die kongolesische Botschaft in unserem Land wissen müsste, was notwendig sei, um in den Kongo einzureisen. Der Beamte wurde wütend und verließ den Raum, ohne ein Wort zu sagen. Da saßen wir, warteten und fragten uns, wie das enden würde. Wir hatten genug Zeit, um unser Anliegen im Gebet dem Vater im Himmel zu bringen und ihn zu bitten, uns aus der Sackgasse zu befreien. Als der Beamte endlich wieder zurückkehrte, schnauzte er uns wütend an und fragte: »Warum seid ihr noch immer hier? Ich sagte euch doch, dass ihr zurückkehren müsst!« Wir blieben ruhig sitzen und versuchten ihm zu erklären, dass unsere Pässe in Ordnung seien, und wollten ihn von der Echtheit unserer Einreise-Bewilligung überzeugen. Doch der Mann wollte nichts hören und verließ den Raum wieder. Was sollten wir tun? Wir warteten geduldig und beteten weiter. Gott hatte es in seiner Hand, diesen Mann willig zu machen, uns weiterziehen zu lassen. Die Zeit verging und wir saßen verzweifelt da, denn der Tag ging langsam zur Neige. Langsam wurden wir ein wenig nervös, denn wir mussten noch eine Stunde weiterfahren und bei Dunkelheit war es nicht so einfach, den richtigen Weg zu finden. Da endlich kam der Mann zum dritten Mal in das düstere Zimmer, nahm die Pässe ohne ein Wort zu sagen und drückte seinen Stempel hinein – wir konnten gehen. Wir mussten uns fragen, ob nicht der Feind uns diese Schwierigkeiten machte, um uns zu entmutigen und zu hindern, das Evangelium in dieses zerrüttete, arme Land zu bringen. Gott hatte uns so deutlich gezeigt, dass er uns im Kongo haben wollte, sonst wären wir doch nicht diesen langen, beschwerlichen Weg mitten in das Herz von Afrika gekommen, wo alles so unsicher und primitiv war. Immer wieder erfuhren wir auch den Widerstand des Bösen, der uns frustrieren und hindern wollte, den Willen Gottes zu erfüllen. Müde und enttäuscht fuhren wir den letzten Rest unserer Fahrt und sehnten uns nach einer Mahlzeit und Schlaf.

28. Wieder im Land der Berufung

Die Sonne war schon am Horizont verschwunden, als wir uns Rethy, der größten Missionsstation der AIM im Kongo, näherten. Wir waren müde von der langen Fahrt und etwas deprimiert vom Erlebnis am kongolesischen Zoll. Als wir vor dem Haus unserer alten Freunde Halt machten, begrüßten sie uns freundlich, und bald waren noch andere Missionare da und bereiteten uns einen frohen Empfang. Das tat uns wohl. Wir freuten uns, dass wir endlich unser Tagesziel erreicht hatten. Alle Missionare kamen zu einem guten Essen zusammen, und wir hatten sehr viel von dem zu erzählen, was Gott in diesem Urlaubsjahr an uns getan hatte. Der Abend endete in einer Zeit des Gebetes und Dankes. Für uns war es eine Erquickung, mit so vielen Dienern Gottes im Gebet vereint zu sein und gemeinsam unseren Gott zu loben. Wir alle hatten das Gefühl, dass wir hier nun im Feindesland lebten und dass der Feind mit allen Mitteln versuchte, unsere Arbeit zu verhindern. Doch der Glaube an Gott und das Gebet waren unsere Waffen. Wir wussten, dass Jesus den Feind am Kreuz für immer besiegt hatte und dass auch wir seinen Sieg in Anspruch nehmen durften.

Vor einem Jahr hatten wir unseren Schäferhund Rex hier in Rethy zurückgelassen. Als ich am Morgen hinging, um ihn zu sehen, fragte ich mich, ob er mich noch kennen würde. Als er mich sah, rannte er mir entgegen, sprang an mir hoch und leckte mein Gesicht. Er war ganz aufgeregt vor Freude und ich wusste, dass er gerne wieder mit uns kommen würde.

Am nächsten Tag fuhren wir die weite Strecke über Buschstraßen nach Blukwa. Dort hatten wir unsere Sachen während des Urlaubes in einem kleinen Raum abgestellt. Die Afrikaner freuten sich, als sie uns sahen, doch sie waren traurig, dass wir nicht mehr bei ihnen arbeiten konnten. Auch die Missionare waren freundlich. Sie bewirteten und beherbergten uns, solange wir dort unsere Sachen sortierten und packten. Mit einem Lieferwagen transportierten wir unsere Möbel und Kochsachen nach Linga. Da unser zukünftiges Haus lange nicht bewohnt gewesen war, mussten wir Vieles reparieren und neu streichen, was viel Zeit beanspruchte. Wir begannen, den Rasen um das Haus herum zu mähen und Blumen zu pflanzen, damit es schön aussah.

Die Afrika-Inland-Mission hatte jedes Jahr in Rethy eine einwöchige Konferenz für die Kongo-Missionare. Auch wir gingen dorthin. Ungefähr 80 Missionare waren gekommen und hörten die vielen Vorträge von einem Bibellehrer aus Amerika. Dieses Jahr war das Hauptthema: »Die Wiederkunft Jesu«. Es wurde auch viel geredet und beraten, wie die Mission im veränderten Kongo weiterarbeiten sollte. Es war eine anstrengende, aber gesegnete Woche. Auch die persönlichen Gespräche mit den anderen waren interessant. Für Helga und mich blieb diese Konferenz nicht ohne Folgen. Die Afrika-Inland-Mission hatte in Rethy schon viele Jahre die »Rethy Academy«. Sie war die Schule für Missionarskinder. Diese konnten dort während der Schulzeit in verschiedenen Internatsgebäuden wohnen. Die Schule war für die erste bis neunte Schulklasse eingerichtet. Nachher mussten die Kinder von der zehnten bis zur zwölften Klasse nach Kenia in die »Rift Valley Academy« in der Nähe von Nairobi übersiedeln und dort die letzten Schuljahre absolvieren. In der Rift Valley Academy studierten bis zu vierhundert Schüler. Sie lebten in Internaten und wurden von sogenannten Hauseltern betreut. Das Problem, mit dem der Feldrat sich beschäftigte, war die Tatsache, dass in Rethy im Januar die Schule eröffnet werden sollte, doch das Ehepaar, welches eines der Internate leiten sollte, hatte sich drei Monate verspätet. Die Frage des Rates war, wer die Aufgabe drei Monate lang übernehmen könnte? Viele Kinder waren angemeldet, doch die Hauseltern fehlten. Nun wurden wir gefragt, ob wir bereit wären, statt nach Linga zu gehen, hier für drei Monate einzuspringen, und erst dann die Arbeit in Linga zu beginnen. Was sollten wir tun? Ein Diener Gottes soll bereit sein zu gehorchen und zu gehen, wenn

Gott einen Auftrag gibt. Wir hatten uns gefreut, in Linga die neue Herausforderung zu beginnen, und nun mussten wir etwas ganz anderes tun. Nach einer Zeit der Stille und des Gebetes wurden wir ruhig und nahmen die neue Herausforderung an, denn wir erkannten den Willen Gottes darin.

Schon wieder mussten wir umziehen und Hauseltern für neun Mädchen und elf Jungen von der ersten bis zur vierten Schulklasse werden. Gisela und Mirjam freuten sich, dass sie bei uns wohnen konnten, doch Vreni konnte nicht in unserem Internat sein. Sie war in der fünften Schulklasse und musste im Internat für die älteren Kinder wohnen. Wir konnten sie nicht jeden Tag sehen, denn die Kinder mussten in ihren Häusern bleiben. Sie war sehr traurig deswegen, doch wir mussten uns auch an die bestehenden Ordnungen halten. Wir lebten mit den Kindern im selben Gebäude und erlebten zum ersten Mal, mit welchen Herausforderungen diese Internatskinder zu kämpfen hatten. Wie viele Tränen des Heimwehs flossen da! Wie viele Stunden – besonders in der Nacht – saßen Helga oder ich am Bettrand einzelner Kinder, um sie zu trösten und ihnen zu helfen. Oft mussten wir mitten in der Nacht aufstehen und nasse Betten neu beziehen oder Fieber messen und Medikamente geben. Es gab auch Kinder, die es schwer hatten, sich der Hausordnung zu unterziehen. Sie mussten zurechtgewiesen werden. Einmal war ein Junge nicht gehorsam. Er musste für eine Zeit ins Zimmer gehen und nachdenken. Als ich ihn wieder holen wollte, hatte er die Wände mit Schuhputzcreme verschmiert. Was nun? Wir berieten mit dem ganzen Schulteam, was wir tun sollten, denn das, was er getan hatte, war gravierend. Wir beschlossen, dass er eine Woche lang allen Lehrkräften die Schuhe putzen müsse. Er tat es anstandslos. Ein Mädchen kam fast jede Nacht leise dahergetrippelt. Es konnte nicht schlafen. Dann bat es: »Onkel Hans, ich kann nicht schlafen. Kannst du mir eine Geschichte erzählen, damit ich einschlafen kann?« Das tat ich recht oft, denn das Kind tat mir leid, wenn es nicht schlafen konnte.

Das Tagesprogramm begann schon um 6 Uhr in der Früh. Zuerst stand die Morgentoilette auf dem Plan, anschließend eine Andacht mit gemeinsamem Gebet. Jedes Kind musste das Bett in Ordnung bringen und seinen Platz sauber halten. Nach dem Frühstück gingen die Kinder zur Schule. Um 10 Uhr kamen sie für eine halbe Stunde zurück. Dann waren wir für sie da, während sie etwas essen und trinken konnten. Nun ging der Unterricht bis 12:15 Uhr weiter. Nach dem Mittagessen mussten sie für 30 Minuten ruhen, was die meisten Kinder gerne taten. Am Nachmittag gingen sie nochmals für zwei Stunden in die Schule. Erst dann hatten sie frei. Dann versuchten Helga und ich jeden Tag, etwas mit ihnen zu unternehmen. Wir gingen miteinander spazieren oder bastelten mit ihnen. Ich hatte in der Schreinerei viele Hölzer zurechtgeschnitten, damit jedes Kind ein »Swiss Chalet« herstellen konnte. Die Kinder hatten Freude, dass ich mir für sie Zeit nahm, und jedes Kind gab sich Mühe, dass sein Haus schön wurde. So saßen wir rund um einen großen Tisch und bastelten miteinander wie in einer großen Familie. Das war auch die Zeit, in der wir uns mit den Kindern austauschen konnten. Manches Problem konnte da besprochen werden, und auch die Kinder konnten sich miteinander unterhalten. Sie brauchten diese Zeit, in der sie sich wohlfühlten und das Heimweh für eine Zeit vergessen konnten. Wir hatten diese Zeit immer für die Kinder reserviert, weil es uns wichtig erschien, ihnen Freude zu bereiten. Wir planten für den Schulschluss – wenn alle Eltern die Kinder abholen würden – mit den vielen Schweizer Chalets eine Berglandschaft aufzubauen. Das gab den Kindern das Verlangen tüchtig mitzuarbeiten. Eine besondere Freude war für die Kinder aller Klassen, wenn alle Lehrer mit ihnen einen Sporttag durchführten. Die Gewinner der verschiedenen Disziplinen konnten sogar einen Flug mit dem Missionsflugzeug gewinnen oder sonstige Preise. Das gab ihnen einen zusätzlichen Anreiz Höchstleistungen zu erbringen.

Jeden Abend trafen wir uns mit den Kindern im großen Saal, um eine Stunde zu singen und eine biblische Geschichte zu hören.

Einige der Kinder entschlossen sich während dieser Abendstunden, ihr Leben dem Herrn Jesus zu übergeben, was für uns eine große Freude war. So hatten wir viele Möglichkeiten den Kindern zu dienen. Wir halfen ihnen beim Baden, damit sie es gründlich taten. Wir versuchten sie zu beschützen, ihre Eltern zu ersetzen und für sie zu beten – einfach für sie da zu sein. Ein beachtlicher Anteil der ehemaligen Internatskinder kam später als Missionare wieder auf verschiedene Missionsfelder zurück. In diesem Sinne war die Arbeit im Internat ein wertvoller Dienst, den wir mit viel Liebe und Geduld taten. Wir hatten auch eine gute Gemeinschaft mit den Kolleginnen und Kollegen, die hier verschiedene Aufgaben hatten und mit denen wir täglich zum Gebet zusammenkamen. Wir lernten in diesen drei Monaten viel und waren dankbar, dass Gott uns diese Gelegenheit gab. Schnell verging die Zeit im Internat. Die Kinder hatten einen Monat Schulferien und durften nach Hause gehen. Einige Eltern kamen von weit her, um ihre Kinder abzuholen. Einige kamen mit dem Flugzeug, andere waren tagelang mit dem Auto unterwegs. Auch wir packten unsere Koffer und machten uns auf den Weg nach Linga.

Die Station war auf einem runden Hügel errichtet worden. Man hatte einen herrlichen Ausblick in die Weite. Dahinter lag ein Tal, welches an einen zweiten Hügel stieß, der bis auf 2 500 m über dem Meer ragte. Die Afrikaner nannten ihn *Ajo*. Linga war die Zentrale der theologischen Schule (Evangelisten und Pfarrer-Ausbildungsstätte der Afrika Innland Mission). Auch eine Grundschule befand sich dort, ein Sanitätsposten, eine Hauswirtschaftsschule und eine Frauenschule. Zum Linga-Bezirk gehörten neun Buschkirchen mit ihren lokalen Gemeinden.

Am Eingang zur Station wurden wir von einer Menge Einheimischer aufgehalten. Wir durften nicht weiterfahren, denn sie wollten uns mit Liedern, Reden und freundlichen Worten begrüßen. Jeder wollte uns die Hand schütteln und uns zeigen, wie dankbar er war, dass wir endlich da waren. Sogar der Häuptling des Ortes war gekommen, um uns willkommen zu heißen. Der Empfang dauerte fast eine Stunde. Erst dann gaben sie uns den Weg frei, sodass wir zu unserem zukünftigen Haus fahren konnten. Vor dem Haus waren nochmals Leute, die uns begrüßten, und wieder wurden wir lange aufgehalten, bis wir endlich unsere Sachen ausladen und ins Haus tragen konnten. Der Pfarrer hatte seine Tochter gesandt – sie sollte unsere zukünftige Haushaltshilfe sein. Die junge Frau war auch schon gekommen und half uns beim Einrichten und Kochen. In der Küche befand sich ein selbst gebauter Kochherd, der mit Holz betrieben wurde. Unsere neue Helferin legte Holz hinein, entfachte ein Feuer und kochte uns einen Tee – das freute uns sehr. Da es schon spät am Nachmittag war, machte sie noch im Wohnzimmer ein Feuer im Kamin, denn am Abend waren es nur noch 24 Grad und uns war kalt. Da wir vor dem Aufenthalt in Rethy das Haus ein wenig sauber gemacht und repariert hatten, wussten unsere drei Mädchen, wo ihr Schlafzimmer war, und richteten sich dort ein. Sie freuten sich, dass sie alle drei in einem Zimmer sein durften, denn im Internat war das nicht so. Wir hatten noch ein großes Ess- und Wohnzimmer, ein Eltern-Schlafzimmer und ein Büro. Nur die Toilette war nicht im Haus. Sie befand sich 20 m hinter dem Haus in einem Extrahäuschen mit nur einem tiefen Loch im Boden, etwa vier Meter tief.

Auf der Station lebten noch ein amerikanisches Ehepaar, zwei ledige Frauen und eine einheimische Lehrerfamilie. Diese hatten einen Empfang für uns vorbereitet, und so konnten wir alle miteinander ein Festessen genießen. Jeden Abend ging die Sonne um 18:15 Uhr unter und am Morgen um 6:15 Uhr wieder auf. Die Dämmerung dauerte nur 15 Minuten, denn wir befanden uns unter dem Äquator. Es gab auch keine Regenzeiten. Wenn es einmal regnete, dann strömte das Wasser wie aus Sturzbächen vom Himmel, doch dann war es bis zu sechs Monate trocken. Da wir hoch über dem Meeresspiegel lebten, hatten wir fast jeden Morgen Tau auf dem Boden, sodass Gras und Blumen ohne Regen wachsen konnten. Der Himmel war in der Nacht voller Sterne, und wenn der Mond schien, dann war es hell und sternenklar. Da die Kongolesen kein elektrisches Licht hatten, sondern bloß Petroleumlaternen, gingen sie früh schlafen und dann war alles still und dunkel in der weiten Umgebung. Hier und da brannte noch ein Feuer vor den Hütten und erlosch langsam. Außer dem Brüllen der wilden Tiere und dem Zirpen der Grillen war nichts zu hören. Wir hatten am Anfang nur Petroleumlampen, doch diese gaben wenig Licht. Darum gingen auch wir früh zu Bett. Unsere Hausangestellte hatte im Büro noch ein zweites Feuer angezündet. So mussten wir nicht frieren und fühlten uns wohl. Wir waren müde, und nach einem Gebet mit den Kindern legten auch wir uns ins Bett und schliefen die ganze Nacht.

Am Morgen standen wir früh auf, denn wir hatten viel zu tun. Wir richteten uns im Haus ein. Ein Arbeiter reinigte die Dachrinnen von Laub und Schmutz. Wenn der Regen kam, wollten wir das kostbare Nass sammeln und es in eine große Zisterne hinter dem Haus leiten. Da alles Wasser tief im Tal geholt werden musste, war es wichtig, dass wir alles Regenwasser vom Dach in diese Sammelstelle hineinleiten konnten. Auch diese Zisterne reinigte der Afrikaner, denn in ihr stand der Schlamm zehn Zentimeter hoch und tote Tiere lagen am Boden. Die mussten raus, bevor der Regen kam. Die Kinder packten ihre Koffer aus und verstauten die Kleidungsstücke in ihren Regalen im Schlafzimmer. Da die Mädchen Schulferien hatten, durften sie mit den Puppen spielen oder sonst etwas tun, was ihnen Freude machte. Unser Schäferhund Rex war etwas nervös und wollte immer nahe bei uns sein. Auch er musste sich an die neue Umgebung gewöhnen. Immer wieder kamen Kongolesen und wollten uns besuchen und sehen, wie es uns erging.

Langsam ging der erste Tag dem Ende entgegen, und unsere Wohnung war schon fast eingerichtet. Die Vorhänge mussten noch genäht werden, und so manche Kleinigkeit konnten wir im Laufe der Zeit verrichten. Am Abend wurden wir vom Ehepaar nebenan zum Essen eingeladen, damit wir nicht selbst kochen mussten. Der Amerikaner war Direktor der theologischen Schule gewesen, doch er ging in den Urlaub in die USA, und ich musste seine Aufgabe übernehmen. Nach dem Essen sprachen wir noch lange miteinander über die Arbeit, denn ich wollte sie in seinem Sinne weiterführen. Ich erfuhr, dass wir Studenten aus 25 verschiedenen Stämmen hatten, die alle ihre eigenen Sprachen redeten. Ein neuer Student kam sogar aus dem tiefen Urwald und gehörte zu den Pygmäen, einem Zwergstamm, der größtenteils im kongolesischen Urwald lebte. Einige Studenten kamen aus Uganda und dem Sudan. Einer kam sogar aus Kinshasa, der 2000 km entfernten Hauptstadt. Die meisten Studenten hatten Frau und Kinder dabei, die in Linga in die Schule gehen konnten. Das Sprachproblem lösten wir, indem wir auf Swahili oder Französisch unterrichteten. Dies alles erfuhr ich an diesem Abend – es interessierte mich sehr. Helga wurde gebeten, die Frauen der Studenten zu unterrichten. Dies hatte bis dahin die Ehefrau des Leiters getan, und Helga sollte die Frauenschule weiterführen. Diese Frauen konnten weder lesen noch schreiben, wenn sie in die Schule eintraten, und Helga hatte die Aufgabe, ihnen das beizubringen. Die beiden Frauen unterhielten sich über diesen Aspekt unseres gemeinsamen Dienstes. Da die Missionarsfamilie fünf Knaben hatte, die auch zu Hause in den Ferien waren, hatten sich meine drei Töchter gut mit ihnen unterhalten können.

Am späten Abend gingen wir zurück in unser Haus, das dem unseres Gastgebers gegenüberstand. Beim Überqueren des Rasens schauten wir hinauf zum Himmel. Die Sterne funkelten und schienen so nahe zu sein. Dieser Sternenhimmel erinnerte uns an die Schweiz, wo wir die gleichen Sterne bestaunen konnten – ein Heimweh kam in uns auf, und wir wurden daran erinnert, dass wir hier im Herzen Afrikas waren und viele Jahre die Heimat nicht sehen würden. Wie schön, dass wir unsere Kinder vier Wochen lang bei uns zu Hause haben durften! Wir genossen es sehr, vor dem Einschlafen noch eine Zeit mit ihnen zu reden und zu beten, denn nachher waren sie wieder drei Monate weg im Internat. Darum mussten wir die Ferienzeit gut nutzen und ihnen Nestwärme und Liebe geben, damit sie sich zu Hause wohlfühlen konnten. Diesmal war es besonders schwer, an die Schulzeit zu denken, denn nun mussten alle drei zur Schule gehen und im Internat leben.

29. Beginn eines neuen Dienstes

Zwei große Projekte sollten wir noch in Angriff nehmen: Backsteinhäuser für die Studenten bauen, denn sie hatten nur Hütten mit Strohdächern, die alt und nicht mehr wasserdicht waren. Das zweite Projekt – neben dem Leiten und Unterrichten in der theologischen Schule – war der Bau eines Landestreifens für das Missionsflugzeug, denn die amerikanische Botschaft hatte das ja zur Bedingung gemacht, damit wir weiter im Kongo arbeiten konnten.

Wir waren ein Schulteam von fünf Lehrern und hatten alle Vorbereitungen für den Schulbeginn getroffen. Da ich einen Lehrer zu wenig hatte, schrieb ich in die USA zu meinem Freund Owen Brand. Als ich das erste Mal als lediger Missionar in den Kongo gekommen war, hatte ich einige Monate in seiner Familie gewohnt. Seine Frau hatte mich in Swahili unterrichtet. Wir kannten uns sehr gut und waren Freunde. Er war nach unserer Flucht damals in die USA heimgekehrt und nicht mehr zurückgekommen. Ihn bat ich, nach Linga zu kommen und mir beim Unterrichten zu helfen. Da Owen viele Jahre in diesem Land gearbeitet hatte und seine Frau Marianne bereit war, ihren Mann zu begleiten, kamen sie rechtzeitig zum Schulbeginn nach Linga. Sie planten, ein Jahr auszuhelfen, doch sie blieben drei Jahre und waren eine große Hilfe.

Für unsere Kinder und auch für uns war es ein trauriger Tag, als die Kinder wieder ihre Koffer packen mussten. Ich spürte, wie schwer es ihnen fiel, wieder so lange von uns wegzugehen. Wir versuchten, ihnen den Abschied so leicht wie möglich zu machen, doch auch wir litten sehr darunter, dass wir sie hergeben mussten. Sie schauten noch einmal im Zimmer und im Haus umher, umarmten Rex, den sie sehr liebten, und verabschiedeten sich von der Hausangestellten. Schnell rannten sie zu den anderen Missionaren und verabschiedeten sich von ihnen. Nun mussten wir uns aber auf den Weg machen, um rechtzeitig im Internat zu sein. In Rethy halfen wir ihnen, sich in ihren Zimmern einzurichten. Vreni konnte nicht mit ihren Schwestern im selben Haus wohnen. Sie musste sich in einem anderen Internatsgebäude zurechtfinden und wir fühlten, wie schwer unseren Töchtern zumute war, dass wir sie allein zurücklassen mussten. Es war auch für uns jedes Mal unendlich schwer, ohne Kinder zurückzufahren. Doch wir mussten stark bleiben, sonst hätten sie wegen uns noch zusätzliche Tränen geweint. Erst als wir im Auto auf der Rückfahrt waren, konnten wir unseren Tränen der Trauer freien Lauf lassen. Wir wussten, dass Gott uns in der Mission haben wollte, und aus diesem Grund waren wir bereit, zu dieser Trennung Ja zu sagen. Es machte uns traurig, wenn die Kinder uns den Eindruck gaben, wir hätten sie nicht lieb, weil wir dies sonst nicht von ihnen verlangen würden. Das Internatsleben war für sie besonders schwer, weil sie die einzigen Schweizer Kinder waren, während alle anderen Kinder aus den USA kamen und Englisch sprachen. Wir beteten viel für unsere Töchter, dass sie sich gut einleben und Freundinnen finden würden. Wir hatten in den drei Monaten als Hauseltern selbst erlebt, wie schwer es für die Kinder war, neun Monate im Jahr von zu Hause weg zu sein, unter Heimweh zu leiden und von anderen Eltern erzogen zu werden. Helga und ich redeten auf dem Heimweg viel miteinander, und wir versuchten, uns gegenseitig zu trösten und Mut zuzusprechen. Es kamen auch Fragen in uns hoch, ob es nicht zu viel wäre, was Gott von uns als Eltern und den Kindern verlangte. Gott gab uns immer wieder Kraft und Gnade, seinem Ruf treu zu bleiben, und wir wussten auch, dass in der Heimat viele Menschen für uns beteten. Uns war aber auch bewusst, dass hier im Kongo große Not herrschte und die Menschen sehr freundlich und dankbar waren, dass wir wieder zurückgekommen waren, um ihnen zu helfen.

Auch für uns begann ein neuer Lebensabschnitt: Wir hatten schon viele verschiedene Arbeiten gemacht, aber eine theologische Schule zu leiten und verschiedene Fächer zu unterrichten, war neu. Da wir eine Haushaltshilfe hatten, war es auch Helga möglich, sich voll in die Arbeit zu integrieren. Sie unterrichtete jeden Tag vier Stunden in der Frauenschule und auch noch einige Fächer in der theologischen Schule. Jede Woche standen über 100 Unterrichtsstunden auf dem Programm, die wir als Lehrkräfte gemeinsam bewältigen mussten. Im ersten Semester standen 60 Stunden Exegese über den Hebräerbrief auf dem Stundenplan, dann 30 Stunden Kommunismus, 30 Stunden Französisch, 20 Stunden Kirchengeschichte, 30 Stunden Bibelkunde, 25 Stunden Pädagogik, Theologie, Weltreligionen und anderes mehr. Von 15 bis 18 Uhr hatte ich mit den Studenten praktische Arbeit und erst dann war der Arbeitstag für die Studenten vorbei. Helga und ich saßen uns jeden Abend am Schreibtisch gegenüber und mussten uns von 20:00 bis 21:30 Uhr für den nächsten Tag vorbereiten. Je mehr wir uns in die Arbeit einlebten, täglich vor den Studenten standen und sie die biblischen Wahrheiten lehrten, desto bewusster wurde uns, welch ein Vorrecht es war, die Leiter der Kirche in der reinen Lehre des Wortes Gottes auszubilden. Sie lebten in einer Zeit, in welcher der Liberalismus, der Atheismus und der Kommunismus Afrika überfluteten. Diese Männer standen mitten in diesen neuen Strömungen und sollten später den Christen den geistlichen Weg vorzeigen. Für uns war es manchmal schwierig, den Studenten geistliche Wahrheiten auf Swahili zu lehren, weil viele Wörter der Bibel oder dogmatische Begriffe in dieser Sprache gar nicht existierten. Zum Beispiel das einfache Bibelwort: »Ich bin der Weinstock, ihr seid die Reben ...« (Johannes 15,5). Weinstöcke und Reben gab es in dieser Gegend nicht, auch keine Wörter dazu. Konnte ich dieses Wort so auslegen: »Ich bin die Bananenstaude und ihr seid die Bananen ...«? Das waren Fragen, die nicht einfach zu beantworten waren.

Die Kinder waren schon eine Zeit lang in der Schule, und wir sehnten uns danach, sie wieder einmal zu sehen. Wir machten uns auf den Weg nach Rethy. »Was würden die Kinder sagen, wenn wir einfach so auftauchten?«, fragten wir uns. Wir waren selbst aufgeregt. Es war Samstag, die Kinder hatten keinen Unterricht, und wir mussten sie im Freien suchen gehen. Wir waren sehr erstaunt, als wir Vreni und andere Kinder sahen. Sie saßen auf Kühen, ritten auf ihnen auf der Weide herum und die Kühe ließen es sich gefallen. Andere Kinder saßen auf Loquatbäumen (Japanische Mispel), aßen die Früchte und hatten offensichtlich Vergnügen. Auf einem Baum saßen Jungen und probierten aus, wie weit sie auf die Äste hinausklettern konnten. Ein Junge rutschte etwas zu weit hinaus, fiel zu Boden und brach sich den Ellbogen. Als uns unsere Kinder sahen, freuten sie sich sehr, rannten zu uns und umarmten und küssten uns. Sie zeigten uns ihre Zimmer und was sie schon alles gelernt und hergestellt hatten. Wir gingen ein wenig mit ihnen spazieren und erzählten uns gegenseitig, was wir in der Zwischenzeit alles erlebt hatten. Wir sprachen auch mit den Hauseltern und erfuhren so manches über das Treiben unserer Töchter. Mirjam war eine »Schlecktante« geworden, denn sie kaufte sich gerne Schleckereien von dem Taschengeld, das wir ihr mitgegeben hatten. Vreni war eher sparsam und wollte das Geld nicht ausgeben. So waren die Kinder verschieden und versuchten, das Leben zu meistern. Es war nicht schwer für sie, dem englischen Unterricht zu folgen, auch hatten sie bald gute Freundinnen gewonnen, somit hatten sie bald gute Gemeinschaft mit den amerikanischen Mädchen. Die Kinder sahen, wie die andern Kinder Heimweh hatten und auch unsre drei Mädchen waren davon betroffen. Doch wir hatten keine andere Wahl, die Kinder mussten in die Schule gehen, sonst hätten wir mit ihnen in die Schweiz zurück gehen müssen.

Zurück in Linga hatten die Studenten samstags frei. Da konnten sie zu Hause ihre verschiedenen Arbeiten erledigen. Die Frauen gingen auf dem Markt einkaufen, sie konnten waschen oder sich ausruhen, doch am Sonntag fuhren wir jeweils mit drei Autos

voller Studenten in verschiedene Dörfer hinaus, um Gottesdienste zu feiern. Die Studenten, die wir nicht mitnehmen konnten,
besuchten die Dörfer in der näheren Umgebung. Einmal fuhren
wir in ein Dorf namens Buu, ungefähr zwei Stunden von Linga
entfernt. In der Dorfkirche kamen viele Leute zusammen. Wir hatten ein Programm vorbereitet. Es war ein Werbegottesdienst für
unsere Schule. Das Programm dauerte zwei Stunden mit Liedern,
Musikvorträgen und einer Missionspredigt. Wir versuchten mit
diesem Gottesdienst den Anwesenden das Evangelium verständlich zu machen und ihnen zu zeigen, wie wichtig es ist, dass wir
die frohe Botschaft Gottes allen Leuten verkündigen. Der Herr
segnete den Dienst, und wir konnten noch mit einigen Leuten
persönlich sprechen. Anschließend gingen wir auf den großen
Wochenmarkt. Da kamen Hunderte Menschen von weither, brachten ihre Waren und verkauften oder tauschten sie gegen andere
Gebrauchsgegenstände, Früchte und Gemüse. Hier versammelten
wir uns und veranstalteten einen Gottesdienst unter freiem Himmel. Ich hatte Gelegenheit, vor so vielen Heiden Gottes Wort zu
predigen, und die schönen Lieder und Trompetenstücke begeisterten die Zuhörer. Viele Marktbesucher, die zugehört hatten, interessierten sich und wollten noch mehr vom Evangelium wissen.
Wir versuchten, ihnen auf die Fragen eine Antwort zu geben. Gott
segnete den Dienst, indem er einigen Kongolesen das Herz öffnete
und wir ihnen den Weg zum Glauben an Jesus Christus zeigen und
mit ihnen beten konnten. So versuchten wir Woche für Woche
hinauszugehen, um Menschen für den Herrn zu gewinnen. Es
kam auch vor, dass wir zwei Tage im Busch verbrachten und über
Nacht in den Dörfern blieben.

An einem späteren Datum wagten wir es, mit drei Autos voller
Studenten von Freitag bis Sonntag über drei Stunden weit in die
Stadt Bunia zu fahren. Wir besuchten Menschen auf den Straßen
und luden sie zu den Abendveranstaltungen ein. Wir hatten viele
Gespräche und freuten uns über die Offenheit der Menschen. Am

Abend war die Kirche jeweils gefüllt, und draußen um die Kirche herum hörten noch viele Menschen die froh machende Botschaft aus Gottes Wort, die Zeugnisse und Lieder der Studenten. Wir hätten gerne einen Lautsprecher gehabt, der mit Taschenlampen-Batterien betrieben werden konnte, und beteten für einen solchen. Gott antwortete nicht sofort auf unsere Gebete. Aber später war es uns möglich, einen solchen Lautsprecher in den USA zu bestellen, der uns nach einigen Monaten in den Kongo geschickt wurde. Ich montierte ihn auf dem Auto. Während wir durch die Gegend fuhren, konnten wir die Menschen einladen und ihnen das Evangelium lautstark vom fahrenden Auto aus verkünden. Manchmal kamen sogar Afrikaner aus ihren Gärten, in denen sie gearbeitet hatten, zu den Veranstaltungen, weil sie die Einladung gehört hatten.

An einem anderen Wochenende fuhren wir mit den Studenten vier Stunden weit an einen ganz abgelegenen Ort unten am Albertsee. Der Weg dorthin war sehr schlecht. Manchmal ging die Straße so steil hinunter, dass ich mich fragte, ob wir beim Rückweg überhaupt wieder hochfahren könnten. Dann wieder war der Weg nur noch ein mit hohem Gras überwachsener Pfad. Es war gefährlich, auf diesem Berggelände vorwärtszukommen. Wir kamen uns vor, als wären wir total von der Außenwelt abgeschnitten, so abgelegen war der Ort, den wir besuchten. Unten in der Nähe des Albertsees angekommen, erreichten wir eine Gegend mit einem schönen Palmenwald. Endlich tauchte das Dorf auf, das wir besuchten, um drei Tage bei diesen Leuten zu wohnen. Wir hatten jeden Tag evangelistische Veranstaltungen, und ich war erstaunt, wie viele Menschen hier zusammenkamen und der frohen Botschaft der Liebe Gottes andächtig zuhörten. Es kam mir vor, als wären die Menschen hungrig nach Gottes Wort. Wir hatten auch viele Gespräche mit Ungläubigen, die dort in großer Armut lebten. Sie freuten sich über unseren Dienst und den Besuch. Als wir jeweils unter den Palmen in der feuchtheißen Luft vor der großen Menge Kongolesen sangen und predigten, musste ich Gott danken, dass er uns diesen langen, beschwerlichen Weg hierher gesandt hatte. Es war eine große Freude zu sehen, wie dankbar die Leute waren, die sich hier jeden Tag aus der ganzen Gegend versammelten. Gott öffnete Herzen und gab denen ein neues Leben, die ihn darum baten. Es war für uns alle eine neue Erfahrung, diese Tage mit ihnen zu leben. Sie schenkten uns Gastfreundschaft, Essen und Tee, wir brachten ihnen das lebendige Wort. Als Dankeschön für unseren Dienst schenkten uns die Leute Hühner, Orangen, Zitronen, Reis, Erdnüsse und Eier. Wir durften ihnen dienen und ein Segen sein, und sie schenkten uns aus Dank und Liebe all diese Gaben. Langsam lernten wir die Menschen in den vielen Dörfern kennen und lieben. Umso mehr wurde es unser Herzenswunsch, dass sie doch diese herrliche Botschaft hören konnten, dass Gott seinen einzigen Sohn aus Liebe für sie am Kreuz von Golgatha hat sterben lassen, auf dass jeder Kongolese, der an Jesus glaubt, nicht verloren gehe, sondern das ewige Leben habe. Wir kehrten von diesem Einsatz müde wieder nach Linga zurück und lobten unseren großen Gott für seine Bewahrung und den Segen, den er uns geschenkt hatte.

Wir hatten dieses Jahr bei der Schlussfeier besonders viele Studenten, welche die Schule beendeten. Zwanzig Frauen aus der Hauswirtschaftsschule und 54 Frauen aus der Frauenschule erhielten eine Auszeichnung. Dreißig Männer stiegen nach zwei Schuljahren aus und wurden als Evangelisten entlassen. Siebzehn Männer erhielten ihre Diplome und wurden nach vier Jahren als Pfarrer ordiniert. Es war für alle Absolventen ein freudiger Tag. Der Himmel strahlte blau und die Hügel ringsherum lagen grün da und von der Sonne erhellt. Vögel flogen in der Luft, als wir Lieder sangen, Gott für seine Versorgung und den Segen dankten, den wir so reichlich empfangen hatten. Viele Leute waren aus den Dörfern gekommen, um mitzufeiern. Alle freuten wir uns, dass eine solche Schar Diener und Dienerinnen Gottes ausgebildet worden war und hinausgehen wollte, um dem Herrn zu dienen. Sie hatten zum Teil vier Jahre lang fleißig lernen müssen, aber sie hatten es aus Liebe zum Herrn getan.

Ich hatte Probleme mit meinem großen Zehennagel und musste ihn im Krankenhaus herausreißen lassen. Ein wenig später humpelte ich vor dem Haus herum und trat unglücklicherweise mit dem gesunden Fuß auf einen langen rostigen Nagel, der durch die Schuhsohle in den Fuß eindrang. Am Abend brachte mich Owen Brand ins Krankenhaus, wo mir der Arzt eine Starrkrampfspritze verabreichte und Penizillintabletten gab. So vielen Gefahren waren wir ausgesetzt und beteten immer wieder um Bewahrung und seine Hilfe. Ich war dankbar, dass ich am nächsten Montag – trotz Schmerzen und Behinderung – wieder unterrichten konnte.

30. Praktische Arbeit

Am Anfang des Schuljahres hatte ich begonnen, von 16 bis 18 Uhr den Studenten einen Kurs in praktischer Arbeit zu geben. Sie mussten lernen, wie man Backsteine herstellt, trocknet und brennt. Mein Ziel war, Häuser für die Studierenden zu errichten. Sie sollten lernen, wie man Häuser und Kirchen baut. Sie konnten später auf einfache Weise Holzmodelle herstellen, die das Gegenstück der Backsteine waren. Dann mussten sie diese Holzmodelle mit Lehmerde füllen und pressen. Nun konnten sie den Stein herausklopfen und vorsichtig an der Sonne trocknen lassen und drei Monate später brennen. Unsere 50 000 Backsteine waren unterdessen gepresst und getrocknet. Nun sollten sie gebrannt werden. Dazu benötigten wir 50 Stehr Brennholz. In verschiedenen Gruppen gingen die Männer hinaus in den Busch, fällten Baumstämme und stapelten sie zum Heimtransport. Ich hatte einen ganz alten Lastwagen, doch die Gänge waren defekt. Zwar konnte ich damit fahren, musste aber vor der Abfahrt immer den Getriebeschacht öffnen und mit der Hand die Zahnräder in die richtige Position schieben. Vor dem Losfahren schob ich die Zahnräder in den ersten Gang, und dann musste ich im ersten Gang fahren, solange der Weg etwas aufwärts ging. Wenn der Weg eben war oder abwärtsglitt, hielt ich an und öffnete das Gehäuse und schob die Zahnräder in Gang zwei und fuhr so weiter, bis ich wieder etwas aufwärts fahren musste, dann ging das Handschalten wieder von Neuem los. Wie oft sich dies wiederholte, war nicht zu zählen. Den dritten Gang brauchte ich nie. Das brauchte sehr viel Zeit, und Helga hatte oft Angst, wenn ich mit der Holzladung stundenlang nicht heimkam. Doch ich hatte nur diese Möglichkeit, den Lastwagen zu gebrauchen. Ich konnte auch keine Ersatzteile bekommen, denn der Wagen war viel zu alt und hinfällig. So war das Leben und Arbeiten in diesem Land oft sehr mühsam, doch ich hatte keine Möglichkeit, mir einen guten Lastwagen zu kaufen und war dankbar für diesen Oldtimer. Dennoch wurde der Holzstoß auf der Station immer größer.

Endlich waren wir soweit, dass wir die Backsteine zu einem hohen Ofen herrichten konnten. Zuerst mussten wir unten fünf Feuerlöcher bauen und erst darauf konnten die Backsteine in Quer- und Längslagen aufgeschichtet werden. Wir stellten den Unterricht für drei Tage ein, denn das Feuer musste drei Tage und Nächte auf Hochtouren brennen. Die Schüler halfen tapfer mit. Sie brachten das Holz in die Nähe und halfen, immer wieder Holz in die vier Meter tiefen Feuerlöcher zu schieben. Nach drei Tagen und Nächten glühte der Backsteinhügel vor Hitze und wir konnten das Feuer einstellen. Bevor wir mit dem Bauen der Studentenhäuser beginnen konnten, mussten wir noch eine Straße erstellen, die am Abhang des Hügels neben der Station geplant war. Als wir die Straße fertig hatten, planierten wir den Platz, auf dem die Häuser gebaut werden sollten. Dann konnten wir mit dem Bauen beginnen. Der Plan sah vor, dass jedes Doppelhaus zwei kleinere Zimmer und einen Wohnraum mit einer Feuerstelle haben sollte. Die Mauern sollten aus Backsteinen und das Dach aus Wellblech hergestellt werden. Auf der gegenüberliegenden Straßenseite würde ein kleineres Haus entstehen, das als Küche benutzt werden konnte und hinter der Küche noch ein kleines Häuschen, welches als WC diente. Ich stellte Maurer ein, und die Studenten halfen ihnen nach dem Unterricht beim Bauen und lernten so, wie man Häuser baut. Da wir uns keinen Zement zum Bauen leisten konnten, brauchten wir nur Erde, die wir mit Wasser zu einem Brei stampften. Es ging nur sehr langsam vorwärts, denn die Afrikaner arbeiteten *pole pole*, das heißt langsam.

Zum Bauen der Häuser brauchten wir noch Sand. Diesen mussten wir zehn Kilometer weit im Tal ausgraben und waschen. Zwei Männer aus dem Dorf arbeiteten jeden Tag im Tal, bis mit der Zeit ein hoher Sandhügel entstand. Doch wie sollte ich den Sand zur Station hinauftransportieren? Der Missionar, der vor mir die Schule geleitet hatte, hatte einen alten Traktor hinterlassen. Der Motor funktionierte noch, doch wenn ich am Traktor einen Anhänger ankoppelte, diesen mit Sand füllte und dann bergauf fahren wollte, hob sich das ganze Vorderteil des Traktors nach oben. Der Traktor stand nur noch auf den großen Hinterrädern. So konnte ich nie den Hügel hinauffahren. Ich löste das Problem, indem ich drei Männer auf die Vorderseite des Traktors steigen ließ, die sich an der Motorhaube festhielten. So konnte ich langsam heimfahren. All diese primitiven Maßnahmen waren nicht ungefährlich. Wir verbrachten viel Zeit im Gebet, denn wir waren auf Gottes Hilfe und Bewahrung angewiesen.

Die Fenster und Türen für die Häuser machte ein Schreiner. Die Wellblechplatten für die Dächer konnten wir in Bunia kaufen, weil wir dafür eine Spende aus der Schweiz bekommen hatten. Am Ende des Jahres hatten wir Häuser für sechs Familien gebaut. Doch wir brauchten noch viele mehr, bis alle Familien in einem Backsteinhaus wohnen konnten.

Schon ging das zweite Jahr vorbei, in dem ich als Leiter der Schule tätig war. Helga und ich hatten viel zu tun gehabt. Manchmal waren wir überfordert und die Verantwortung belastete uns. Schon 70 Studenten waren uns mit ihren Familien anvertraut. Wir wussten um die Bedeutung und Verantwortung, Menschen auszubilden, die später selbst Leiter von Gemeinden werden wollten. Wir beteten viel, dass der Herr sie fähig machen würde und sie nicht nur schulisch, sondern auch geistlich zubereitet werden würden. Ein Pfarrer musste ein Vorbild sein, Verantwortung tragen können und bereit sein, für den Herrn Opfer zu bringen. Wir dankten Gott für das Wirken des Heiligen Geistes in den Herzen dieser Männer, denn es lag nicht in unserer Macht, die Herzen der Studenten zu verändern. Einerseits erlebten wir viel Freude und Ermutigung, andererseits auch Armut, Hunger und sogar Tod; das machte uns traurig und besorgt. Immer wieder waren wir dankbar, wenn wir jeden neuen Tag aufstehen und unsere Arbeit verrichten konnten.

Es war ein sonniger Tag auf dem runden Hügel, auf dem die Häuser waren, wo die Missionare wohnten. Man konnte ringsumher in die Weite sehen. Überall waren Dörfer, wo die Menschen mit Arbeiten beschäftigt waren. Viele von ihnen arbeiteten in der Nähe ihrer Hütten, andere im Garten nebenan. Frauen stampften Maniokwurzeln in Holzmörsern. Aus dem gestampften Mehl machten sie einen Brei, den sie wie Brot zubereiteten. Andere Frauen kochten dürre Bohnen oder Mais. Meine Töchter liebten diese Gerichte der Afrikaner sehr und freuten sich immer, wenn wir in den Busch fuhren und man uns davon zu essen gab. Eine besondere Delikatesse waren für sie geröstete Termiten und Heuschrecken. Auch Schlangenfleisch liebten wir, denn es schmeckte wie Fisch. Einmal probierten wir sogar Affenfleisch, doch schon der Gedanke daran war eher abstoßend. Die Afrikaner freuten sich immer, wenn wir mit ihnen aßen und Tee tranken. Sie versuchten immer etwas Besonderes aufzutischen. Von der Hygiene der Speisen her war es immer ein Risiko mit den Kongolesen zu essen, denn sie waren eher unsauber in der Zubereitung. In unserer Gegend wuchsen keine Früchte, doch in den Gärten pflanzten die Frauen Gemüse, das wir auch von ihnen kaufen konnten. Die meisten Kongolesen hatten Hühner und sogar Schweine und Kühe. Sie verkauften uns das Fleisch, wenn wir es brauchten.

31. Beim Zauberer

An einem sonnigen Morgen kam ein Student zu mir und berichtete, dass ein Familienvater im Studentenlager sehr krank sei. Ich ging hin und erkundigte mich nach seinem Ergehen. Der Mann lag schon seit einer Woche schwer krank im Bett, und ich wunderte mich, warum man mir das bis heute nicht gemeldet hatte.

Der Kranke war mit vier anderen Familien aus dem über 500 km entfernten Ituri-Urwald hierhergekommen. Die fünf Familien waren gut miteinander befreundet. Sie sprachen ihre eigene Sprache und hatten besondere Stammestraditionen. Als ich mit ihnen redete und mich erkundigen wollte, was wohl der Grund des hohen Fiebers sei, wollten sie zuerst nicht recht Auskunft geben. Es schien mir, als wollten sie mir etwas verheimlichen. Endlich rückten sie mit der Sprache heraus und berichteten mir eine traurige Angelegenheit: Die fünf Schüler waren fleißig und nicht besonders auffällig, doch neben dem Studium interessierten sie sich auch für die Zauberei. Heimlich gingen alle fünf an verschiedenen Abenden zum Zauberer, und der lehrte ihnen seine Zaubereikünste. Nach vielen Abenden beim Zauberer gab er ihnen den Auftrag, auf die Spitze des Hügels, der in unserer Nähe war, hinaufzusteigen und auf der Rückseite desselben eine Höhle aufzusuchen. Die fünf Männer machten sich auf den fünfstündigen Weg. Vier von ihnen schafften es nicht bis ganz nach oben und kehrten wieder um. Doch einer schaffte es bis zur Spitze und suchte die Höhle auf. Er musste nicht lange warten, bis eine Riesenschlange herauskam und sich vor ihm aufbäumte. Der Mann war so sehr erschrocken und hatte so große Angst, dass er nur noch den ganzen Weg den Berg hinunterrennen konnte. Er war totenblass, stand unter Schock und musste sich mit hohem Fieber aufs Lager legen, von wo er nicht mehr aufstehen konnte. Ich war sprachlos, tief betrübt und enttäuscht über diese fünf Studenten. Wie hatten sie ein solches Doppelleben führen können, ohne dass wir es merkten? Was sollte ich nun tun? Ich rief unser Lehrerteam zusammen und holte den Pfarrer. Auch sie konnten nicht verstehen, wie Christen, ja sogar Studenten, die Pfarrer werden wollten, so etwas tun konnten. Wir beteten zum lebendigen Gott und fragten ihn, was wir tun sollten. Nach langem Überlegen wurden wir eins und beschlossen, die fünf Männer samt ihren Familien auf der Stelle aus der Schule auszuschließen. Am nächsten Morgen sandten wir eine Nachricht ins Studentenlager mit der Information: »Die Kinder dürfen heute nicht in die Schule gehen und alle Studenten müssen sich mit ihren Familien um 7 Uhr im Auditorium versammeln.« Niemand sollte wissen, warum wir sie alle versammeln wollten. Der Pfarrer kam, und auch die Lehrer waren alle beisammen. Ich bat die fünf Männer, mit ihren Frauen und Kindern hinauszugehen und vor dem Gebäude auf mich zu warten. Alle anderen blieben zurück. Ich ging zu den fünf Familien vor dem Gebäude und sprach ernst mit ihnen. Sie sollten wissen, dass die Männer etwas Unwürdiges, Sündhaftes getan hatten, indem sie neben dem Theologiestudium auch die Zauberkunst studierten. »Wir tolerieren solche Machenschaften nicht«, sagte ich und befahl ihnen, sofort alle ihre Habe zu holen und in einer Stunde für die Fahrt zurück in ihr Dorf im Urwald bereit zu sein. Unterdessen informierten wir die anderen Studentenfamilien im Auditorium, was geschehen war und dass wir unsere Schule wieder vom Einfluss der dunklen Mächte, die sich heimlich eingeschlichen hatten, »reinigen« müssten. Wir alle baten Gott, dass er die ganze Schule und jeden Einzelnen von dem Fluch befreien möge, der durch die fünf Männer in unsere Mitte einschleichen konnte. Mein Freund Owen, ein Kongolese und ich fuhren mit den Familien und ihren Habseligkeiten neun Stunden lang bis ans Ende des Urwaldes. Dort trafen wir uns mit dem Pfarrer und den Ältesten der Kirche. Wir berichteten ihnen, was vorgefallen war, und übergaben ihnen die Familien. Ich sagte den Kirchenvorstehern, dass wir den fünf Männern vorderhand nicht erlauben würden, ihr Studium zu beenden. Am nächsten Tag fuhren wir nach Linga zurück und waren dankbar, dass in der Schule wieder der Geist Gottes zu spüren war und wir den Unterricht weiterführen konnten. Uns wurde neu bewusst, was im Epheserbrief 6,12 geschrieben steht: »Wir haben nicht mit Fleisch und Blut zu kämpfen, sondern mit Mächtigen und Gewalten, nämlich mit den Herren der Welt, die in dieser Finsternis herrschen, mit den bösen Geistern unter dem Himmel.«

Eine Studentenfamilie hatte ein Kind, das lange krank war und starb. Trotz medizinischer Versorgung konnte ihm nicht geholfen werden. Das Kind war erst drei Jahre alt und der Liebling der Familie. Als ich sie besuchte, war ich erstaunt, dass man im Haus weder weinte noch klagte. Es herrschte eher eine normale Stimmung. In der Schweiz wären die Eltern sehr traurig und man müsste sie trösten. Ich betrat das Haus, in dem das tote Kind lag. Der kleine Körper war in eine Wolldecke eingewickelt und neben ihm waren ein paar Freunde der Familie. Einer von ihnen las aus der Bibel und dann sangen sie wieder Siegeslieder. Ich musste die Familie nicht trösten, denn sie war eher fröhlich. Bald merkte ich, dass die Leute innerlich froh waren. Sie wussten, das Kind wurde vom Herrn in den Himmel gerufen und dort würde es viel schöner sein als hier auf dieser Welt. Ich blieb eine Weile dort und dachte bei mir selbst, dass diese Menschen eine ganz andere Beziehung zum Tod hatten als ich. Bei uns ist Trauer und bei ihnen eher Dank und Freude. Auch bei der Beerdigung staunte ich, dass so viele Leute kamen, am offenen Grab Freudenlieder sangen und Zeugnisse ablegten, die Gott priesen und lobten. Der Pfarrer hielt eine Predigt am offenen Grab und auch da hörte man kein Klagen oder Trauer, sondern es war ein Preis zu Gott und ein Lobgesang, dass er diesen kleinen Erdenbürger zu sich genommen hatte. Welch ein Unterschied zu dem Tod des heidnischen Häuptlings, den ich am Totenlager besucht hatte. Die Heiden beklagten den Toten eine ganze Woche lang. Sie schrien und beschmierten sich mit Erde. Sie hatten ein Totenritual, das Angst hervorrief. Sie hatten keine

Hoffnung, keinen Trost. Bei diesem toten Kind merkte man, wie die Christen anders dachten und sich eher freuten, dass Gott den Verstorbenen in sein Reich aufnahm. Mein Gebet war es, dass ich doch weiterhin den Heiden den Glauben an den auferstandenen Herrn verkündigen könne und sie frei würden von der Angst des Todes – wie die Christen, die sich freuen konnten, wenn einer von ihnen in die himmlische Heimat gerufen wurde. Ja, eigentlich ist der Tod für einen Christen kein Verlust, sondern ein Gewinn. Scheiden tut zwar weh, aber das Wissen, dass der Tote von der Krankheit und den Schmerzen erlöst ist und dass er ewig bei Gott sein darf, ist letzten Endes Freude und Trost. Beim Begräbnis des Kindes unseres Studenten gab es keine Abdankung in der Kirche und kein Leichenmahl, wie bei uns in der Schweiz. Die Beerdigung kostete die Familie nichts, weil Freunde das Grab aushoben, und das freute mich.

32. Die Trompetenschule

Es waren inzwischen viele größere und kleinere Kirchengemeinden entstanden, doch wir hatten keine Orgeln in den Kirchen. Das Singen war nicht immer einfach und wir suchten eine Möglichkeit, den Gesang ein wenig zu organisieren. Ein Bruder der Gemeinde, der Trompete spielte, organisierte eine Ausbildung für Kongolesen, die Trompete spielen lernen wollten. Wir Missionare hatten in Europa und den USA in Gemeinden angefragt, ob sie ältere, noch gut erhaltene Trompeten sammeln könnten, um sie uns zu schicken. Wir erhielten 60 Instrumente und waren sehr dankbar dafür. Niklaus, der Trompetenlehrer, startete mit einem Kurs, der sechs Monate dauern sollte. Viele Kongolesen, sogar unsere Studenten wollten am Kurs teilnehmen. Bald waren genug Männer bereit, um das Musikinstrument spielen zu lernen. Die angemeldeten Kongolesen wohnten zum Teil weit von Linga entfernt und mussten hier eine Unterkunft suchen. Sie konnten im Dorf bei gläubigen Familien wohnen. Sie lernten Noten kennen und die Instrumente spielen. Am Anfang war es eher ein unangenehmes Lärmen, doch mit der Zeit tönte es schon harmonischer. Die Anwesenheit der Musikschüler war zwar eine Belastung für die Station, aber auch eine Freude und ein Gewinn. Mit der Zeit konnten die Trompeter schon Lieder spielen. Sie wurden jeden Sonntag in Gruppen eingeteilt und in die verschiedenen Dorfkirchen hinausgesandt, um im Gottesdienst die Lieder zu begleiten. Es war schön, wenn man am Sonntag von verschiedenen Dörfern her die Trompeten spielen hörte. Durch diese Trompeter in den Dörfern wurden auch Heiden angelockt. Sie hörten das Evangelium von der Liebe Gottes und der Versöhnung durch Jesus Christus. Da auch Studenten die Trompete spielen konnten, durften sie unsere Teams begleiten und in den Versammlungen im Busch spielen, was unsere Veranstaltungen belebte. Wir baten weiter in den Heimatländern, dass sie uns Instrumente senden mögen, die in den Gemeinden nicht mehr gebraucht wurden.

Die Trompeter gingen nach der Schulung in ihre Gemeinden zurück, und mit der Zeit waren in fast allen Kirchen Musikanten, die im Sonntagsgottesdienst mit ihren Trompeten spielten. Wir organisierten mit den Trompetern und den Studenten zusammen eine Evangelisationstour von einer ganzen Woche und sandten verschiedene Gruppen von sechs bis zwölf Mann hinaus in die weitere Umgebung. Sie blieben in den Dörfern, wo sie von den Christen verpflegt und beherbergt wurden. Wir waren erstaunt, wie viele Menschen dadurch von der frohen Botschaft der Liebe Gottes erreicht wurden. Einige Kongolesen entschlossen sich dabei, ihr Leben Jesus Christus zu übereignen. Die Pfarrer und Ältesten hatten viel zu tun, um diese neu zum Glauben gekommenen Christen in der Nacharbeit zu betreuen. So gebrauchte Gott die Studenten und die Trompeter zu seiner Ehre und Verherrlichung, und die Gemeinden wuchsen und wurden gestärkt. Ich freute mich immer, wenn ich durch die Dörfer fuhr und mir gläubige Kongolesen freundlich winkten. Ich war erleichtert, dass unser Dienst nicht umsonst gewesen war. Gott gebrauchte ihn und ließ daraus Früchte entstehen.

Eine Freude erlebten wir an einem Gebetstag. Wir waren mit unseren Studenten und ihren Familien zusammen. Die Zeugnisse der Studenten waren beeindruckend, und man spürte, dass auch sie innerlich gewachsen waren. Aus ihrem Munde hörten wir: »Der Herr war uns täglich nahe und hat uns beim Studieren wie auch im privaten Leben durchgetragen. Außer dem Tod des Kindes hat uns Gott vor Krankheit und Unfall bewahrt. Wir hatten jeden Tag genug zu essen. Dafür danken wir unserem gnädigen Gott.« Ja, auch Helga und ich priesen den Herrn; er war so treu im Geben der Gaben, die jeder Einzelne brauchte. Wie oft war Not da, doch der Herr gab Kraft zum Überwinden. Dem Herrn wollten wir für seine Hilfe beim Arbeiten und Unterrichten danken. Auch Helga war dankbar und pries Gott, dass er ihr beim Leiten der 60 Frauen in der Frauenschule geholfen hatte, und dass sie auch in der Pfarrerschule einige Lektionen unterrichten hatte können. Sie war manchmal verzagt, denn die Arbeit fiel ihr nicht leicht, doch sie war mutig und treu und Gott segnete sie. Nach dem Abendessen saßen wir beide immer noch im Büro und bereiteten uns für den nächsten Tag vor, auch wenn wir müde waren. Was uns am meisten freute, war, dass wir in der Vorbereitung und beim Lehren des Wortes Gottes selbst innerlich reich gesegnet wurden und zu Gott beten konnten, dass dieser Segen auch auf die Studierenden überfließt. Wir hatten das Vorrecht, aber auch die Verantwortung, unseren Pfarrer-Anwärtern die Bibel so klar und verständlich zu erklären, dass sie durch das lebendige Wort erfasst und umgewandelt wurden, um Christus immer ähnlicher zu werden. Wir waren uns dessen bewusst, dass wir das nicht herbeiführen konnten, sondern dass es durch den Heiligen Geist bewirkt werden musste.

33. Einfach zum Staunen

Einige besondere Ereignisse durften wir erleben, die wir nie vergessen konnten. Eines Tages war unser Vorrat an Zement zum Bau der Studentenhäuser zu Ende und wir mussten die Arbeit einstellen. Wir beteten alle inständig zu Gott um Geld, damit wir weiterbauen könnten. Es war eine wirkliche Glaubensprobe. Doch nichts geschah. Auch Helga und ich waren etwas deprimiert, und wir fragten uns, warum Gott nicht antwortet. Um wieder auf bessere Gedanken zu kommen, entschlossen wir uns, einen Tag frei zu machen und zu unseren Kindern nach Rethy zu fahren. Wir wussten, dass sich die Kinder immer riesig freuten, wenn wir sie besuchten, und auch in unseren Herzen kam wieder Freude auf. Die Fahrt durch die verschiedenen Dörfer dauerte zwei Stunden. Wir sprachen miteinander über viele Dinge, die uns beschäftigten. Helga und ich hatten eine wunderbare Ehe, wir verstanden uns so gut und machten so viel gemeinsam. Das war ein großes Geschenk, wofür wir Gott nicht genug danken konnten. Ein Vorteil war, dass wir fast immer miteinander arbeiten konnten. Selbst wenn ich in den Busch ging, war Helga mit dabei. Sie verstand es, mit den Kongolesen zu reden und versuchte zu helfen, wo sie nur konnte. Sie hatte zu Hause sehr viele Gäste am Tisch, auch wenn es Mehrarbeit für sie bedeutete. Sie liebte die Menschen und wurde auch von ihnen geliebt. Aber die größte Liebe hatte sie zu ihrem Vater im Himmel, dem sie mit viel Geduld und Opferbereitschaft diente.

Wir waren schon in der Nähe von Rethy und kamen in das letzte Afrikaner-Dorf vor unserem Ziel. In diesem Dorf sah ich auf der rechten Straßenseite viele große und kleine Hütten, in denen Händler verschiedene Waren anboten. Vor einem dieser Häuser stand ein großer Lastwagen mit einem Kontrollschild aus Uganda. Ich hielt an, denn es interessierte mich, was ein Lastwagen aus Uganda hier wollte. Entsetzt berichtete mir der Lastwagenfahrer, dass die Händler hier einen Wagen voll Zement bestellt hätten.

Er wäre so weit mit dieser Ladung hierhergekommen, und nun wollten die Leute den Zement nicht kaufen, weil sie kein Geld hatten. Er war sehr aufgebracht und wusste nicht, was er nun tun sollte. Ich sagte zu ihm, dass ich diesen Zement sehr gut gebrauchen könnte, doch ich hätte das Geld nicht, um so viel Zement zu bezahlen. Es tat mir sehr leid, doch ohne Geld war es mir nicht möglich. Helga und ich fuhren wieder weiter und dachten, wie schön es gewesen wäre, wenn wir diese Ladung Zement hätten kaufen können.

In Rethy besuchten wir als Erstes einen Freund, der Buchhalter der Mission war, mit dem wir sehr verbunden waren. Er lud uns zu einer Tasse Tee ein, und wir sprachen miteinander über unsere Kinder, die er sehr mochte. Auch redeten wir über viele andere Dinge. Plötzlich sagte er: »Du, ich hätte fast vergessen, dir eine Neuigkeit mitzuteilen.« »Was gibt's?«, fragte ich. Er berichtete, dass er von der Schweizerischen Missionsgemeinschaft aus Küsnacht eine große Spende für unsere Arbeit erhalten habe. Ich fragte verwundert: »Wie viel ist es?« Als er mir den Betrag nannte, jubelte ich, denn mit diesem Geld hätte ich die Ladung Zement aus Uganda kaufen können. Doch ich überlegte, dass der Fahrer des Lastwagens sicher schon wieder nach Uganda zurückgekehrt war. Ich beriet mich mit Helga und sagte zu ihr: »Komm, wir fahren sofort wieder zum Dorf zurück, vielleicht ist der Ugander noch dort!« Helga kam mit mir, und wir fuhren so schnell wir konnten in das Dorf zurück, wo wir zu unserer Verwunderung und Freude den Lastwagen sahen. Als wir dort ankamen, erzählten wir dem Mann, was geschehen war. Wir verhandelten miteinander, und ich sagte ihm: »Wenn du mir den Zement für diesen Preis nach Linga bringst, werde ich ihn kaufen.« Der Fahrer strahlte vor Freude und wir nicht weniger. So erlebten wir wieder einmal ein großes Wunder unseres allmächtigen Gottes.

Helga und ich fuhren zurück nach Rethy zu unseren Kindern. Sie waren überrascht und hocherfreut. Wir hatten uns sehr viel zu erzählen und freuten uns, die paar Stunden bei ihnen zu sein. Am Abend besuchten wir noch kurz den Kassierer und bereinigten die Sache wegen der Spende aus der Schweiz. Es war schon dunkel, als wir uns auf den Rückweg machten. Die Sterne funkelten, der Mond schien hell und die Nacht war klar. Als wir spät nach Linga heimkamen, erwarteten uns die Studenten-Familien. Sie standen vor einem Berg von Zementsäcken und wollten wissen, woher dieser Zement kam, da wir ja kein Geld in der Kasse hatten. Mit großer Freude erzählte ich ihnen, wie Gott alles wunderbar geleitet und unsere Gebete erhört hatte: »Wäre ich nicht nach Rethy gefahren, würde heute Abend kein Zement hier sein.« Die Familien staunten mit uns, wie Gott noch heute große Dinge tut. Als wir vor dem Zementberg standen, hatten wir alle das Bedürfnis, unsere Hände zu falten und Gott zu danken und zu loben, weil er unsere Gebete auf so wunderbare Weise erhört hatte. Es war auch für die Studenten eine wichtige Erfahrung, erleben zu dürfen, wie wichtig das Gebet des Glaubens war. Gott hörte immer auf unsere Gebete, doch es kam auch vor, dass er manchmal anders antwortete, als wir baten, weil er besser wusste als wir, was nötig und wichtig war. Nun konnten wir mit dem Häuserbau fortfahren. Es ging rasch voran: Schon hatten wir Häuser für 16 Familien fertig. Wir waren am Ende der Straße und nannten sie Avenue Josua, weil Josua im Glauben das Land Kanaan eingenommen hatte, so wie auch wir diese Häuser durch den Glauben gebaut hatten. Wir begannen eine zweite Straße unterhalb der ersten zu errichten. Diese wurde Avenue Kaleb genannt. Mit neu gebrannten Backsteinen bauten wir tüchtig eine zweite Häuserreihe. Gott gab das Gelingen dazu und segnete die Arbeit.

34. Gott bleibt treu

Schon sechs Monate hatte es nicht mehr geregnet – das war tragisch. Die Schwarzen im Dorf und auch die Studentenfamilien hatten große Mühe, etwas Essbares zu finden. Wir sahen einer Hungersnot entgegen. Wir baten Gott um Regen, damit die Kongolesen ihre Gärten bepflanzen und später ernten konnten. Auch hatten sie nur noch wenig Wasser zum Kochen und Waschen. Um diesem Problem abzuhelfen, entschloss ich mich, im Tal Wasser zu suchen. Mit einigen Arbeitern ging ich hinunter und grub neben einem Strauch ein Loch, das mehrere Meter tief war. Tatsächlich stießen wir auf Wasser und bauten aus Zement einen etwa vier Meter tiefen Schacht, den wir mit einem halben Meter Kieselsteinen füllten. So konnte das Grundwasser von unten hereinfließen, und der Schacht füllte sich oben mit Wasser. Es war eine Art Sodbrunnen, aus dem die Frauen Wasser schöpfen konnten. Die Kongolesen jubelten, denn nun hatten sie genügend Wasser zum Kochen, Trinken und Waschen. Auch wir Missionare konnten dort Wasser holen, wenn die Zisterne hinter dem Haus leer war. Ich dachte im Zusammenhang mit dieser Arbeit an das Wort Jesu, das er zu seinen Jüngern sagte: »Wer von dem Wasser trinken wird, das ich ihm gebe, den wird ewiglich nicht dürsten; das Wasser, das ich ihm geben werde, das wird in ihm ein Brunnen des Wassers werden, das in das ewige Leben quillt« (frei nach Johannes 4,14). Wie lebensnotwendig war doch das Wasser für die Kongolesen. Unser Gebet war, dass sie doch erkennen könnten, dass das ewige von Gott gegebene Wasser noch viel wichtiger war als das Wasser aus der Quelle.

Die Linga-Gemeinde hatte eine ganz alte, kleine Kirche mit einem Grasdach und vielen Löchern. Der Pfarrer bat mich, ihnen zu helfen, eine neue Kirche aus Backsteinen zu bauen. In meiner Freizeit zeichnete ich einen Plan und berechnete, wie viele Backsteine gebrannt werden mussten und wie viel Holz für Fenster, Türen und die Dachträger nötig war. Ich musste zudem berechnen, wie viele

Schrauben und Nägel sie brauchten, denn diese Dinge musste man in Kampala einkaufen. Auf einer solchen Einkaufstour musste ich immer berechnen, wie schwer die Dinge waren, damit der Wagen nicht überladen wurde. Ich half den Arbeitern, das Gelände zu planieren und das Fundament zu graben. Wir füllten den ausgehobenen Graben mit Steinen als Fundament, auf das später die Backsteine gelegt werden konnten. Die Vorbereitung mit dem Pressen und Brennen der Backsteine dauerte drei Jahre, denn ich hatte nicht die Zeit, um ständig dabei zu sein. Auch wenn es lange dauerte, die Arbeit ging voran. Ich wusste, dass wir bald in die Schweiz zurückkehren würden, und deswegen lehrte ich einen Mann aus der Gemeinde, wie er die Arbeit überwachen und die Kirche fertig bauen konnte. Ich war dankbar und froh, dass die Gemeinde bereit war, tüchtig mitzuhelfen, denn sie alle wollten eine schöne Kirche haben. Dass die Kongolesen ohne mich eine Kirche bauen konnten, davon war ich überzeugt. Wir hatten ja den Pfarrern beigebracht, wie Backsteine hergestellt werden und wie man Häuser baut. Das war als praktische Arbeit ein Teil ihres Studiums. Mich freute es sehr, dass an vielen Orten im Busch Kirchen entstanden, die aus Backsteinen gebaut waren. Viele Pfarrer hatten keine Presse, um den Lehm zu pressen. Sie stellten aus Holz eine Backsteinform her und füllten sie mit Lehm. So machten sie ihre Backsteine und brannten sie so gut sie konnten.

Wiederum gingen vier Jahre im Kongo langsam zu Ende. Wir dankten dem Herrn, dass er unseren Kindern in der Schule geholfen hatte, denn es war nicht einfach für sie gewesen. Wir fragten Gott erneut, wie wir als Familie weiter gehen konnten. Sollten wir das Land, an das wir alle unser Herz verschenkt hatten, wirklich und endgültig verlassen? Wir beteten inbrünstig zu Gott um seinen Willen, denn wir wollten nicht eigene Wege gehen. Er hatte uns bis hierher so klar geführt, wir durften seine Wunder erleben. Er hat uns in die Tiefe geführt und wieder auf die Höhe gebracht. Wir erlebten was im Psalm 23: 4 geschrieben steht: *Und ob ich schon wanderte im finstern Tal, fürchte ich kein Unglück, denn du bist bei mir, dein Stecken und Stab trösten mich.*

Ganz klar erlebten wir die Antwort und Führung Gottes in ein Missionswerk in Salzburg in Österreich. Es fiel der ganzen Familie schwer, den Kongo und die Menschen, mit denen wir von Herzen eng verbunden waren und die wir sehr liebten, zurück zu lassen. Doch wir wussten dass es Gott so wollte.